Das geheime Leben der Pflanzen

David Attenborough

Das geheime Leben der Pflanzen

Wie Pflanzen sich orientieren, verständigen,
fortbewegen, ums Überleben kämpfen –
eine neue Sicht der Pflanzenwelt

Aus dem Englischen
von Hans W. Kothe

Scherz

Die Originalausgabe wurde von Domino Books Ltd., Jersey, produziert und unter
dem Titel «The Private Life of Plants» von BBC Books, London, publiziert.
Einzig berechtigte Übersetzung aus dem Englischen von Hans W. Kothe.

Abbildung S. 2: Blüte der in den tropischen Regenwäldern Sumatras
heimischen Titanenwurz (siehe S. 132–139)

Dritte Auflage 1996

Inhalt

Einleitung

Pflanzen können sehen. Sie sind außerdem in der Lage zu zählen, sich untereinander zu verständigen, auf die leichteste Berührung zu reagieren und Zeitspannen mit erstaunlicher Genauigkeit einzuschätzen. Vielen Menschen erscheinen derartige Behauptungen stark übertrieben, oder sie halten sie einfach für falsch. Das mag daran liegen, daß einige dieser Eigenschaften erst vor kurzem entdeckt wurden, hat aber vielleicht auch damit zu tun, daß wir Pflanzen solche Fähigkeiten nicht zutrauen. Dabei sind die Fakten im Grunde jedem geläufig, der sich auch nur ein wenig mit Pflanzen auskennt: Ein Schößling, der im Dunkeln aufgezogen wird, kriecht bekanntlich auf den kleinsten Lichtstrahl zu. Also kann die Pflanze sehen. Viele am Wegrand wachsende Blumen, die sich abends der untergehenden Sonne zuwenden, drehen sich während der Nacht, damit sie am Morgen sofort die ersten Sonnenstrahlen einfangen können. Pflanzen haben also ein Zeitempfinden. Und die Venusfliegenfalle schließt ihre Blätter erst, wenn ihre reizempfindlichen Borsten zweimal kurz hintereinander berührt wurden. Sie kann also zählen.

Allerdings möchte ich betonen, daß es mir fern liegt zu behaupten, Pflanzen hätten ein ähnliches Bewußtsein wie Tiere. Für eine solche Annahme gibt es keine Beweise, und nichts von dem, was auf den folgenden Seiten gesagt wird, sollte in dieser Weise mißverstanden werden. Ebensowenig möchte ich andeuten, Pflanzen seien in der Lage, ihre eigene Evolution zu beeinflussen. Eine Orchidee kann natürlich nicht *beschließen*, sie wolle plötzlich mit ihrer Blüte eine weibliche Wespe nachahmen, um ein Wespenmännchen zu Kopulationsversuchen zu bewegen und es bei dieser Gelegenheit mit Pollen einzustäuben. Die einzige evolutionäre Kraft, die für derartige Vorgänge verantwortlich zeichnet, ist die natürliche Selektion, wie Darwin dieses Phänomen genannt hat.

Dennoch haben sich Pflanzen während ihres Daseins mit ähnlich schwierigen Problemen auseinanderzusetzen wie Tiere, uns Menschen eingeschlossen. Sie müssen sich gegen Feinde wehren, mit ihren Nachbarn um den kostbaren Platz zum Wachsen kämpfen und versuchen, Nährstoffe in ausreichender Menge aufzunehmen. Sie versuchen andere Lebewesen zu fangen, um sie für ihre eigenen Zwecke zu mißbrauchen, und sie rivalisieren mit Artgenossen um einen Geschlechtspartner.

Solche Lebensäußerungen bemerken wir kaum, nicht zuletzt weil Pflanzen einen anderen Zeitmaßstab haben als wir. Allerdings bietet heute die ständig verbesserte Film- und Videotechnik die Möglichkeit, Zeitabläufe visuell stark zu verändern; etwa einzelne Bewegungen schneller ablaufen zu lassen, so daß vorher kaum wahrnehmbare Vorgänge auch für das menschliche Auge sichtbar werden. Auf diese Weise können wir erkennen, mit welcher Gewalt eine Würgerfeige alles Leben aus ihrem Opfer herauspreßt, wie ein Mistelsamen seine Wurzeln in die Rinde eines Asts treibt oder wie eine Orchidee ihre Blüte mit Grazie entfaltet.

Die Botanik hat, wie andere Wissenschaftszweige auch, ihren eigenen Fachjargon. Für Nichtbotaniker kann eine solche Fachsprache unter Umständen verwirrend oder sogar abstoßend sein, so daß ich nach Möglichkeit auf Fachbegriffe verzichtet habe. Darunter hat vermutlich in einigen Fällen die Genauigkeit ein wenig gelitten. So werden beispielsweise im Text vornehmlich umgangssprachliche und nicht die wissenschaftlichen Pflanzennamen verwendet; letztere sind aber im Register aufgeführt, so daß dieses als Glossar dienen kann. Ein wissenschaftlicher Name besteht normalerweise aus zwei Teilen, wobei der erste sich auf die Gattung bezieht, zu der die Pflanze gehört – er ist in gewissem Sinn ihr Nachname –, während der zweite die jeweilige Art bezeichnet. So lautet der Gattungsname der Kannenpflanzen *Nepenthes*; will man eine ganz bestimmte Art ansprechen, etwa die Zweispornige Kannenpflanze, dann wird zusätzlich der Artname angegeben, so daß der vollständige Begriff jetzt *Nepenthes bicalcarata* lautet.

Pflanzen sind in vieler Hinsicht sehr viel erfolgreicher als Tiere. Sie waren die ersten, die das Festland unseres Planeten besiedelten, und auch heute noch findet man sie an Orten, an denen kein Tier längere Zeit überleben kann. Pflanzen können viel größer werden als Tiere und auch älter. Und alle Tiere sind in irgendeiner Weise von Pflanzen abhängig. «Alles Fleisch ist Gras», heißt es schon im Alten Testament sehr treffend. Alle Tiere, selbst die hochentwickelten Raubtiere, leben – wenigstens indirekt – von Pflanzen. Manchmal wird in diesem Zusammenhang eingewendet, die Eskimos der Arktis hätten sich ausschließlich von Robben und Fisch ernährt, bevor sie mit der westlichen Lebensweise in Kontakt kamen, also weder Gemüse noch Salat gegessen. Aber Robben fressen Fisch, und große Fische fressen kleinere Fische, die sich von noch kleineren Tieren ernähren, beispielsweise Garnelen. Und diese stillen ihren Hunger an riesigen Schwärmen mikroskopisch kleiner Algen, die an der Oberfläche der Ozeane dahintreiben – und Algen sind Pflanzen. Also ist alles Fleisch tatsächlich Gras.

Angesichts dieser unwiderlegbaren Fakten sollten wir unsere Abhängigkeit von den Pflanzen eingestehen und erkennen, daß es mit unserer Dominanz über die Pflanzen nicht sehr weit her ist. Aber dazu sind wir in der Regel nicht bereit, und so benutzen wir Pflanzen weiterhin als Nahrung, zum Heizen, zur Kleiderherstellung, als Baumaterial und sogar zu Dekorationszwecken. Wir reißen sie aus oder sägen sie ab, wir bringen sie zum Keimen und pflanzen sie dann an einer uns genehmen Stelle. Wenn wir eine Klette von unserer Kleidung entfernen oder wenn wir ein Glas Wein trinken, wird uns nur selten bewußt, daß auch wir in gewisser Weise von Pflanzen benutzt werden. Und gerade in ihrem Bestreben, immer mehr Lebensraum für sich zu erobern, sind Pflanzen außerordentlich erfolgreich.

Und so ist dieses Buch auch ein Versuch, die Welt nicht von unserem Standpunkt aus zu betrachten, sondern aus der Sicht der Pflanzen.

1 Wandern

Pflanzen sind durchaus nicht unbeweglich, auch wenn wir dazu neigen, diesen normalerweise fest in der Erde verwurzelten Organismen jegliche Art von Mobilität abzusprechen. Vergegenwärtigt man sich aber, daß die hauptsächliche Bestimmung einer Pflanze – und in diesem Punkt unterscheidet sie sich nicht von einem Tier – darin besteht, Nachkommen hervorzubringen, die dann abseits der Mutterpflanze einen Platz zum Leben benötigen, wird einem schnell klar, daß auch Pflanzen in irgendeiner Phase ihres Lebens wandern müssen.

Bei einigen geschieht das in Form von Samen, andere, beispielsweise die Brombeere, breiten sich noch als ausgewachsene Pflanzen weiter aus. Hat diese sich einen Platz gesichert, beginnt sie schon bald ihr Territorium zu erweitern. Dazu bildet sie lange Triebe, die ihre Spitzen langsam hin- und herbewegen. Treffen sie dabei auf eine Nachbarpflanze oder einen anderen Gegenstand, verändert sich die Art der Bewegung. Die Brombeere beginnt jetzt zielgerichteter zu wachsen, und zwar bis zu fünf Zentimeter pro Tag. Filmt man dies mit einer Zeitrafferkamera, erkennt man, wie aggressiv das Wachstum einer solchen Pflanze ist. Jeder Trieb besitzt scharfe, nach hinten gerichtete Stacheln, die sich gut an einer Unterlage festhaken können. Trifft einer der Triebe bei seiner Ausbreitung auf den Boden, schlagen sie dort sofort kleine Wurzeln, um die Pflanze mit Nährstoffen aus dem neu eroberten Gebiet zu versorgen. Tiere können der Brombeere in der Regel nur wenig anhaben, da diese durch ihre spitzen Stacheln, die ihr schon bei der Invasion gute Dienste geleistet haben, ausgezeichnet geschützt ist. Es gelingt der Brombeere deshalb schnell, ein neues Gebiet in Besitz zu nehmen.

Andere Pflanzenimperialisten wirken zwar sehr viel harmloser, sind aber kaum weniger erfolgreich, etwa das kleine Gänse-Fin-

◁
Eine Hecke wird von einer sich rücksichtslos ausbreitenden Brombeerpflanze überwuchert.

gerkraut, das man häufig an Straßenrändern findet. Er besitzt keine schützenden Stacheln und reckt seine Triebe auch nicht aggressiv in die Luft, sondern verbreitet sich mit Ausläufern, an denen in bestimmten Abständen neue Blätter und – ähnlich wie bei der Brombeere – neue Wurzeln gebildet werden.

Auch der Schwingel, ein häufiges Gras auf unseren Wiesen, vergrößert seinen Lebensraum auf ähnliche Weise; genetische Fingerabdrücke der Blätter von bis zu zweihundert Meter weit auseinanderwachsenden Pflanzen erweisen sich oft als identisch. Also hat eine besonders widerstandsfähige Pflanze ihr Territorium sukzessive vergrößert, bis sie – vielleicht nach einem Jahrhundert – schließlich die ganze Wiese beherrscht. Daher muß man den Schwingel nicht nur als eine der langlebigsten krautigen Pflanzen bezeichnen, sondern auch als eine der flächendeckendsten.

Eine in den Wüstenregionen des amerikanischen Westens vorkommende Nachtkerzenart, der sogenannte Steppenroller, erreicht eine noch größere Ausbreitung. Er wächst häufig in den Wanderdünen, also in einem Gebiet, in dem eine Stelle, an der es sich noch am Tag zuvor einigermaßen leben ließ, über Nacht unbewohnbar werden kann. Der sich bewegende Sand nimmt den Wurzeln ihren Halt, oder ein Dünenhang, der kurz vorher noch Schatten spendete, ist plötzlich verschwunden, und die Pflanze ist nun der gnadenlosen Wüstensonne ausgesetzt. Unter derart lebensfeindlichen Bedingungen stirbt eine solche Pflanze. Die Wurzeln schrumpfen, und die einzelnen von einem gemeinsamen Zentrum ausgehenden Stengel beginnen sich stark zu krümmen, so daß eine hohle, runde Gitterkugel von der Größe einer Orange entsteht. Diese wird sehr bald vom Wind erfaßt, und da die Wurzeln, mit denen sie im Boden verankert war, nicht mehr vorhanden sind, rollt sie davon – oft viele Kilometer weit.

Aber irgendwann bleibt sie in einem schattigen, windstillen Winkel liegen. Dort könnte sie jetzt wieder wachsen – aber sie ist abgestorben. Allerdings gilt das nicht für die ganze Pflanze, denn ein Großteil der Samen haben die lange unfreiwillige Reise in ihrer geschützten Kapsel unversehrt überstanden. Bedingt durch die große Hitze, springt die Kapsel irgendwann auf und entläßt ihre Samen, die nun eine gute Überlebenschance haben.

In einem Samen – der kleiner als ein Sandkorn sein kann – ist

◁

Das Gänse-Fingerkraut erschließt sich neue Lebensräume mit Hilfe von Ausläufern.

nicht nur die gesamte genetische Information einer Pflanze enthalten, sondern häufig auch Nährstoffe, die den Keimling in den ersten Lebensphasen mit dem versorgen, was er zum Wachsen benötigt. Weil viele Samen so winzig sind und leicht fortgetragen werden können, wandern die meisten Pflanzen auf diese Art.

Ein vertrockneter Steppenroller in den Dünen der kalifornischen Wüste. Er enthält noch intakte Samen.
▽

Einige benötigen dabei keinerlei Hilfe, weder von Tieren noch von der unbelebten Natur. Sie verbreiten ihre Samen ausschließlich mit eigener Kraft. So füllt sich die kleine, im Mittelmeergebiet heimische Spritzgurke während der Reife mit einer schleimigen Flüssigkeit, wobei der dabei entstehende Druck irgendwann so groß wird, daß sich die Gurke von ihrem Stiel löst und bis zu sechs Meter durch die Luft fliegt. Und aus dem Loch, das dabei entsteht, strömt – vergleichbar den Antriebsgasen einer Weltraumrakete – ein Schleimstrahl, in den die Samen eingebettet sind.

Der Geißklee bringt seine Hülse auf genau umgekehrte Weise zur Explosion: durch Verdunstung. Erwärmt sich eine solche Hülse in der Sonne, geschieht das auf der angestrahlten Seite schneller als auf der im Schatten liegenden. Dadurch baut sich ein Druck auf, der die Hülse in zwei Hälften sprengt, wobei die winzigen schwarzen Samen in alle Richtungen geschleudert werden.

Zur Reifezeit füllen sich die Früchte der im Mittelmeergebiet vorkommenden Spritzgurke mit Flüssigkeit.
▽

◁

Die Schoten des Geißklees explodieren nach der Samenreife.

Die wohl gewaltigste Explosion dieser Art kennt man von den Samenbehältern des brasilianischen Sandbüchsenbaums, der treffenderweise auch Affenpistole genannt wird. Wenn die Behälter austrocknen und schließlich explodieren, werden die Samen bis zu fünfundvierzig Meter fortgeschleudert, und der Knall, der dabei entsteht, kann nervös veranlagte Reisende schon einmal glauben lassen, es würde auf sie geschossen.

Manche Samen sind so winzig, daß sie schon mit einem sehr einfach gestalteten Apparat durch den Wind verbreitet werden. So besitzen Baumwollsamen nur einfache Haare, die aber so lang und widerstandsfähig sind, daß wir sie benutzen, um daraus Kleidung und Verpackungsmaterial herzustellen. Der Nutzen für die Pflanzen besteht darin, daß die langhaarigen Samen leicht vom Wind erfaßt und problemlos viele Kilometer fortgeweht werden.

Der Flugapparat des Löwenzahns – ein winziger gestielter Haarkranz, der wie ein Fallschirm funktioniert – ist dagegen schon etwas komplexer. Außerdem sitzen die Samen in einer zerbrechlichen Kugel auf einem langen Stiel, und bei der kleinsten Brise fliegen ganze Geschwader kleiner Flugapparate davon.

Solche Methoden sind natürlich für die Pflanzen des Waldes nicht geeignet, da dort normalerweise sehr wenig Wind herrscht. Ein mit einfachen Haaren oder einem kleinen Fallschirm ausgestatteter Samen würde häufig direkt neben der Mutterpflanze auf den Boden fallen und sich nicht weiterentwickeln können. Bäume

▷

Die Samen des Löwenzahns werden vom Wind davongetragen.

haben dafür den Vorteil ihrer Größe, und ist ein Samen dann noch mit Flügeln ausgestattet, kann er sehr weit davongetragen werden.

Die Samen einer tropischen Liane mit dem wissenschaftlichen Namen *Alsomitra* sind zu mehreren hundert in einer Schote gebündelt, wobei jeder einzelne Same mit Flügeln ausgestattet ist, die so dünn sind, daß man fast hindurchsehen kann. Und obwohl

◁
Der Samen einer Alsomitra-Liane ist über fünfzehn Zentimeter groß.

die Samen fast so schwer sind wie eine Erbse, sinken sie wegen der großen Flügel nur sehr langsam zur Erde, so daß sie vorher noch hundert Meter oder weiter fliegen können. Allerdings kommt das im Urwald nur selten vor, da der Flug zumeist bald am Ast eines anderen Baumes endet.

Den gleichen Lebensraum besiedeln auch sehr große, zur Gattung *Anisoptera* gehörende Bäume, deren Samen ebenfalls Flügel besitzen, die allerdings speerförmig und nach außen gekrümmt sind. Außerdem haben sie eine unterschiedliche Länge, und diese Asymmetrie führt dazu, daß sie sich beim Herabfallen um die eigene Achse drehen, wie kleine Hubschrauber. Mit dieser Methode können die Samen oft sogar noch weiter wandern als die mit herkömmlich gestalteten Flügeln.

Die Samen vieler Ahorn-
bäume, etwa des Berg-
ahorns, haben ein noch öko-
nomischeres Design. Zwar
besitzen sie nur einen einzigen, seitlich ansitzenden
Flügel, aber dafür sind Flü-
gellänge und Gewicht des
Samens so genau aufeinan-
der abgestimmt, daß auch
sie sich wie ein kleiner Hubschrauber fortbewegen. Da
der Bergahorn oft an expo-
nierten Stellen wächst,
reicht häufig schon ein leichter Windstoß, um die Samen
weit in die Landschaft hin-
auszutragen.

Einige Bäume verbreiten
ihre Samen aber nicht durch
die Luft, sondern übers Wasser. Das berühmteste Bei-
spiel ist sicher die Kokos-
palme. Ihre Samen sind
während ihrer langen Reise
auf dem Meer durch ein
hartschaliges Gehäuse ge-
schützt, in dem sich ein Nahrungsmittelvorrat sowie ein
Viertelliter Wasser befinden, und zusätzlich besitzt
die Kokosnuß eine Faser-
schicht, die ihr im Wasser
den nötigen Auftrieb ver-

Die Anisoptera-*Samen*
trudeln wie kleine
Hubschrauber zu Boden.
▷

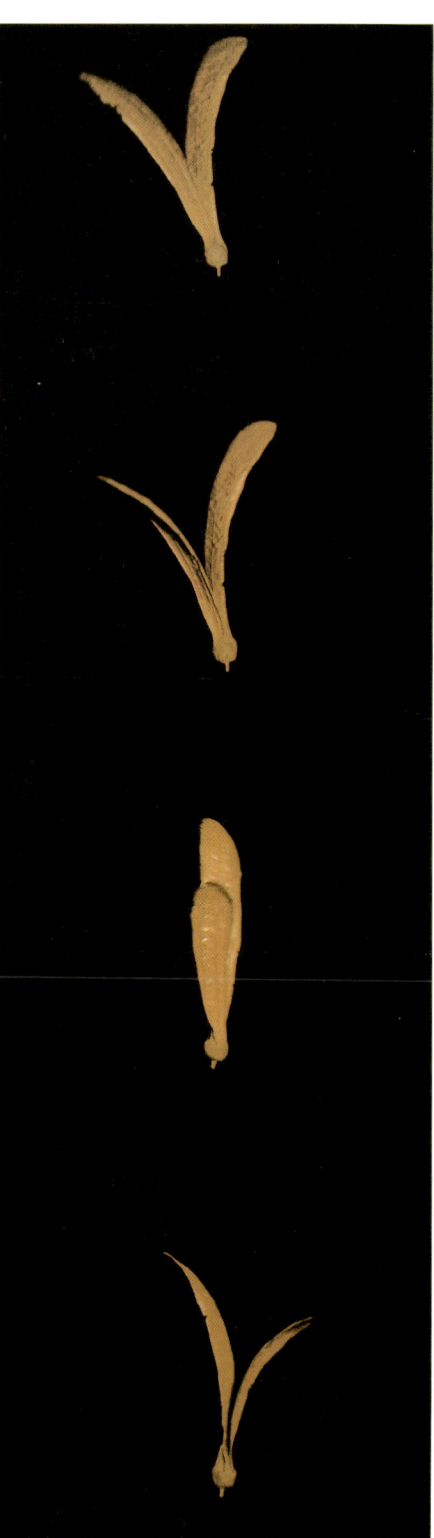

leiht. Aufgrund dieser Ausstattung haben Kokospalmen alle tropischen Strände kolonisiert.

In gewisser Hinsicht ist die Meerbohne allerdings noch bemerkenswerter, denn sie wächst nicht nur an Meeresstränden, sondern auch meilenweit von den Ozeanen entfernt an Flußufern in Afrika, Australien und Südamerika. Ihre münzenförmigen Samen sind zwar nicht so groß wie Kokosnüsse, wirken aber verglichen

▷
Die riesige Hülse einer Meerbohne am Ufer eines südafrikanischen Flusses.

◁
Kokosnüsse, die an den Strand gespült wurden und jetzt auskeimen.

mit unseren Bohnen fast riesig, denn sie haben einen Durchmesser von bis zu fünf Zentimetern und werden in über einen Meter langen Hülsen gebildet. Diese sind zunächst grün und weich, verholzen aber später, und nachdem sie in den Fluß gefallen sind, an dem der Meerbohnenbaum wächst, zerbrechen sie an Einschnürungen, die quer über die Hülse verlaufen, so daß sich anschließend jeder Samen mit einem eigenen Teil des Gehäuses auf die Reise macht. Dabei landen einige bereits wenige Meter von der Mutterpflanze entfernt auf einer Sandbank, andere treiben im Fluß, bis sie ins Meer gelangen. Wenn sie später an irgendeinen

Strand gespült werden, sind oft keinerlei Reste der Hülse mehr vorhanden, aber die Samen sind selbst nach jahrelangem Aufenthalt im Wasser noch lebensfähig. Dadurch gelangen sie gelegentlich sogar in Gebiete, die weit außerhalb ihres eigentlichen Lebensraumes liegen. So treiben beispielsweise Samen, die in den Golfstrom geraten, oft Tausende von Kilometern bis an die Küsten Europas, wo sie Strandurlaubern große Rätsel aufgeben.

Dieser Teil der Meerbohnengeschichte ist seit langem bekannt und verbürgt. Schwieriger ist die Frage zu beantworten, wie die Samen flußaufwärts kommen. Eine schlüssige Antwort gibt es bisher nicht, aber man kann wohl vermuten, daß sie für diesen Weg ein beliebtes Transportmittel vieler Pflanzen benutzen – Tiere.

Tiere werden durch Bestechung, Betrug, Selbstaufopferung

◁
An den Strand gespülte Meerbohnen, die ihre schützende Hülle bereits verloren haben.

oder unmittelbaren Zwang zur Verbreitung von Pflanzensamen rekrutiert. Das kann jeder bestätigen, der sich schon einmal durch ein Dickicht gequält hat und hinterher an seiner Kleidung die unterschiedlichsten Samen finden konnte. Diese Kletten sind uns natürlich lästig, und vielen Tieren geht es nicht anders. Weil Tiere aber im Gegensatz zu uns keine Hände haben, versuchen sie die Störenfriede durch Scheuern und Lecken loszuwerden – ein nicht ganz ungefährliches Unterfangen, da es unter den «Schwarzfah-

rern» einige gibt, die ernsthafte Verletzungen hervorrufen können. Sehr unangenehm sind etwa die Samenkapseln der auf dem Boden wachsenden südafrikanischen Hakenpflanze, die dadurch verbreitet werden, daß Tiere auf sie treten und sie dann mitschleppen. Da ihre Stacheln außerordentlich scharf und kräftig sind, können sie sich sogar in die Füße von Elefanten und Flußpferden bohren. Anschließend sorgen zahlreiche Widerhaken dafür, daß die Samen dort so lange stecken bleiben, bis die Stacheln brüchig werden und die Kapsel abfällt.

Die meisten Pflanzensamen verletzen aber die für ihre Verbreitung sorgenden Tiere nicht etwa, sondern belohnen sie. Diese Technik wird von vielen Pflanzen angewendet, die in den unfruchtbaren, heißen Regionen Südafrikas wachsen. Sie umgeben ihre Samen mit einer öligen Schicht, die speziell von Ameisen gern gegessen wird. Diese tragen die Samen daher in ihre unterirdischen Bauten und nagen dort die energiereiche Ölschicht ab. Die Samen selbst, obwohl ebenfalls sehr nährstoffreich, werden nicht gefressen, so daß sie – bereits unter der Erde und damit vor ihren Freßfeinden geschützt – in aller Ruhe auskeimen können. Dage-

gen werden neunundneunzig Prozent der Samen, die nicht innerhalb weniger Stunden nach ihrem Abfall von Ameisen in ihren Bau geschleppt wurden, in der Regel von Mäusen oder anderen Nagern gefressen und damit vernichtet. Eine andere, risikoreichere Möglichkeit besteht darin, Tiere zu veranlassen, einen Samen zusammen mit der aufgelagerten, wohlschmeckenden Schicht vollständig zu verschlucken. Solche Leckerbissen sind beispielsweise Früchte, die ja von uns ebensogern gegessen werden wie von vielen Tieren.

Samen sind in der Regel sehr komplexe Gebilde, so daß die Pflanze einigen Aufwand treiben muß, um sie herzustellen. Daher wäre es fatal, wenn eine Frucht gefressen würde, bevor die Samen vollständig entwickelt sind. Aus diesem Grund ist der Saft unreifer Früchte sehr sauer – sie schmecken also nicht besonders, und viele

△
Südafrikanische Ameisen schleppen einen Pflanzensamen in ihren unterirdischen Bau, um dort die äußere Hülle zu fressen.

Tiere können davon sogar krank werden. Sind die Samen jedoch reif und damit für den Weitertransport gerüstet, wird der Saft plötzlich süß. Dies zeigt die Pflanze zumeist durch einen Wechsel der Farbe an. So sind Äpfel und Erdbeeren nicht mehr grün, sondern rot, Pflaumen und Feigen purpurn. Einige tropische Feigen verfärben sich dagegen hellgelb, da sie bei der Verbreitung auf die Hilfe von nachtaktiven Fledermäusen angewiesen und so in der Dunkelheit besser zu erkennen sind. Mag die Farbe auch unterschiedlich sein, die Botschaft ist stets gleichlautend, und die Tiere verstehen diese Signale. Affen, die in einem Baum nach Nahrung suchen, gehen bei der Auswahl ebenso sorgfältig vor wie eine Hausfrau, die auf dem Wochenmarkt Obst kauft und die dort ausliegende Ware genau kontrolliert; sie prüfen jede Frucht, auch mit der Nase, bevor sie reinbeißen.

Ähnlich verhalten sich auch viele andere Tiere, denn noch deutlicher als die Änderung der Farbe ist der Geruch, den viele reife Früchte verströmen. Wer den herrlichen Duft von Feigen oder Pfirsichen kennt, die in der heißen Mittelmeersonne reiften, wird dieses Erlebnis wohl nie wieder vergessen.

Eine Pflanze, die diese Art der Eigenwerbung bis auf die Spitze treibt, ist der Zibet- oder Durianbaum aus Südostasien. Seine Früchte kann man schon aus großer Entfernung riechen. Die meisten Fremden empfinden diesen Geruch als äußerst unangenehm und vergleichen ihn mit faulendem Fisch oder den Ausdünstungen eines Abwasserkanals; für die Einheimischen sind die Früchte dagegen eine ausgemachte Delikatesse, und sie verbringen zur Fruchtreife viele Tage damit, nach Durianbäumen zu suchen. Dabei ist eine gewisse Eile durchaus angebracht, denn es gibt viele Tiere, etwa Eichhörnchen, Nashornvögel, Orang-Utans und sogar Tiger, die diese Vorliebe teilen. Und selbst Menschen, die den Geruch als äußerst ekelerregend empfinden, müssen in der Regel zugeben, daß der Geschmack dieser Frucht lecker ist.

Innerhalb weniger Tage nach der Fruchtreife ist der Boden um einen Durianbaum mit unzähligen schwarzen Samen bedeckt, die von Tieren wieder ausgespuckt werden. Sie müssen als Ausschußware gelten, auch wenn viele zwar noch auskeimen, aber dann verkümmern, weil sie zu nahe an der Mutterpflanze wachsen, deren Wurzeln den Boden bereits so durchwandert haben, daß

keine Nährstoffe mehr für den Nachwuchs übrigbleiben. Anders verhält es sich aber mit den Samen, die die Tiere unabsichtlich verschlucken. Sie bleiben einige Zeit im Verdauungstrakt und werden später oft weit entfernt wieder ausgeschieden. Dann ist jeder Samen zusätzlich noch mit einem Haufen besten Düngers umgeben, der den Start ins neue Leben erleichtert.

Nicht alle Samen müssen einen tierischen Magen-Darm-Trakt passieren, um über eine größere Entfernung transportiert zu werden. Viele Vögel behalten eine verschluckte Frucht im Kropf, wo das nahrhafte Fruchtfleisch abgelöst und der unverdauliche Samen anschließend ausgewürgt wird. Dieses Verfahren ist besonders bei Früchten mit großen Samen von Vorteil, da die Vögel so nicht mit zusätzlichem Gewicht belastet werden, das keinerlei Nährwert hat. Und einige dieser Lasten sind ganz beachtlich. Der Stein einer Avocadobirne ist so groß, es scheint fast unmöglich, daß ihn ein Quetzal überhaupt in den Schnabel bekommt. Dennoch sind es gerade die Früchte des Avocadobaumes, von denen diese Vögel sich ernähren. Das gelingt allerdings nur, weil ihr Schnabel im Vergleich zur Länge außerordentlich breit ist und weil sie sehr starke Flügelmuskeln haben, so daß sie vor einer Frucht praktisch

◁

Ein Orang-Utan genießt die Frucht eines Zibetbaums.

Ein Nashornvogel sucht im Regenwald Borneos nach Früchten.

▽

auf der Stelle fliegen können, um sie abzupflücken – eine beachtliche Leistung für einen Vogel von der Größe einer Krähe. Wenn der Quetzal einige Früchte verschlungen hat, fliegt er zu seinem Ansitz, wo er die Samen, nachdem sich das Fruchtfleisch im Kropf abgelöst hat, auswürgt. Wie es scheint, sind die Weibchen der Quetzals so sehr auf die nahrhaften Avocadobirnen angewiesen, daß sie sonst keine Eier legen können. Daher bauen sie ihre Nester auch gern in der Nähe von Avocadobäumen.

Es gibt aber auch Samen, für die es geradezu lebensnotwendig ist, durch den Verdauungstrakt eines Tieres geschleust zu werden. So sind die Samen der Schirmakazien, die so typisch für die Savannen Ostafrikas sind, in kleine, sehr proteinreiche Hülsen eingeschlossen, die auf dem Speiseplan vieler Steppentiere stehen. Und das ist gut so, denn Samen, die einfach auf dem Boden liegen bleiben, keimen nur sehr selten aus, ganz im Gegensatz zu denen, die gefressen und später wieder ausgeschieden werden. Früher hat man angenommen, der Grund dafür sei, daß die Wand des Samens durch die tierischen Verdauungssäfte aufgeweicht würde, so daß der Keimling sie dann leichter durchstoßen könne. Tatsächlich verhält es sich aber ganz anders: Bereits wenige Stunden, nachdem die Akazien ihre Früchte abgeworfen haben, legen kleine Käfer ihre Eier darauf ab, deren unzählige Larven sich später von den Samen ernähren und diese dabei zerstören. Frißt dagegen ein Elefant die Hülsen, werden zwar viele der Samen von seinen Zähnen zermalmt, aber einige gelangen unversehrt in den Magen. Dort werden die Käfereier durch die Verdauungssäfte abgetötet, so daß die Samen, wenn sie wieder ans Tageslicht kommen, fast ebenso frei von Parasiten sind wie Weizenkörner, die mit Insektiziden behandelt wurden.

Nun gibt es auch Tiere, die ihren Kot auf einer Art Misthaufen deponieren, was zunächst ein Nachteil für die Samen zu sein scheint, denen mit einer weiten Verbreitung eigentlich besser gedient sein sollte. Allerdings gilt das nicht in jedem Fall, wie man am Beispiel des Indischen Panzernashorns sehen kann. Diese Tiere begeben sich allabendlich zum Fluß hinunter, um ein Bad zu nehmen. Nachdem sie sich einige Zeit im erfrischenden Wasser aufgehalten haben, trotten sie zu einer schlammigen Sandbank, auf der sie eine gute Rundumsicht haben und kaum Gefahr laufen, von ei-

◁

Ein in Costa Rica heimischer Quetzal beim Fressen einer Avocadobirne.

nem hungrigen Tiger angegriffen zu werden, und entleeren dort ihren Darm.

Nashörner sind bezüglich ihrer Nahrung sehr wählerisch, fressen nur bestimmte Grasarten, und obwohl die Tiere sehr kräftige Mahlzähne haben, gelangen immer wieder einige Grassamen unversehrt durch den Verdauungstrakt. Diese fallen dann auf ein hervorragendes Aussaatbeet aus feinem, nährstoffreichem Schlamm, der erst kürzlich vom Fluß abgelagert wurde und noch unbewachsen ist. Daher legt das Nashorn dort – wenn man so will – seinen eigenen Garten an, in dem nur Gräser wachsen, die von diesen wählerischen Tieren gern gefressen werden.

Neben einigen Gräsern profitiert noch eine weitere Pflanze von den Gewohnheiten des Nashorns: der zu den Euphorbien gehörende Trewia-Baum. Seine Früchte haben kein weiches, saftiges Fleisch, das Affen oder Vögel anlocken könnte, und sie sind zu groß, um von kleinen Säugetieren verschluckt zu werden. Aber das Nashorn liebt sie und sorgt so dafür, daß viele davon auf einer Schlammbank landen, dem richtigen Platz für die Trewia-Sämlinge, die nur an sehr sonnigen Standorten wachsen können. Allerdings wird die Zahl der Panzernashörner jedes Jahr geringer und damit auch die der Trewia-Bäume, die daher vielleicht schon bald nicht mehr die Ufer der Flüsse im Süden Nepals säumen werden.

△
Ein Indisches Panzernashorn bei seinem abendlichen Bad. Im Hintergrund ist ein «Garten» mit seinen Lieblingsgräsern zu erkennen.

Vermutlich sind schon eine ganze Reihe Pflanzen von der Erde verschwunden, weil es niemanden mehr gab, der sie verbreitete. Schauen wir uns beispielsweise einen in Mittelamerika heimischen Baum namens *Enterolobium cyclocarpum* an. Er wächst dort in den Grassavannen und produziert seine Samen in seltsam radähnlichen Hülsen. Diese sind viel zu schwer, um durch den Wind verbreitet zu werden, besitzen aber auch keine Stacheln, um sich an das Fell von Tieren zu heften, oder süßes Fruchtfleisch, das Vögel anlocken könnte. Außerdem sind sie zu groß, um als Ganzes verschluckt zu werden.

Allerdings ist die Hülse sehr nährstoffreich und die Samen besitzen eine widerstandsfähige Außenschicht, so daß man annehmen sollte, es müßte eigentlich ein großes Weidetier geben, das diese Samen verbreitet. Und tatsächlich werden die Früchte gern von in der Savanne weidenden Pferden und Kühen gefressen. Nur: Es gab ursprünglich in Amerika weder Pferde noch Kühe. Diese wurden erst von den spanischen Eroberern mitgebracht. Wer hat also für ihre Verbreitung gesorgt, als es die Haustiere dort noch nicht gab?

In Mittelamerika existierte früher eine einmalige Säugetierpopulation – riesige Faultiere, die bis zu drei Tonnen wogen und bis zu sechs Meter hohe Äste erreichten; Gürteltiere mit Panzern von der Größe eines Kleinlastwagens und phantastisch anmutende Mammuts. Sie alle waren Pflanzenfresser mit einem kräftigen Gebiß, so daß möglicherweise eines oder mehrere von ihnen für die Verbreitung dieses Baumes sorgten. Allerdings gibt es eine zeitliche Lücke in diesem Gedankengebäude, denn als die ersten Menschen vor etwa zehntausend Jahren nach Mittelamerika einwanderten, verschwanden diese Tiere von der Bildfläche. Vermutlich wurden sie von den Neuankömmlingen durch die Jagd ausgerottet. Möglicherweise haben aber dann die Menschen Geschmack an den Samen gefunden und die Bäume bewußt in den Savannen gepflanzt. Damit hätten sie die Rolle der Tiere übernommen, die sie zuvor ausgerottet hatten, und im Wald lebende Wildschweine oder Tapire könnten auf ihren gelegentlichen Ausflügen in die Savanne ebenfalls ihren Teil zur Verbreitung beigetragen haben. Dennoch müssen sich die Bäume jahrhundertelang in einer prekären Situation befunden haben – bis schließlich die Pferde der US-Kavallerie, oder wohl noch eher die der spanischen Konquistadoren, zu ihrer Rettung herangaloppierten, so daß die Pflanzen nun wieder zuverlässige, stets hungrige Verbündete besitzen. Allerdings stand das Schicksal des *Enterolobium cyclocarpum* vermutlich auf Messers Schneide.

Natürlich ist es für eine Pflanze nicht ungefährlich, wenn Tiere die wertvollen Samen fressen. Daher haben viele Pflanzen zur Abschreckung Schutzmechanismen eingebaut, etwa die Einlagerung von Gift. Ein Beispiel dafür ist die Eibe, deren Samen mit einer dicken, auffällig rot gefärbten Fruchtfleischschicht umgeben sind. Diese wird von Vögeln, die für die Verbreitung der Eibe sorgen, gerne gefressen, aber ihre Schnäbel sind nicht kräftig genug, die Samen aufzuknacken, die ein gefährliches Gift enthalten. Größere Tiere, denen das gelingt, müssen es oft genug mit dem Leben bezahlen.

Einige Tiere, etwa die Aras, haben eine Möglichkeit gefunden, den tödlichen pflanzlichen Abwehrmaßnahmen aktiv entgegenzuwirken. Diese Vögel können erstaunlicherweise die Früchte des Sandbüchsenbaumes fressen, die durch einen Saft geschützt sind, dessen Gift auf der menschlichen Haut starke Entzündungen hervorruft und – wenn er ins Auge gelangt – sogar zur Erblindung führen kann. Die Aras stört dieser Abwehrstoff jedoch wenig. Lange bevor die Früchte reif sind, werden sie von den Papageien mit Stumpf und Stiel aufgefressen. Nach dieser Mahlzeit fliegen die Aras zu bestimmten Plätzen im Uferbereich eines Flusses und fressen dort eine besondere Art von Lehm, der dafür sorgt, daß der Imbiß entgiftet wird.

Häufig schützen sich Pflanzen mit einer Panzerung, wobei keine uneinnehmbarer ist als die aus dem brasilianischen Regenwald stammende Paranuß. Wenn diese nach der Reifung auf dem Urwaldboden aufschlägt, bleibt die Schale normalerweise unversehrt, so daß sie auf die allermeisten Tiere eine nur geringe Anziehungskraft ausübt und die meisten wohl nicht einmal ahnen, daß sich im Innern der harten Schale etwas Eßbares befindet. Ein Tier bildet da allerdings eine Ausnahme: das Aguti.

Agutis sind etwa kaninchengroße Nagetiere mit scharfen, meißelartigen Zähnen, mit denen sie die Nußschalen öffnen, um so

▷
Ein Ara-Schwarm hat sich auf einer Liane im peruanischen Urwald niedergelassen, um gleich darauf am Flußufer eine bestimmte Sorte von Lehm zu fressen, der wie eine Arznei gegen mögliche Verdauungsstörungen wirkt.

an den nahrhaften Inhalt zu kommen. Eine einzige Paranuß kann über zwanzig Samen enthalten – mehr als ein Aguti auf einmal fressen kann. Daher stopft es sich die überzähligen Samen in seine Backentaschen und vergräbt sie dann in einiger Entfernung. Ohne Pause läuft das Aguti hin und her, bis alle Samen eingebuddelt sind, so daß es beim nächsten großen Hunger darauf zurückgreifen kann. Aber zum Glück für den Paranußbaum ist das Gedächtnis des Aguti nicht allzu gut, und so findet es einen Großteil der Samen nie wieder. Der Paranußbaum stellt also durch ein Überangebot sicher, daß selbst seine großen und schwer zugänglichen Samen verbreitet werden, auch wenn mit dem Anteil der Früchte, die im Magen des Aguti landen, ein gewisser Preis gezahlt werden muß.

Allerdings ist dieses System noch lange nicht perfekt, denn der Aktionsradius des Aguti beschränkt sich in der Regel auf ein kleines Gebiet, so daß die meisten Samen nicht weit fortgetragen werden. Eine bessere Lösung hat die Kiefer entwickelt. Auch sie opfert einige ihrer Samen und verläßt sich dann ebenfalls auf die Vergeßlichkeit eines Tieres. Kiefern produzieren nur alle zwei Jahre Samen. Während dieser langen Zeitspanne befinden sich die unreifen Früchte in einem harten, verholzten Zapfen und sind noch arm an Nährstoffen. Zur Reifezeit öffnen sich die Zapfen, die Samen fallen heraus und sind damit für viele Tiere zugänglich. Es gibt allerdings einen Vogel, den Tannenhäher, der allen Konkurrenten zuvorkommt. Er bemächtigt sich der Zapfen, kurz bevor diese sich von selbst öffnen, hält sie mit einem Fuß fest und hackt sie mit seinem kräftigen Schnabel auf.

Tannenhäher verhalten sich ähnlich umsichtig wie Agutis, versuchen also jene Samen, die sie nicht mehr fressen können, in Sicherheit zu bringen. Dabei hat die Kiefer mehr Glück als der Paranußbaum, denn Tannenhäher vergraben die Samen nicht im Wald, sondern fast immer auf offenem Gelände. Weit entfernt von ausgewachsenen Kiefern, die dem Keimling Licht und Wasser nehmen würden, kann sich die junge Pflanze dort ausgezeichnet entwickeln. Dabei kommt den Samen noch zugute, daß die Tannenhäher sie so tief in der Erde vergraben, daß andere Tiere sie nicht finden können, die Sämlinge jedoch auch keine Schwierigkeiten haben, sich durch den Boden ans Licht zu kämpfen. Zum Glück für

◁

Das in den Regenwäldern Costa Ricas lebende Aguti nagt die harte Schale einer Paranuß auf, um so an die nahrhaften Samen zu gelangen.

die Kiefer ist das Gedächtnis des Tannenhähers aber auch nicht besser als das des Aguti, so daß zwei von drei versteckten Samen nicht wiedergefunden werden.

Durch die Luft fliegend, auf dem Wasser treibend, auf dem Fell von Tieren oder in deren Verdauungstrakt, gelangen viele Samen an Orte, wo sie nicht durch die übermächtige Nähe der Mutterpflanze in ihrem Wachstum eingeschränkt werden. Allerdings keimen sie dort zumeist nicht sofort aus, sondern erst, wenn ihnen durch ein Signal aus der Umwelt der richtige Moment mitgeteilt wird. In den gemäßigten Breiten, wo auf einen kalten Winter ein warmer Frühling folgt, sorgt in der Regel die Temperaturänderung für ein solches Signal; in der Wüste kann es ein Regenschauer sein, in anderen Regionen eine Feuersbrunst. Und die meisten Samen können erstaunlich lange warten, bis endlich der richtige Moment kommt, sich ins Leben zu wagen. Samen von Wüstenpflanzen können beispielsweise Jahrzehnte im Sand liegen, bis sie nach einem Regenguß wieder auskeimen, aber die längste Ruhepause legt

△
Der in Europa heimische Tannenhäher, ein Mitglied aus der Familie der Rabenvögel, pflückt eine Haselnuß.

wahrscheinlich eine arktische Lupinenart ein. Wenn einer ihrer Samen aufgrund der niedrigen Temperaturen im ersten Sommer nicht austreibt, wird er häufig in eine Spalte des gefrorenen Bodens geweht. Da Fäulnisprozesse bei den niedrigen Temperaturen der Arktis nur sehr langsam ablaufen, werden abgestorbene Pflanzenreste Schicht für Schicht als Torf abgelagert, und gerät der Lupinensamen unter eine solche Schicht, wird er zwangsläufig Teil des Permafrostbodens, taut also auch im Sommer nicht mehr auf. Als man nun Samen einer solchen Schicht, die mehr als zehntausend Jahre alt war, ins Labor brachte, erwiesen sich die meisten als abgestorben. Aber es gab einige, die die lange Zeitspanne auf wunderbare Weise überlebt hatten.

Es gibt noch ein weiteres interessantes Beispiel, in dem ein sehr alter Samen wieder zum Leben erweckt wurde: 1982 wurde in Japan eine etwa zweitausend Jahre alte Bauernsiedlung aus der Yayoizeit ausgegraben. Dabei stieß man auch auf kleine Gruben,

Lupinenblüte im kurzen arktischen Sommer Alaskas.
▽

in denen die Menschen ihre Vorräte aufbewahrt hatten. In einer davon lagen noch einige Reiskörner, die meisten schwarz und abgestorben. Ein Körnchen unterschied sich jedoch von den übrigen. Als man es einpflanzte und begoß – wurde daraus eine Magnolie.

Aufgrund der Blattform und des Wuchses zweifelte niemand daran, daß es sich um eine Kobushi-Magnolie handelte, eine wilde Magnolie, die auch heute noch in der freien Natur vorkommt. Aber dann bildete die Pflanze elf Jahre später die erste Knospe, und als die sich entfaltete, hatte sie acht Blütenblätter und nicht sechs wie die wildwachsende. Im Jahr darauf bildete die Pflanze über dreißig Blüten, anhand derer man feststellte, daß die Zahl der Blütenblätter zwischen sechs und neun liegen kann. Zwar weiß man noch nicht, ob die Variation der Blüte tatsächlich genetisch bedingt ist, aber sollte das der Fall sein, dann ist diese Pflanze tatsächlich die einzige Überlebende einer Art, die jahrtausendelang von der Erde verschwunden war, während ihr Samen – unbeeinflußt vom evolutionären Druck, dem verwandte Arten ausgesetzt waren – in einem Vorratsbehälter ruhte. Eine Art pflanzliches Dornröschen also, aber auch eine fabelhafte Demonstration, daß Pflanzen in Form ihrer Samen nicht nur unglaublich weite Strecken zurücklegen, sondern auch unübertroffen lange Zeitspannen überleben können.

▷
Eine japanische Magnolie, die aus einem Samen keimte, der sich zweitausend Jahre in einem Ruhestadium befunden hatte. Überraschenderweise wies diese uralte Pflanze eine ungewöhnliche Zahl von Blütenblättern auf.

2 Wachsen

Die Samen einer Monstera-Pflanze sind nicht größer als Orangenkerne. Sie werden zu Hunderten in Kolben gebildet, die sich hoch oben in den Baumwipfeln des mittelamerikanischen Regenwaldes befinden, denn die Monstera ist eine Kletterpflanze. Sind die Samen reif, fallen sie auf den Urwaldboden und beginnen bald darauf zu keimen. Grüne, wurmähnliche Schößlinge werden sichtbar und kriechen über den Boden auf den Stamm zu, aus dessen Wipfel sie herabgefallen sind. Wenn es sehr viele Samen waren, die außerdem noch einigermaßen gleichmäßig um den Baum verteilt wurden, wirken die Schößlinge wie die Speichen eines riesigen Rades, dessen Nabe der Baumstamm ist. Ein Beobachter mag sich wundern, daß alle Schößlinge ihr Ziel kennen, aber die Erklärung ist einfach. Wie alle Pflanzen können auch die Keimlinge der Monstera Licht wahrnehmen. Aber im Gegensatz zu den meisten Schößlingen suchen die kleinen Monstera-Pflänzchen nicht etwa die Sonne, sondern kriechen sofort auf den nächsten Schatten zu. Zwar sind die Keimlinge in diesem Stadium bereits

grün, aber sie können sich dennoch nicht selbst ernähren, sondern sind auf den Nahrungsmittelvorrat angewiesen, den sie im Samen mitbekommen haben.

Finden sie nach etwa zwei Metern keinen Baumstamm, gehen sie erschöpft zugrunde. Trifft ein Keimling aber vorher auf eine vertikale Fläche, verändert sich sein Verhalten. Anstatt weiter einen schattigen Platz zu suchen, klettert er nun plötzlich nach oben, dem Licht zu. Am Stengel erscheinen kleine runde Blätter, die für seine Ernährung sorgen, und durch diesen neuen Energieschub klettert der Schößling jetzt schneller, und mit zunehmender Höhe werden auch die Blätter immer größer. Wenn die Pflanze den Baumwipfel erreicht hat und damit sehr viel intensiverem Licht ausgesetzt ist, beginnen sich die Blätter in einzelne Segmente zu zerteilen. Dabei entstehen Löcher, die ein wenig wie Fenster wirken, so daß die Pflanze oft auch Fensterblatt genannt wird. Sie entwickelt also drei sehr verschiedene Typen von Blättern – jeder paßt zu einer bestimmten Lebenssituation dieser Pflanze.

Blätter stecken auf unterschiedlichste Weise in ihrer Knospe. Die der Monstera sind beispielsweise eng aufgerollt, Palmen falten ihre Blätter ordentlich zusammen, während Farnschößlinge an einen Krummstab erinnern, wobei die Seitenwedel selbst wieder

◁

*In den lichtdurch-
fluteten Baum-
wipfeln bildet die
Monstera große,
tief eingeschnit-
tene Blätter.*

▷

*Sich aus ihren
Knospen entfal-
tende Buchen-
blätter.*

wie Miniaturkrummstäbe aussehen. Aber wie immer ein Blatt auch verpackt ist – irgendwann entfaltet es sich, um so möglichst viel Sonnenlicht einzufangen.

Blätter sind die Nahrungsmittelfabriken der Pflanzen. Als Rohmaterial verwenden sie einfache Substanzen wie Kohlendioxid, Wasser und verschiedene Mineralien. Kohlendioxid, ein Gas, das überall in der Luft vorhanden ist, kann von den Blättern durch winzige Atemporen aufgenommen werden; Wasser und die darin gelösten Mineralien saugt die Pflanze dagegen über die Wurzeln aus dem Boden auf. Aus diesen Stoffen werden in winzigen Organellen der Blattzellen, den sogenannten Chloroplasten, mit Hilfe des Sonnenlichts und einer Substanz namens Blattgrün (Chlorophyll) Zucker und Stärke gebildet, aus denen die Pflanze dann ihr Gewebe aufbauen kann. Dieser Vorgang wird Photosynthese genannt, und ein Nebenprodukt, das dabei entsteht, ist der Sauerstoff. Der wird durch die Poren der Blätter in die Atmosphäre abgegeben, wo ihn Tiere, für die der Sauerstoff lebensnotwendig ist, verbrauchen können.

Da für die Photosynthese Licht erforderlich ist, versucht jede

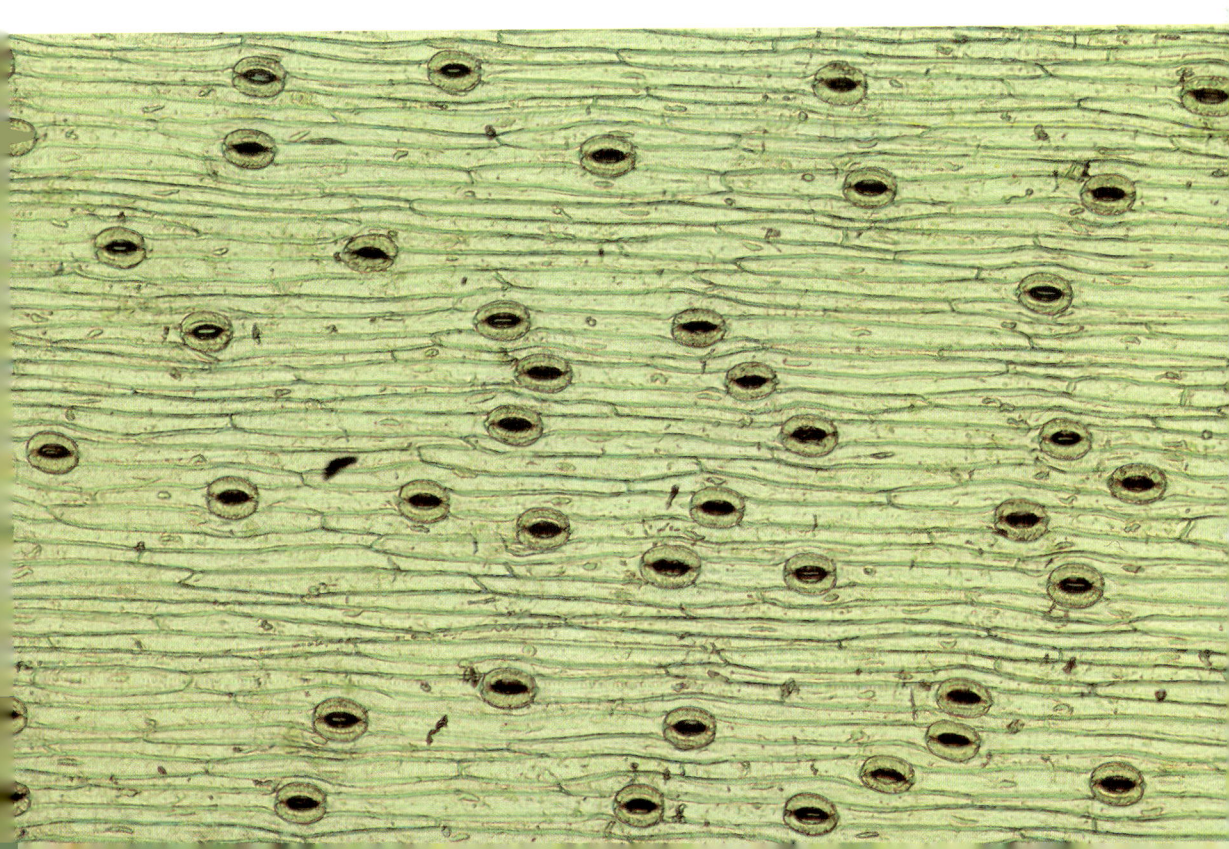

Pflanze ihre Blätter so auszurichten, daß sie möglichst viel davon abbekommt. Und sie verändert unter Umständen die Stellung der Blätter während des ganzen Tages, um sie dem Stand der Sonne optimal anzupassen. Wie genau eine Pflanze dazu in der Lage ist, kann man ganz einfach feststellen, wenn man in einem Wald nach oben schaut, wo die Blätter der Bäume eine nahezu geschlossene grüne Decke bilden.

In einem Lebensraum, in dem viele Arten eng nebeneinander wachsen, beispielsweise in einer Hecke, müssen Pflanzen mit ihren Nachbarn um die günstigste Position kämpfen. Schaut man sich von einer solchen Hecke Filmaufnahmen an, die mehrere Tage lang mit einer Zeitrafferkamera gemacht wurden, wird man an die Zuschauer eines Tennisturniers erinnert, die alle bestrebt sind, eine möglichst gute Sicht auf den von Seite zu Seite springenden Ball zu bekommen. Früh am Morgen wenden sich die Blätter nach Osten; wenn die Sonne höher steigt, recken sie sich nach oben, und

△
Wie bei vielen anderen Waldbäumen überlappen sich auch die Blätter dieser Birken so exakt, daß sie ein fast lückenloses Mosaik bilden.

bei Sonnenuntergang drehen sie sich nach Westen. Nachts werden viele Blätter zusammengefaltet, aber nur so lange, bis sie morgens der erste Sonnenstrahl erreicht.

Unter dem Blätterdach eines richtigen Waldes ist es auch tagsüber nicht sehr hell. Ein solches Defizit an Licht versuchen viele Pflanzen, die dort wachsen, durch sehr große Blätter auszugleichen. So bildet ein riesiges eßbares Aronstabgewächs, das in feuchten Niederungen der tropischen Regenwälder Borneos wächst, herzförmige Blätter mit einem Durchmesser von bis zu drei Metern, so daß die Pflanze eine Fläche von über neun Quadratmetern bedecken kann. Viele kleinere Aronstabgewächse können dagegen das kärgliche Restlicht besonders gut verwerten. Sie besitzen auf der Unterseite ihrer Blätter ein spezielles Pigment, von dem das Licht, nachdem es das Blatt durchdrungen hat, reflektiert wird, so daß es ins Blattinnere zurückgelangt. Dadurch bekommt das Chlorophyll eine zweite Chance, auch den letzten Rest von Son-

Die größten ungeteilten Blätter aller Pflanzen besitzen einige in Südostasien heimische Aronstabgewächse.
▽

nenenergie auszunutzen. Begonien, die gleichfalls im Schatten gedeihen können, haben noch einen zusätzlichen Trick entwickelt. Auf der Oberseite ihrer Blätter gibt es durchscheinende Stellen, die das schwache Licht wie kleine Linsen bündeln und zu den Chloroplasten weiterleiten.

Das ebenfalls lebensnotwendige Wasser wird über die winzigen Härchen der Pflanzenwurzeln aufgenommen und anschließend über das Röhrensystem der Stämme und Äste zu den Blättern geleitet. Um Wasser zu finden, muß die Pflanze ihre Wurzeln ebenso geschickt ausrichten wie ihre Blätter. In einem relativ trockenen Lebensraum wird eine Pfahlwurzel tief in den Boden bis zum Grundwasser getrieben. Daher besitzen viele Wüstenpflanzen Wurzeln, die viel länger sind als der oberirdisch sichtbare Teil der Pflanze, und auch die zu den Seiten ausstrahlenden Wurzeln übertreffen die Ausdehnung des Blätterwerks oft ganz beträchtlich. Aber selbst wenn der Boden gut durchwässert ist, kann es für eine Pflanze lebensnotwendig sein, ein dichtes Netzwerk von Wurzeln

△
In Südamerika heimische Maranthen links oben und unten), einige Begonien (rechts oben) nutzen spärliches Licht durch pigmentfreie Blattbereiche; andere Begonienarten (rechts unten) haben rote Pigmente an der Blattunterseite, die Licht ins Blattinnere zurückreflektieren.

▷
Die Wurzeln dieses Tropenbaumes wachsen auf der Suche nach Wasser sowohl zu allen Seiten als auch in die Tiefe.

auszubilden, das jeden Zentimeter des Bodens erreicht, damit sie das Wasser nach einem Regenguß eher aufnehmen kann als ihre Konkurrenten. Außerdem erhält sie auf diese Weise mehr lösliche Mineralstoffe, die aus vermodernden Blättern und anderen Pflanzenresten frei werden.

Mit einer ausreichenden Versorgung von Wasser, Nährstoffen und genügend Licht kann eine Pflanze sehr groß werden. Besonders wenn die Pflanzen mit ihren Nachbarn um Sonnenlicht konkurrieren, wachsen sie oft zu beachtlicher Größe heran. Allerdings besteht dabei die Gefahr des Umfallens. Um das zu verhindern, werden die Wurzeln dann normalerweise dicker und ausladender, um die Pflanze sicher zu verankern; manchmal wird zusätzlich eine Pfahlwurzel in die Tiefe getrieben. An Standorten, an denen dies unmöglich ist, etwa auf undurchdringlichem Fels mit nur einer dünnen Erdschicht oder auf sauerstoffundurchlässigem Lehmboden bilden viele Bäume dicke horizontale Wurzeln aus, die sich deutlich sichtbar über den Waldboden schlängeln.

Um zu stattlicher Größe heranwachsen zu können, müssen Pflanzen einen festen Stamm besitzen. Diese Festigkeit wird dadurch erreicht, daß eine Substanz namens Lignin in bestimmte Zellen eingelagert wird, die dadurch absterben. Dieses tote Gewebe kennen wir als altes Holz, und seine Funktion besteht jetzt ausschließlich darin, den Pflanzenkörper zu stützen. Und mit dieser Verstärkung können Pflanzen in der Tat sehr groß werden.

Die größte aller Blütenpflanzen ist der australische Rieseneukalyptus, im englischen Sprachraum auch «mountain ash», also Bergesche, genannt. Als die ersten britischen Siedler sich auf fremden Kontinenten niederließen, gaben sie den dort heimischen Lebewesen oft wissenschaftlich falsche Namen in Anlehnung an ähnlich aussehende Tiere ihrer alten Heimat. So nannten sie beispielsweise einen Vogel mit einer roten Brust Rotkehlchen, dabei handelte es sich um einen Fliegenschnäpper; und die gewaltigen Bäume, die sie an den Hügeln der neu gegründeten australischen Bundesstaaten Victoria und Tasmanien fanden, wurden zu Eschen, obwohl es sich in Wahrheit um Angehörige der typisch australischen Gattung *Eucalyptus* handelte.

Der wissenschaftliche Name dieser Bäume lautet übrigens voll-

◁
Der im Südosten Australiens heimische Rieseneukalyptus kann über neunzig Meter hoch werden. Als Unterbewuchs findet man in solchen Wäldern häufig bis zu fünf Meter hohe Baumfarne mit weit ausladenden Wedeln.

ständig *Eucalyptus regnans*, was übersetzt soviel bedeutet wie
«königlicher Eukalyptus» – ein wahrhaft würdiger Name für diese
prachtvollen Riesen. Wenn man unter ihnen entlanggeht, ist nur
schwer einzuschätzen, wie gewaltig diese Bäume tatsächlich sind,
denn die Stämme sind kaum dicker als die kleinerer Eukalyptus-
Arten. Doch ein *Eucalyptus regnans* kann sehr groß werden: Mit
einer Höhe von fast achtundneunzig Metern ist ein Exemplar im
Styx Valley auf Tasmanien der momentane Rekordhalter, aber das
ist noch lange nicht der größte Rieseneukalyptus, den man jemals
vermessen hat. Als die Europäer Australien besiedelten, machten
sie sich sehr schnell auch über die Holzvorräte her. Dabei stieß
man im Jahre 1880 in Victoria auf einen Baum, dessen Höhe ein
Landvermesser mit hundertzwölf Metern angab. Natürlich wurde
er sofort gefällt. Etwa zur gleichen Zeit entdeckte ein Forstbeam-
ter ein Exemplar, das sogar hundertdreißig Meter lang gewesen
sein soll. Das war vermutlich der längste Baum, der jemals gemessen wurde.

An einem heißen Tag kann ein Baum von der Größe eines
Rieseneukalyptus mehrere hundert Liter Flüssigkeit als Wasserdampf über seine Blätter abgeben, die sofort wieder ersetzt werden müssen. Dazu wird das benötigte Wasser über die Wurzeln
aufgenommen und dann viele Meter durch den Stamm, die Äste
und Zweige bis in die Blätter gesaugt. Wollte ein Feuerwehrmann,
der auf seiner längsten Leiter steht, die gleiche Menge Wasser ver-
spritzen, benötigte er eine starke Pumpe, die die Flüssigkeit unter
lautem Gedröhne hinaufbefördern würde. Ein Baum bewältigt
dies dagegen ohne sichtbare Anstrengung und in völliger Ruhe.
Wie ist das möglich?

Die Gefäße, in denen das Wasser im Baum nach oben steigt, setzen sich aus langgestreckten und mit Lignin verstärkten Zellen zusammen, deren Zwischenwände sich später auflösen, so daß eine
lange Röhre entsteht. Nachdem das geschehen ist, sterben die Zellen, die zu diesem Zeitpunkt noch sehr wasserhaltig sind, ab, und
es bildet sich eine lange Wassersäule. Wasser ist extrem dehnbar
und reißt erst ab, wenn der Druck sehr groß wird, so daß über diese
Wassersäule nun die Flüssigkeitsmenge nachgeliefert werden
kann, die die Blätter eines Baumes als Wasserdampf an die Umgebung abgeben. Durch diese Verdunstung wird die gesamte Was-

sersäule nach oben gezogen, wobei natürlich ein gewaltiger Druck in den Röhren entsteht. Aber da die Seitenwände verholzt sind, können sie diesen Kräften widerstehen. Nur bei sehr extremer Trockenheit reißt die Wassersäule ab. Hält man zu dieser Zeit ein Stethoskop an einen Baum, kann man das sogar hören.

Über die Blätter kann kein Wasser aufgenommen werden. Vielmehr verhindert Feuchtigkeit den Gasaustausch, und deshalb besitzen viele Blätter eine spezielle Form oder besondere Strukturen, um angesammeltes Wasser gegebenenfalls schnell wieder loszuwerden. So sorgen etwa Haare, an deren Basis sich Tropfen bilden, dafür, daß die Atemporen frei bleiben, spezielle Rinnen lei-

▷

In den Regenwäldern wird das Wasser von den Blättern oft über die ausgezogene Blattspitze abgeleitet.

ten das Wasser ab, und langgezogene Spitzen am Ende des Blattes sind dafür zuständig, daß es gut abtropft.

Die Form der Blätter gibt uns indessen noch einige Rätsel auf. Wie kommt es beispielsweise, daß nah verwandte Pflanzen, die oft Seite an Seite wachsen, etwa die Bergulme und die Englische Ulme, so verschiedene Blätter haben, daß man sie leicht als zwei verschiedene Arten erkennen kann? Bei Vögeln, etwa bei einem Buchfinken und einem Grünfinken, begründen die Ornithologen solche spezifischen Unterschiede damit, daß so revierbildende Vögel einige Artgenossen sicher identifizieren können, sie also als mögliche Partner für eine Paarung erkennen. Da Pflanzen ihre Partner bekanntlich nicht nach dem Aussehen wählen, ist es auch nicht notwendig, daß sie sich äußerlich unterscheiden. Warum sind dann aber die Blätter der Englischen Ulme runder als die der Bergulme und haben einen längeren Stiel? Niemand weiß es. Andererseits gibt es auch Bäume, deren Blätter sich so ähnlich sehen, daß man die zahlreichen verschiedenen Arten nicht anhand dieses Merkmales auseinanderhalten kann.

Von Pflanzen produzierter Zucker und Stärke werden auch gern von Tieren gefressen; genaugenommen wäre tierisches Leben ohne Pflanzen überhaupt nicht möglich. Viele Tiere ernähren sich direkt von Pflanzen, andere indirekt, indem sie Tiere fressen, die sich von Pflanzen ernährt haben. Daher laufen Pflanzen überall Gefahr, von Tieren attackiert zu werden. Die häufigsten und dennoch am wenigsten sichtbaren Angriffe verüben Insekten, die sich jeden Sommer milliardenfach über die Pflanzen hermachen. Wanzen und Blattläuse stechen ihre nadelartigen Mundwerkzeuge in die Blattadern und saugen den Saft heraus, und Raupen bohren sich in die Knospen oder fressen die Blätter, so daß bei einem Massenauftreten die befallenen Pflanzen hinterher fast kahl sind.

Andere Insekten gehen eher unauffällig vor. Sie bohren Gänge in die Blätter und ernähren sich dann von den saftigen Zellen des Blattinneren. Äußerlich sichtbar werden ihre Aktivitäten nur in Form unregelmäßiger Flecken oder anmutig gewundener Freßgänge.

In den Regenwäldern Borneos lebt eine kleine Raupe, die sich ein so gutes Versteck baut, daß sie von hungrigen Vögeln kaum

▷
An einem Blatt fressende Raupen.

noch entdeckt werden kann. Dazu frißt sie sich zunächst vom Rand des Blattes aus nach innen, als wolle sie ein halbkreisförmiges Segment herausschneiden. Aber bevor sie das äußerste Ende dieser Kurve erreicht, unterbricht sie ihre Arbeit und kriecht zum Blattrand zurück. Anschließend macht sie einen ähnlichen Schnitt von der gegenüberliegenden Seite aus, unterbricht die Tätigkeit aber, kurz bevor sich die beiden Schnitte treffen, so daß das Blattstück jetzt nur noch an einer Art schmalem Scharnier hängt. Dann spinnt die Raupe quer über das Scharnier Seidenfäden, die sich beim Trocknen verkürzen und dabei das Segment über die Raupe ziehen. Die setzt ihr Werk anschließend aus dem halbfertigen Versteck heraus fort, indem sie kurze rechteckige Schnitte in die Ränder des Segments macht und dann einen Teil unter den anderen zieht, so daß das Blattsegment nun endgültig in eine winzige, ge-

△
Der Zweig eines australischen Lampenputzer-Busches, dessen Blätter von Blattwespenraupen abgefressen wurden.

schlossene Höhle verwandelt wird. Der gesamte Vorgang dauert einige Stunden, danach kann die Raupe – geschützt vor den Blicken und Schnäbeln hungriger Vögel – in aller Ruhe von dem Blatt fressen.

Andere Insekten bauen Verstecke, die verglichen mit dem winzigen Wigwam der Raupe aus Borneo riesige Festzelte sind. So legt ein europäischer Nachtfalter, der für Gärtner eine wahre Plage sein kann, seine zahlreichen Eier auf Obstbäumen ab. Wenn dar-

▷
Eine Blattwickler-Raupe stellt sich ein sicheres Eßzimmer her, wo sie, ohne von hungrigen Vögeln gesehen zu werden, in aller Ruhe fressen kann.

aus die Raupen schlüpfen, beginnen sie sofort, die in der Nähe be-
findlichen Blätter zu fressen und dabei ein so großes seidenes
«Leichentuch» um den Ast zu spinnen, daß sich tagsüber alle darunter verbergen können. Und nachts kommen sie heraus und ver-
nichten weitere Blätter.

Ist alles Freßbare in ihrer unmittelbaren Nähe vertilgt, macht
sich ein einzelner Späher auf, um neue Nahrungsgründe ausfindig
zu machen. Dabei legt er mit speziellen Drüsen an seinem Hinterleib eine Geruchsspur, die es ihm ermöglicht, noch vor Sonnen-
aufgang in das Versteck zurückzufinden. Stellen seine Artgenossen
am nächsten Abend eine Doppelspur fest, wissen sie, der Späher
ist zurückgekehrt, und riecht die Fährte dann auch noch so, als
hätte er eine ordentliche Mahlzeit zu sich genommen, macht sich
in der nächsten Nacht eine Prozession von einigen hundert Tieren
auf den Weg zu den Blättern eines anderen Teils des Obstbaumes.

Da die Wände der Pflanzenzellen aus Zellulose bestehen, die im
Gegensatz zum Pflanzensaft und den darin gelösten Nährstoffen
kaum verdaulich ist, wird sie von Insekten, und auch von größeren
Tieren, nahezu unverändert wieder ausgeschieden. Tiere, die sich
auf Blattnahrung spezialisiert haben, können nur überleben, weil
sie die Hilfe einer völlig anders gearteten Organismengruppe in
Anspruch nehmen – die von Bakterien. Anders als Tiere können
Bakterien Zellulose verwerten.

Kaninchen gehören zu den Tieren, die unzählige Bakterien in
ihrem Verdauungstrakt beherbergen. Dennoch müssen sie ihre
Nahrung zweimal fressen, um an möglichst viele Nährstoffe zu gelangen. Wenn ein Kaninchen abends gegrast hat, zieht es sich in
seine Höhle zurück und scheidet die nur teilweise verdaute Nahrung während der Nacht als schleimumhüllte Kotballen wieder
aus. Die werden am Morgen nochmals gefressen, so daß dem Futter in einer Art zweitem Durchlauf auch noch der Rest der Nährstoffe entzogen werden kann.

Rinder und andere Wiederkäuer haben für ihre Darmbakterien
spezielle Kammern in ihrem Verdauungstrakt. Dort werden die
Blätter durch die Bakterien zunächst einmal vorverdaut, bevor die
Tiere die Nahrung wieder hervorwürgen und noch einmal kauen.
Erst dann durchläuft der Nahrungsbrei auch den Rest des Ver-
dauungstrakts.

▷
*Die Nachkom-
menschaft eines
nordamerikani-
schen Falters baut
seidene Zelte, um
sich vor Feinden
zu schützen.*

Blattfressende Affen, etwa Stummel- oder Schlankaffen, haben ebenfalls große, unterteilte Mägen, und ihre Verdauung läuft in ähnlicher Weise ab. Besonders gut zu beobachten ist das bei den Nasenaffen Borneos, die in den Morgenstunden durch die Mangrovensümpfe streifen und große Mengen der besonders schmackhaften jungen Schößlinge fressen. Nachmittags legen sie jeweils eine lange Ruhepause ein und überlassen es den Bakterien, mit der ausgiebigen Mahlzeit fertig zu werden.

Trotz der schwer verdaulichen Zellulose sind Blätter ein verlockendes Futter für zahlreiche Tiere, so daß viele Pflanzen Schutzmaßnahmen gegen diesen Raubbau entwickeln mußten. Das führte wiederum dazu, daß die Tiere, wenn sie nicht verhungern wollten, gezwungen waren, Wege zu finden, derartige Schutzmaßnahmen zu umgehen. Dadurch entwickelte sich zwischen Pflanzen und Tieren im Verlauf der Evolution eine Art Kleinkrieg mit immer neuen Abwehr- und Angriffsstrategien.

Einige Weidentiere lassen sich schon von den gezähnten Blättern der Stechpalme oder den Dornen des Weißdorns abschrecken, während sich einige tropische Palmen oder die Akazien der afrikanischen Steppe mit bis zu dreißig Zentimeter langen Dornen schützen müssen. So sind etwa die Dornen der Büffelakazie derart lang, scharf und zahlreich, daß man kaum einen im Weg hängenden Ast zur Seite drücken kann, ohne sich zu verletzen. Giraffen, Kamele und Ziegen begegnen dieser Gefährdung durch ihre sehr langen und beweglichen Zungen, die sie so geschickt benutzen, daß sie damit genau den Trieb heraussuchen können, den sie fressen wollen. Außerdem haben viele von ihnen ein fast lederartig verhärtetes Maul, so daß die Dornen ihnen meistens nichts antun können.

Eine starke Begrasung beeinflußt häufig auch die Form der Akazien. Solange die Pflanzen klein sind, können die Tiere jeden Teil erreichen, so daß rundliche Büsche entstehen. Wenn es ihnen gelingt, trotzdem weiterzuwachsen, bleiben fortan die obersten Zweige in der Mitte des Busches meist verschont – es entsteht ein zentraler Turm. Und nur wenn das geschieht, haben die Akazien tatsächlich eine Chance, zu einem Baum heranzuwachsen, da die unerreichbaren Äste des Turmes jetzt den größten Teil der not-

◁

Ein männlicher Nasenaffe macht sich in einem Mangrovensumpf Borneos über die schmackhaften Blätter her.

△

Eine Giraffe kann weder durch die zahl- reichen Dornen noch durch die Höhe der Äste davon abgehalten werden, Akazien- blätter zu fressen.

◁

Eine afrikanische Akazie, die es geschafft hat, das Buschstadium zu überwinden, und nun zu einem Baum heran- wachsen kann.

wendigen Energie zur Verfügung stellen, so daß die unteren Zweige schließlich ganz abgefressen werden und verschwinden können.

Die Abwehrmechanismen, die viele Gräser entwickeln, werden uns dagegen oft erst deutlich, wenn wir etwa achtlos an einem Wei- degras zupfen und uns dabei kräftig in den Finger schneiden. Ver- ursacht wird eine solche Wunde durch eine Reihe mikroskopisch kleiner Schneiden aus Kieselsäure. Inzwischen haben jedoch viele Tiere eine ganze Reihe anatomischer Anpassungen auf diese Her- ausforderung entwickelt: So hören die Zähne vieler Weidetiere nie auf zu wachsen; Zahnsubstanz, die durch die Kieselsäure der Grä- ser abgeschliffen wurde, bildet sich ein Leben lang nach. Andere Pflanzen wehren sich noch aggressiver. Ein bekanntes Beispiel ist die Brennessel, deren kleine Stacheln eigentlich umgewandelte Haare sind. Diese haben an der Spitze eine winzige kleine Nadel, die bei der leichtesten Berührung abbricht. Die dabei entstehen- den Kanten sind so scharf, daß sie die menschliche Haut ohne wei- teres durchdringen. Gleich darauf fließt ein Gift, das sich in einem Behälter am Grund des Haares befindet, in die Wunde und verur-

◁

*Viele Gräser bil-
den zum Schutz
kleine, scharfe
Schneiden aus
Kieselsäure.*

sacht die Schmerzen. Nicht nur Menschen, auch Tiere leiden unter diesen Stichen, beispielsweise Kaninchen, deren empfindliche Nasen durch Brennesseln so sehr in Mitleidenschaft gezogen werden, daß sie diese Pflanzen möglichst meiden. Allerdings gibt es kleinere Tiere, die sich ungestraft von der Brennessel ernähren kön-

◁

*Die vergifteten
«Injektions-
nadeln» eines
Brennesselblattes.*

△
Das Weibchen eines Admirals benutzt zur Eiablage Brennessel-blätter, so daß die Raupen auf einer Futterquelle schlüpfen, die nur wenige andere Insekten verwerten können.

nen. So gehören ihre saftigen Blätter zur bevorzugten Nahrung einiger Schmetterlingsraupen, etwa denen des Kleinen Fuchses und des Admirals. Diese kriechen beim Fressen vorsichtig zwischen den Brennhaaren herum und können so eine Pflanze verwerten, die viele größere Tiere ängstlich meiden.

Es gibt indessen Pflanzen mit noch bösartigeren Abwehrwaffen, etwa einen bis zu fünfzehn Meter hohen Baum im tropischen Australien, der selbst Menschen gefährlich werden kann. Berührt man die großen, herzförmigen Blätter, kann man sich schwer verletzen, denn das Gift dieser Pflanze enthält nicht nur die auch in der Brennessel vorhandenen Histamine, sondern außerdem noch eine bisher unerforschte Substanz, die wochenlang schreckliche Schmerzen verursachen kann. Gegenmittel existieren nicht.

Es gibt auch Pflanzen, die sich nicht die Mühe gemacht haben, einen solchen, zumeist recht aufwendigen Abwehrmechanismus zu entwickeln, sondern ihr Aussehen einfach so veränderten, daß sie gefährlichen Pflanzen ähneln. Ein Beispiel dafür sind Taub- und Goldnesseln, deren Blätter denen der Brennessel zum Verwechseln ähnlich sehen. So werden diese Pflanzen von den meisten Tieren gemieden, obwohl sie völlig harmlos sind.

Auf noch geschicktere Weise nutzt die Passionsblume die Möglichkeiten der Mimikry, um sich gegen die Raupen einiger Fleckenfalter-Arten zu schützen. Zu deren Hauptnahrung gehören Passionsblumenblätter, und die Schmetterlingsweibchen legen ihre Eier bevorzugt auf dieser Pflanze ab, damit die Raupen sofort etwas zu fressen haben. Stellt das Weibchen jedoch fest, daß auf einer Passionsblume schon Eier abgelegt wurden, sucht sie vorsichtshalber nach einer anderen Pflanze. Dieses Verhalten

△
Die unbewehrten Blätter der Goldnessel (rechts) ähneln denen der Brennessel (links) so sehr, daß viele Tiere sie ebenfalls meiden.

nutzt die Passionsblume: Sie produziert kleine, gelbe, den Schmetterlingseiern nicht unähnliche Auswüchse auf den Blättern. Werden diese von einem Schmetterlingsweibchen bemerkt, sieht es sich in vielen Fällen lieber nach einem anderen Eiablageplatz um. Es stellt sich die Frage, warum bildet die Passionsblume dann nicht so viele Ei-Imitationen, daß die Schmetterlinge in jedem Fall abgeschreckt werden? Vermutlich deshalb, weil die Falter dann gelernt hätten, zwischen echten und falschen Eiern zu unterscheiden. Schließlich ist die Evolution ein im Fluß befindlicher Prozeß, bei dem es keine Patt-Situation gibt. Der Kampf zwischen den Insekten und der Passionsblume wird daher weitergehen.

Für eine Pflanze ist es naturgemäß schwierig, ihre Blätter zu verstecken, denn die müssen möglichst weit ausgebreitet sein, damit sie möglichst viel Licht einfangen können. Einige wenige Pflanzen konnten dieses prinzipielle Problem lösen, unter anderem die in afrikanischen Wüsten vorkommenden Lebenden Steine. Sie wachsen direkt am Boden, so daß sie für viele Tiere leicht erreichbar sind, und ihre zwei fleischigen, mit Flüssigkeit gefüllten Blätter sind für viele durstige Wüstenbewohner ein loh-

Die rundlichen Blätter der Lebenden Steine sorgen nicht nur dafür, daß wenig Feuchtigkeit verdunstet, sondern machen es außerdem schwer, sie zwischen den Steinen der Kalahari-Wüste zu erkennen.
▽

nendes Ziel. Trotzdem werden Lebende Steine nur selten gefressen; sie verschmelzen farblich so mit der Umgebung, daß sie kaum zu erkennen sind.

Auch Mimosen wirken mit ihren zarten, aus zahlreichen Fiedern aufgebauten Blättern für viele blattfressende Insekten sehr verführerisch, aber wenn ein Grashüpfer oder eine Heuschrecke darauf landet, verschwindet das Futter plötzlich. Die Fiederblättchen legen sich innerhalb von Sekunden eng an den Stiel an, und was kurz zuvor noch wie eine leckere Mahlzeit aussah, ist nun nichts weiter als ein unappetitlicher Blattstrunk. Läßt sich das Insekt dadurch noch nicht abschrecken, klappt die Mimose das gesamte Blatt an den mit Stacheln versehenen Stamm. Das genügt zumeist, um selbst den hartnäckigsten Grashüpfer zu vertreiben.

Möglich wird diese Verwandlung durch einen schwachen elektrischen Strom, vergleichbar dem in unseren Nervenbahnen. Allerdings sind die Nervenstränge der Pflanze nicht so gut ausgebildet wie die der meisten Tiere, so daß die Reaktion langsamer ist. Dennoch kann sich ein solches Signal, das durch flüssigkeitsgefüllte Zellen übertragen wird, in einer Mimose innerhalb einer Sekunde bis zu dreißig Zentimetern fortpflanzen – und je wärmer es ist, desto schneller erfolgt die Reaktion. An der Basis jedes Fiederblättchens, also dort, wo es am Stiel angewachsen ist, befindet sich ein gelenkartiges Polster. Dieses besteht ebenfalls aus flüssigkeitsgefüllten Zellen, die einen besonders starken Innendruck aufweisen. Erreicht ein Signal dieses Gelenk, wird ein Teil der Flüssigkeit aus den unteren Zellen herausgedrückt und von den oberen aufgenommen. Dadurch wird das gesamte Fiederbett abgeklappt. Und während sich das Signal weiter fortpflanzt, legt sich – vergleichbar einer Reihe umstürzender Dominosteine – ein Fiederblatt nach dem anderen an den Stiel. Danach benötigt die Pflanze etwa zwanzig Minuten, um die leergepumpten Gelenkzellen wieder aufzufüllen, so daß sich die Blätter langsam wieder aufrichten.

Eine Blattschutzmethode hat sich durchgesetzt, die auf chemischen Mechanismen, also auf der Produktion bestimmter Substanzen beruht, durch die ein Angreifer abgeschreckt wird. So gibt eine südamerikanische Wildkartoffel einen chemischen Botenstoff – ein sogenanntes Pheromon – ab, den viele Blattläuse aus-

▷
Eine Mimose faltet ihre Blätter bei Berührung innerhalb von drei Sekunden zusammen.

scheiden, wenn sie angegriffen werden, während eine afrikanische Günselart in ihrem Gewebe eine hormonähnliche Substanz herstellt, die die Entwicklung von Schmetterlingsraupen steuert. Setzt man eine Raupe diesem Stoff aus, dann hat der später geschlüpfte Falter zwei Köpfe und ist nicht lebensfähig. Es ist daher kaum verwunderlich, daß die Raupen diese Günselart meiden.

Viele Pflanzen benutzen indessen eine direkte chemische Abwehr: Gift. So sind die weichen jungen Wedel des Adlerfarns mit Blausäure gefüllt, wodurch die Insekten abgeschreckt werden – abgesehen von einigen wenigen Ausnahmen, etwa den Raupen der Pflanzenwespen, die gegen dieses Gift immun sind. Ausgewachsene Wedel dieses Farns, die auch für größere Tiere interessant sind, enthalten sogar eine Mischung von Giften, die Blindheit und Krebs hervorrufen kann. Dank dieser Waffe und weil er sich durch unterirdische Ausläufer vermehren kann, gehört der Adlerfarn heute zu den dominierenden Unterwuchspflanzen in unseren Wäldern.

Die Akazien Afrikas, die bereits durch ihre Dornen gut geschützt sind, horten in ihren Blättern als zusätzliche Abwehrmaßnahme ebenfalls giftige Chemikalien. Noch erstaunlicher ist jedoch, daß sie sich untereinander verständigen können: Sobald eine Akazie beginnt, Gift in ihren Blättern abzulagern, setzt sie aus den Atemporen ihrer Blätter Äthylen frei. Andere Akazien im Umkreis von etwa fünfzig Metern sind in der Lage, dieses Gas wahrzunehmen, und sobald dies geschehen ist, beginnen sie ebenfalls, Gift in ihre Blätter einzulagern. Wenn nun ein hungriges Tier auftaucht und feststellt, daß die Blätter des Baumes, von dem es fressen will, vergiftet sind, ist es gezwungen, sich auf die Suche nach einer anderen Futterquelle zu machen. Und es muß weit laufen, denn alle Akazien in der Nähe wurden vorgewarnt und sind ebenfalls ungenießbar.

Seidenpflanzen enthalten einen Milchsaft, der so giftig ist, daß er bei kleineren Tieren Herzattacken verursachen kann. Der Monarchfalter ist gegen diese Substanz allerdings immun, so daß seine Raupen die Blätter ungestraft fressen können. Dabei wird das Gift aber nicht etwa unschädlich gemacht, sondern die Raupen benutzen es zu ihrem eigenen Schutz, indem sie es in ihren Körper einlagern. Das macht sie für ihre Feinde ungenießbar. Um sicherzu-

△
Die Raupe eines Monarchfalters frißt an einer giftigen Seiden-pflanze.

stellen, daß sie tatsächlich nicht angegriffen werden, zeigen sie ihre Giftigkeit außerdem durch eine auffällige Färbung an. Und selbst nach der Verwandlung in einen Schmetterling ist das Gift noch vorhanden, so daß auch der Falter ungenießbar ist, was er ebenfalls durch auffällige und leuchtende Farben deutlich macht, so daß die meisten insektenfressenden Vögel den Monarchen lieber ver-schmähen.

Allerdings ist dieser evolutionäre Konflikt noch nicht beendet. So haben die in Nordmexiko heimischen Schwarzrücken-Stärlinge inzwischen herausgefunden, daß das Gift in der Haut und den Flü-geln der Falter abgelagert ist. Sie entfernen diese Teile sorgfältig, wenn sie einen Monarchen erwischen, und verschlingen den Rest!

Die Fähigkeit, Gift zu produzieren, mag auch der Grund für eine der seltsamsten, fast mythisch anmutenden Verhaltensweisen im Tierreich sein – für den Massenselbstmord der Berglemminge. Diese kleinen, hamsterartigen Nagetiere der arktischen Tundra vermehren sich oft so stark, daß es zu einer übergroßen Populationsdichte kommt, die angeblich dazu führt, daß sich viele von ihnen selbst ersäufen.

Der tatsächliche Grund für dieses ungewöhnliche Verhalten könnte jedoch, wie man erst kürzlich entdeckte, damit zu tun haben, daß Wollgräser und Seggen – Nahrungspflanzen der Lemminge – in der Lage sind, ein Gift herzustellen, das den Verdauungssaft der Lemminge neutralisiert. Ist die Zahl der Lemminge nicht besonders hoch, stellen die Pflanzen die Produktion des Giftes nach etwa dreißig Stunden ein. Andernfalls wird das Gift weiter produziert, so daß die Lemminge ihre Pflanzenmahlzeiten nicht mehr verdauen können. Verzweifelt erzeugt ihr Körper immer neuen Verdauungssaft und verbraucht dabei viel Energie, die nicht ersetzt werden kann. Und je mehr die Tiere fressen, um so hungriger werden sie, und wenn sie dann bei ihrer unermüdlichen Nahrungssuche ans Meer oder an das Ufer eines Sees kommen, schwimmen sie verzweifelt hinaus in der Hoffnung, irgendwo dort draußen neues Futter zu finden.

Während alle Tiere in irgendeiner Form von Pflanzen abhängig sind, trifft das Gegenteil nur in seltenen Ausnahmefällen zu. In besonders nährstoffarmen Lebensräumen, etwa in Sümpfen, Mooren oder an Berghängen, die regelmäßig von heftigen Regenfällen ausgewaschen werden, benötigen einige Pflanzen fürs Überleben tierische Nahrung, der sie Stickstoffverbindungen entziehen, da ihre Standorte zumeist arm an diesem lebenswichtigen Nährstoff sind.

Der Sumpfkrug ist eine solche fleischfressende Pflanze. Die fünf Arten dieser kleinen Gattung kommen ausschließlich auf den Sandsteinplateaus des Roraima-Gebirges im südlichen Venezuela vor, das nicht nur regelmäßig starken Niederschlägen ausgesetzt ist, sondern dessen Hänge auch die meiste Zeit des Jahres in kühle Nebelschwaden gehüllt sind. In dieser unwirtlichen Umgebung,

▷
Der Sumpfkrug, die einfachste aller Schlauchpflanzengewächse, fängt die Insekten in den aufgerollten, wassergefüllten Blättern.

wo nur wenig Mutterboden vorhanden ist und Fäulnisprozesse nur sehr langsam vonstatten gehen, müssen viele Pflanzen ihre Ernährung durch Insekten ergänzen.

Beim Sumpfkrug geschieht das durch sehr einfach gebaute Fallen. Sie bestehen aus bis zu dreißig Zentimeter langen Röhren, die aus eingerollten und dann verwachsenen Blättern gebildet wurden. Am oberen Ende dieses Schlauches verbreitert sich die Mittelrippe des Blattes zu einem kleinen, rotgerandeten Deckel, in dem eine größere Anzahl nektarproduzierender Drüsen sitzt. Der häufige Regen sorgt nun dafür, daß die Schläuche stets mit Wasser gefüllt sind, allerdings nicht bis zum Rand, sondern nur bis zu einer Höhe von etwa zwei Dritteln, so daß ein Überlauf entsteht, der ein Abknicken oder Platzen der Röhren verhindert.

Durch den süßlichen Geruch des Nektars werden Fliegen und Mücken angelockt. Sie lassen sich zunächst auf dem Deckel nieder, geraten aber auf der Suche nach der begehrenswerten Flüssigkeit oft auch tiefer in den Schlauch hinein. Da dieser mit langen, nach unten weisenden glatten Haaren ausgestattet ist, verlieren die Insekten leicht den Halt und rutschen weiter in die Röhre hinein. Dadurch geraten sie in große Gefahr, denn jetzt haben die Wände plötzlich keine Haare mehr, sondern sind sehr glatt. So rutschen die Insekten immer tiefer in die Röhre und fallen schließlich ins Wasser, wo sie, da sie sich auch hier nicht an den glatten Wänden festklammern können, sehr bald ertrinken. Bakterien sorgen anschließend dafür, daß die Leichen aufgelöst werden, und der Sumpfkrug kann die so entstandene Nährbrühe aufnehmen.

Im Süden der USA wächst eine andere Pflanze derselben Familie, die Schlauchpflanze. Sie hat die beschriebene Konstruktion weiter verbessert, vor allem besitzt sie sehr viel mehr Nektardrüsen und ihr Deckel ist größer und auffälliger gefärbt, so daß man ihn im ersten Moment für die Blüte halten könnte. Außerdem produzieren diese Pflanzen – im Gegensatz zu den venezolanischen Sumpfkrug-Arten – eine eigene Flüssigkeit, mit der sie die Insekten verdauen, und sind nicht auf die Hilfe von Bakterien angewiesen.

Insgesamt gibt es acht Schlauchpflanzen-Arten. Eine davon, *Sarracenia purpurea*, bildet Röhren, die zunächst auf der Erde

▷
Die auffallend gelben Pflanzenteile der Schlauchpflanze sind keine Blüten, sondern dienen allein dazu, Insekten in die darunter befindliche Falle zu locken. Die eigentlichen Blüten sind kleinere, rundliche Gebilde.

◁

Die aufgeschnit-
tenen Fallen einer
Schlauchpflanze,
in der zahlreiche
gefangene Amei-
sen und eine
Wanze zu erken-
nen sind.

wachsen, bevor sie sich nach oben biegen und dann wie ein Jagd-
horn aussehen. Die aufrecht stehenden Röhren der größten Art,
Sarracenia flava, können bis zu einem Meter groß werden. In diesen Pflanzen sitzt manchmal ein kleiner grüner Frosch, der auf Insekten wartet, die von dem Nektar der Pflanze angelockt werden,
um sich ihrer zu bemächtigen, bevor sie in den Blatttrichter fallen
und ertrinken. Es soll indessen auch vorkommen, daß der Frosch
für seinen Wagemut bezahlen muß: Gerät er nämlich zu weit in den
Schlauch, kann es passieren, daß auch er an den sehr glatten Wänden der Röhre abrutscht und in die Verdauungsflüssigkeit der

Pflanze fällt. Von einem solchen Mahl kann die Pflanze vermutlich jahrelang zehren.

Die Kannenpflanzen besitzen jedoch die Blätter mit den am höchsten entwickelten schlauchartigen Fallen. In dieser Gattung sind über sechzig Arten zusammengefaßt, die hauptsächlich in Südostasien vorkommen. Die Fallenbildung der Kannenpflanzen beginnt damit, daß sich die Spitze ihres Blattes in eine Ranke umwandelt. Diese windet sich nach Möglichkeit – in einer einzigen Drehung – schnell um eine andere Pflanze. Dann beginnt die Rankenspitze anzuschwellen und biegt sich unter ihrem eigenen Gewicht nach unten. Bald darauf füllt sie sich mit Luft und bläht sich kräftig auf. Und während der Ballon größer und größer wird, bilden sich Farbflecken an den Außenwänden, bevor sich die Falle schließlich mit Flüssigkeit füllt. Ist das Wachstum beendet, öffnet sich die Spitze des Ballons mit einem Deckel, und die Falle ist bereit, ihre Besucher zu empfangen.

Die Form der Falle ist von Art zu Art verschieden. Es gibt becher- und flaschenförmige; andere erinnern an enghalsige Rotweinkaraffen oder lange Sektflöten. Kleine Kannen hängen wie

Lampions an den Baumästen, während die größte von allen, die Rajah-Kannenpflanze, auf dem Boden wächst. Ihre bauchigen, bis zu dreißig Zentimeter hohen Fallen können leicht bis zu zwei Liter Flüssigkeit aufnehmen.

Auch diese fleischfressenden Pflanzen locken die Insekten mit Nektar an, aber ihre Wände sind noch gefährlicher, da sie mit einer wachsartigen, flockigen Schicht ausgestattet sind, die leicht abbröckelt, so daß die Füße eines Insekts keinen Halt finden. Und während das Opfer ins Wasser fällt und sich dort zu retten versucht, werden Drüsen in der Wand der Kanne durch die Bewegungen angeregt, Verdauungssäfte auszuscheiden. Diese sind so wirkungsvoll, daß von einer Fliege innerhalb weniger Tage nur eine leere Hülle übrig bleibt; eine Mücke verschwindet in wenigen Stunden sogar vollständig. In die Kannen dieser Pflanzen geraten aber auch größere Insekten wie Schaben, Tausendfüßler und Skorpione; einige Quellen behaupten sogar, selbst Mäuse könnten von der Rajah-Kannenpflanze gefangen und verdaut werden.

Obwohl die Kannenpflanzen für viele Tiere außerordentlich gefährlich sind, wagen es dennoch einige, sich dort als Untermieter einzunisten. So sind beispielsweise einige Insektenlarven gegen die Verdauungsflüssigkeit der Kannenpflanzen immun, so daß sie sich von den Tieren ernähren können, die die Pflanze gefangen hat. Aber die Wirte haben auch einen Nutzen von ihren Mietern. Diese geben – wie alle Tiere – Kohlendioxid an die Umgebung ab, das ja von allen Pflanzen für die Photosynthese benötigt wird. Und auch von den stickstoffreichen Exkrementen der Untermieter, die in den Trichter hinabfallen, kann die Pflanze profitieren. Außerdem beseitigen die Untermieter die unverdaulichen Überreste von gefangenen Insekten, die in der Kanne zu Fäulnisprozessen führen und ihre Wände zerstören könnten.

Die Zweispornige Kannenpflanze bietet ihren Mietern sogar einen Unterschlupf in Form kleiner Kammern, die von bestimmten Ameisen gern als Wohnung beansprucht werden. Diese holen sich regelmäßig gefangene Insekten aus der Flüssigkeit und zerlegen sie. Einige Teile werden dann von den Ameisen gefressen, aber ein großer Teil fällt wieder in die Brühe zurück und kann jetzt in zerkleinerter Form besser verdaut werden.

▷

Die Ranke einer Kannenpflanze, aus der sich innerhalb von zwei bis drei Wochen eine flüssigkeitsgefüllte Falle entwickelt.

▷

*Die reichhaltige
Insektenmahlzeit
einer in Java hei-
mischen Kannen-
pflanze.*

◁

*Die Form der
Kannenpflanzen-
fallen ist nicht
nur artspezifisch,
sondern auch
positionsabhän-
gig.* Nepenthes
ampullaria *(oben
links) besitzt
rundliche Kan-
nen mit einem
Durchmesser von
bis zu fünf Zenti-
metern, während
die von* Nepen-
thes rajah *(oben
rechts) bis zu
dreißig Zentime-
ter groß werden
können.* Nepen-
thes lowii *(unten
links) ist eine
Kletterpflanze,
deren Fallen in
der Luft bau-
meln, wogegen
andere Arten
(unten rechts)
ihre bis zu fünf-
zehn Zentimeter
großen Kannen
auf dem Boden
abstellen.*

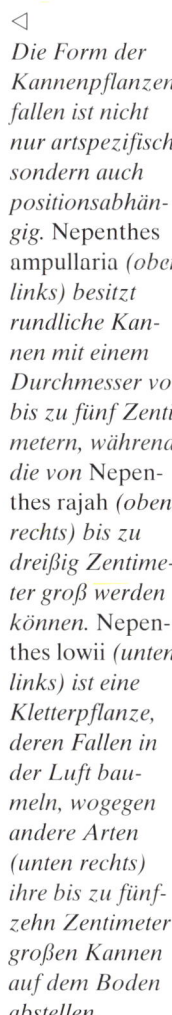

Den größten Untermieter beherbergt wohl die Rajah-Kannen-pflanze: einen etwa eineinhalb Zentimeter großen Krebs. In einer Kanne findet man nie mehr als eines dieser Tiere, aber in welcher Form es von der Pflanze profitiert und was es eventuell zurückgibt, muß erst noch erforscht werden.

Es gibt unter den Pflanzen aber nicht nur solche mit passiven Fallen, sondern auch einige mit aktiven Fangorganen. Ein Beispiel ist der Sonnentau, den man bei uns in Mooren und anderen nähr-stoffarmen Feuchtbiotopen finden kann. Dreiviertel aller Arten kommen jedoch in Westaustralien vor, und die meisten wachsen in Form einer kleinen Rosette auf dem Boden. Sonnentaublätter sind mit zahlreichen Härchen bedeckt, die am Rand mehr als einen Zentimeter lang sein können, und jedes trägt an der Spitze einen klebrigen Flüssigkeitstropfen. Aus menschlicher Sicht wirkt ein solches Blatt fast wie ein Kunstwerk aus venezianischem Glas, und selbst Insekten müssen es anziehend finden, denn obwohl die Blät-ter keinen Nektar ausscheiden, werden sie von zahlreichen Kerb-tieren aufgesucht.

Läßt sich eines davon unvorsichtigerweise auf einem Blatt nieder, bleibt es leicht an den klebrigen Härchen hängen, und während es versucht, sich zu befreien, berührt es weitere Flüssigkeitstropfen, so daß es bald noch stärker festgehalten wird. Aber selbst benachbarte Haare, die überhaupt nicht berührt wurden, be-

△
Manche Sonnentau-Arten halten eine Fliege mit klebrigen Haaren fest, bevor sich langsam das ganze Blatt darüber faltet, um die Verdauung zu beschleunigen.

kommen mit, daß ein Insekt gefangen wurde, und neigen sich dieser Stelle zu. Und da die Flüssigkeitstropfen nicht nur eine klebrige Substanz enthalten, sondern auch Verdauungssäfte, wird der Insektenkörper schon bald aufgelöst. Handelt es sich um ein großes Insekt, kann sich sogar das ganze Blatt zusammenfalten, um mit dieser Arbeit besser fertig zu werden.

Die geschilderte Bewegung der Haare wird durch einseitiges Längenwachstum bewirkt, und wurde dieser Prozeß erst einmal ausgelöst, kann sich ein nach außen weisendes Haar in weniger als einer Minute um 180 Grad nach innen drehen. Allerdings kann ein solcher Ablauf nicht beliebig oft, sondern höchstens dreimal wie-

▷
Eine Stelzschnake, die mit einem Flügel auf ein Sonnentau-Blatt geraten ist, versucht vergeblich sich zu befreien, während sich das Blatt zusammenfaltet, um die Beute besser festhalten zu können.

derholt werden. Aber das erscheint einem, wenn man über einen Teppich von Sonnentaupflanzen geht, viel weniger wichtig als die Frage: Wie ist es möglich, daß auch nur ein kleiner Teil der Pflanzen genug Insekten findet, um sich am Leben zu erhalten? Tatsächlich haben neuere Untersuchungen gezeigt, daß der Sonnentau, wenngleich Insekten für die Ernährung sehr wichtig sind, den größten Teil der benötigten Stickstoffverbindungen aus dem Boden aufnimmt.

Die spektakulärste aller fleischfressenden Pflanzen ist aber

zweifellos die Venusfliegenfalle. Sie ist mit dem Sonnentau verwandt, kommt jedoch nur in einem sehr begrenzten, sumpfigen Küstenstreifen an der Grenze zwischen North Carolina und South Carolina in den USA vor. Ihre schmalen Blätter, die ebenfalls einer Grundrosette von einigen Zentimetern Durchmesser entspringen, verbreitern sich am Ende zu zwei rötlichen, nierenförmigen Loben, an deren Außenrand eine Reihe von Borsten sitzen, und direkt darunter befindet sich ein Band von Nektardrüsen. Außerdem erkennt man bei genauem Hinsehen auf den großen Blattspreiten drei einzelne Haare.

Ein Insekt, das durch den Nektar oder die rote Färbung angelockt wird, kann ungestraft auf den Loben herumkriechen, vorausgesetzt, es berührt keines der Haare, denn diese sind die Auslöser der Falle. Allerdings geschieht bei einer einmaligen Berührung noch nichts; erst wenn das Insekt dieses oder ein anderes Haar innerhalb von zwanzig Sekunden noch einmal berührt, klappen die beiden Loben innerhalb von einer Drittelsekunde zusammen, wobei die Reizübertragung auf elektrischem Wege erfolgt, also ähnlich wie bei der Mimose, während der genaue Mechanismus des Schließens bisher noch nicht vollständig aufgeklärt ist.

△
Eine Fliege, angelockt durch die glänzende Blattoberfläche der Venusfliegenfalle, wird früher oder später eines der Auslöserhaare berühren.

△
Die beiden Hälf-
ten des Venusflie-
genfallen-Blattes
klappen zusam-
men, und die
Fliege ist
gefangen.

Aber selbst wenn sich die Klappe geschlossen hat, kann ein Insekt, wenn es nur klein genug ist, noch entkommen, denn die Borsten am Rand schließen zunächst nicht besonders dicht, so daß es für eine Mücke oder eine Ameise ein leichtes ist, herauszukriechen. Für größere Insekten, etwa eine Fliege, gibt es dagegen keine Fluchtmöglichkeit mehr, denn während sie in ihrem Gefängnis hin- und herläuft, berührt sie die Auslöserhaare erneut, so daß sich die Blattspreiten jetzt fester zusammenpressen. Anschließend werden die Ränder hermetisch verschlossen, und im Inneren beginnen Drüsen einen salzsäurereichen Verdauungssaft abzugeben, der den Fliegenkörper zersetzt.

Da nicht jedes Insekt von der Venusfliegenfalle gefangen wird, könnte man glauben, diese Art der Falle sei weniger effizient als die der Schlauch- und Kannenpflanzen. Allerdings kann man ihr Verhalten auch als Vorsichtsmaßnahme interpretieren, die dafür sorgt, daß die Falle nicht unnötig zuschnappt. Dadurch, daß die Auslöserhaare zweimal kurz hintereinander berührt werden müssen, wird sichergestellt, daß die Venusfliegenfalle nicht von einem ungenießbaren Objekt, etwa einem herunterfallenden Blatt, getäuscht wird. Und die Randborsten schließen sich vielleicht deshalb nicht vollkommen, weil Insekten unterhalb einer gewissen Größe nicht genug Nährstoffe enthalten, um den Energieaufwand auszugleichen, der zur Verdauung nötig wäre. War das Insekt so klein, daß es entweichen konnte, öffnen sich die Loben nach etwa zwanzig Minuten erneut und die Falle ist vierundzwanzig Stunden später bereit, es wieder zu versuchen.

Blätter sorgen also auf die eine oder andere Weise für alle Nahrung, die eine Pflanze benötigt. Dazu müssen sie großflächig sein, um möglichst viel Sonnenlicht einfangen zu können, aber auch dünn, um die Diffusion von Gasen und Wasserdampf zu erlauben. In tropischen Regenwäldern, wo es stets feucht und warm ist, ist diese Form sehr günstig, aber in Gebieten mit einem sehr viel trockeneren oder kälteren Klima wären solche Blätter nicht sinnvoll.

Das gilt etwa für die nördlichen Breiten der Erde. Dort treten bei Einbruch des Winters zwei Probleme auf: Da der Boden gefriert, wird die darin gespeicherte Flüssigkeit zu Eis und kann von den Wurzeln nicht mehr aufgenommen werden. Gleiches trifft auch für das Wasser in den Blattzellen zu, das gefrieren und dabei das Gewebe zerstören könnte. Außerdem werden im Winter die Tage kürzer und damit die Stunden, in denen genug Licht vorhanden ist, um Photosynthese zu betreiben. Unter solchen Bedingungen kann keine Nahrung mehr synthetisiert werden. Daher stellen in dieser Jahreszeit viele Pflanzen ihren Stoffwechsel vorübergehend ein.

Eichen und Buchen, Ulmen und Birken ziehen das noch verwertbare Chlorophyll aus ihren Blättern ab, und wenn das grüne Pigment verschwunden ist, ändert sich die Farbe des Blattes, und die Abfallstoffe werden sichtbar, die dort im Laufe des Jahres abgelagert wurden. Auch die Säfte werden den Blättern entzogen, und nachdem das Blatt ausgetrocknet ist, wird es versiegelt. Dazu lagert die Pflanze an der Basis des Blattstiels eine brüchige Korkschicht ein, und dann reicht der leiseste Windhauch aus, um das Blatt vom Baum zu wehen.

Sind die Blätter abgefallen, beginnt der Baum zu hungern. Während des Sommers, als das Wachstum am stärksten war, hatten die Stämme an Umfang zugenommen, aber zum Herbst hin

▷

Besonders Ahornbäume zeigen im Herbst die herrlichsten Rottöne, wie hier in den Great Smokey Mountains der USA.

werden die neugebildeten Zellen schmaler und schmaler, und im Winter wird das Wachstum schließlich ganz eingestellt. Dieser langsame Wechsel hinterläßt Ringe im Holz, die man an einem abgesägten Baumstamm leicht erkennen kann. Zählt man die Ringe, weiß man, wie viele Sommer und Winter der Baum durchlebt hat. Und da die Ringe in guten Jahren breiter sind als in schlechten, kann man erkennen, wie sich das Klima während der Lebensspanne eines Baumes verändert hat.

Es gibt jedoch Bäume, die auch außerhalb des milden Klimas der Tropen Blätter entwickeln, die sowohl Wasserknappheit als auch Kälte überstehen können: die Nadelbäume. Viele von ihnen haben Äste, die nicht nach oben in den Himmel zeigen, sondern sich nach unten neigen. Dadurch kann der Schnee leichter abgleiten, so daß ein Abbrechen der Äste verhindert wird. Ihre Blätter sind nicht breit und flach, sondern nadelförmig und zusätzlich mit

△
Die nach unten geneigten Äste und die dicke Wachsschicht auf ihren Nadeln ermöglichen es den Nadelbäumen, wie hier im Schwarzwald, auch die heftigsten Schneefälle zu überstehen.

einer dicken, wachsartigen Auflage versehen. Außerdem enthalten sie sehr wenig Flüssigkeit, die gefrieren könnte, und die Atemporen liegen am Grunde einer tiefen Rinne, die auf der gesamten Länge der Nadel entlangläuft. Solche Blätter sind natürlich nicht so produktiv wie die der Laubbäume, aber dafür müssen sie im Winter auch nicht abgeworfen werden, sondern können weiterhin Photosynthese machen. Da der Lichtmangel aber auch bei ihnen zu schlechteren Bedingungen führt, findet man bei den Nadelbäumen ebenfalls Jahresringe.

Dank solcher Ringe wissen wir, daß die Borstenkiefern, die in großen Höhen in den ostkalifornischen Bergen wachsen, die ältesten heute noch lebenden Bäume sind. Ihre knorrigen, bis zu zehn Meter hohen Stämme bestehen größtenteils aus abgestorbenem

▷
Die unterschiedliche Breite der Jahresringe in diesem Lärchenstamm spiegelt die Wachstumsgeschwindigkeit wider und damit die klimatischen Bedingungen eines jeden Jahres, das der Baum erlebt hat.

Die in über dreitausend Meter Höhe in den Bergen Ostkaliforniens heimischen Borstenkiefern sind die ältesten Lebewesen der Erde.
▷▷

Holz, aber einige Zweige zeigen noch Büschel grüner Nadeln, was anzeigt, daß die Bäume nicht tot sind. Das Alter der einzelnen Bäume kann man feststellen, indem man ein Loch bis zur Mitte des Stamms bohrt und am Bohrkern die Jahresringe zählt. Allerdings sind die Stämme der Borstenkiefern häufig so verformt, daß es schwierig ist zu entscheiden, wo ihre Mitte ist; außerdem wachsen die Bäume in dieser Höhe, wo es im Winter extrem kalt und im Sommer sehr trocken ist, sehr langsam, so daß sie in manchen Jahren praktisch überhaupt nicht an Umfang zunehmen. Dennoch

war es in mühsamer Kleinarbeit möglich festzustellen, daß einige dieser Bäume über viertausendsechshundert Jahre alt sind! Sie waren also schon recht betagt, als Kolumbus in der Neuen Welt landete, standen zu der Zeit, als die ersten Pharaonen in Ägypten herrschten, in der Blüte ihres Lebens, und sie keimten, als die Menschen im östlichen Mittelmeerraum entdeckten, daß der Anbau bestimmter Pflanzen es ihnen ermöglichte, seßhaft zu werden.

Aber auch der gewaltigste Baum, den die Erde jemals gesehen hat, ist ein Nadelbaum. Gemeint ist der Riesenmammutbaum, der ebenfalls in den kalifornischen Bergen vorkommt, wenn auch in geringerer Höhe. Einige Exemplare sind so beeindruckend, daß man ihnen Namen gegeben hat. So ist der «General Sherman» siebenundachtzig Meter hoch, der Umfang seines Stammes beträgt drei Meter, über dem Wurzelansatz vierundzwanzig Meter, und sein Gewicht wird auf über zweitausend Tonnen geschätzt. Hergestellt wurde diese gewaltige Ansammlung organischen Materials aus den einfachsten und überall vorkommenden Stoffen – dank eines ungewöhnlichen chemischen Vorgangs, den nur die Pflanzen beherrschen, der Photosynthese.

▷

Dieser «General Grant» genannte Riesenmammutbaum ist ungefähr zweitausendfünfhundert Jahre alt und achtzig Meter hoch. Der Umfang beträgt am Wurzelansatz zweiunddreißig Meter, und der unterste Ast ist immerhin fast vierzig Meter vom Erdboden entfernt.

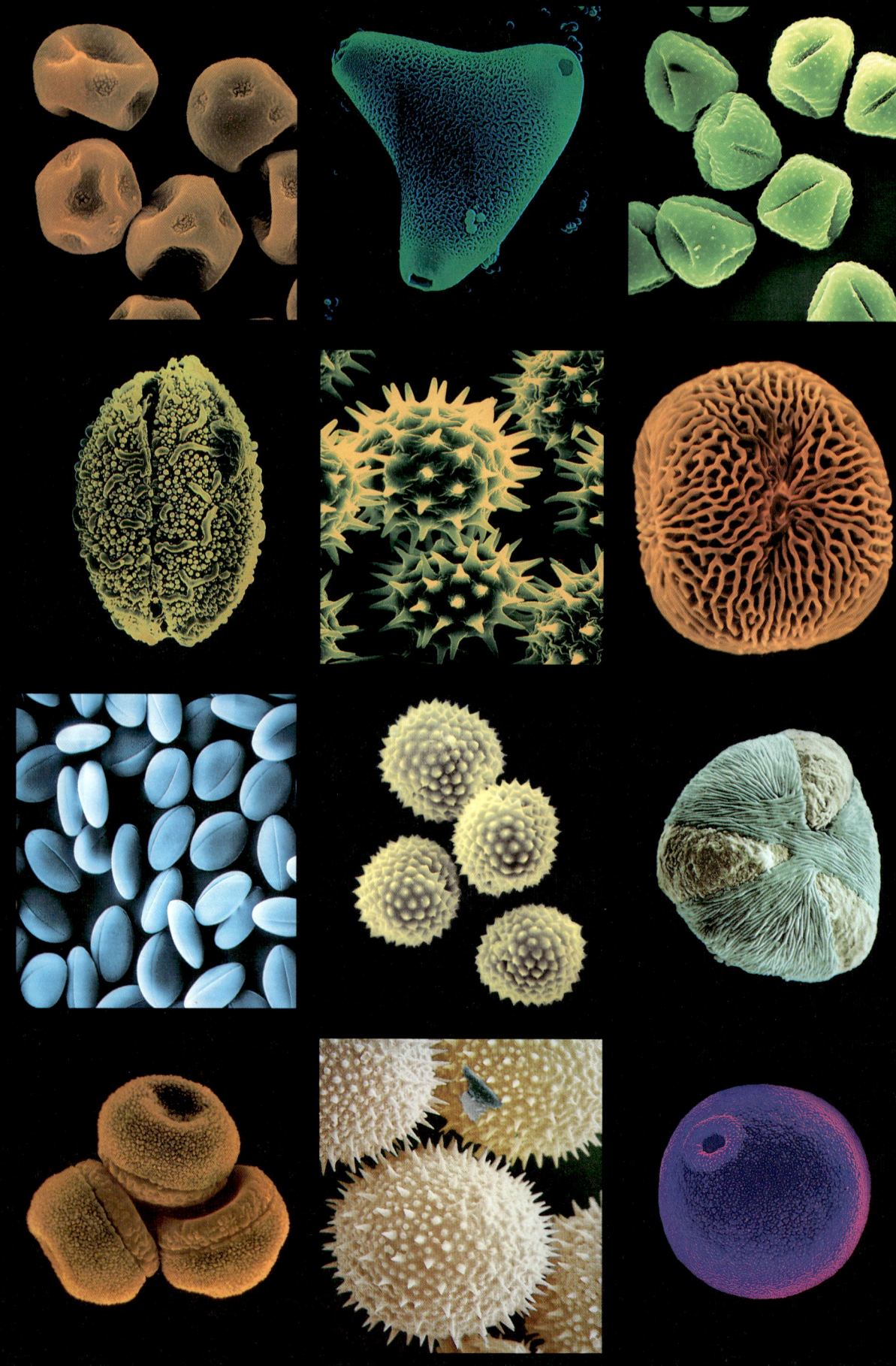

3 Blühen

Pollenkörner sind wirklich ungewöhnliche Objekte. Sie sind mikroskopisch klein (sie haben einen Durchmesser von etwa zwanzig bis zweihundertfünfzig Mikrometer – ein Mikrometer ist der tausendste Teil eines Millimeters) und werden in ungeheuren Mengen gebildet. Ein einzelnes Birkenkätzchen enthält allein etwa fünfeinhalb Millionen Pollenkörner, und da eine Birke oft mehrere tausend Kätzchen hat, kann man sich vorstellen, wieviel Pollen in einem Birkenfeld produziert wird. Die Form der Pollenkörner ist unterschiedlich. Einige sind rundlich, andere eiförmig, manche gleichen unförmigen Kissen oder flachen Schüsseln, und ihre Oberfläche ist häufig auf verschiedenste Weise mit geometrischen Mustern gezeichnet, oder es sind Rippen und Stacheln vorhanden. Diese Ornamente sind oft so charakteristisch, daß sich allein daran die jeweilige Art erkennen läßt.

Die äußere Schicht besteht aus einer sehr widerstandsfähigen Substanz, so daß manche Pollenkörner Zehntausende von Jahren überdauern können und viele sind auch nach dieser Zeit noch unverkennbar. Untersucht man beispielsweise den Pollen in einzelnen Torfschichten eines Moores, so ist es möglich, die ökologische Geschichte eines Gebietes nachzuzeichnen, also Aussagen über das Erscheinen und das Verschwinden einzelner Pflanzenarten zu machen.

Da der Pollen sich bei der Befruchtung mit einer sehr viel größeren Geschlechtszelle vereinigt, bezeichnet man ihn allgemein als männlich determinierte Keimzelle einer Pflanze und die Staubgefäße, in denen er produziert wird, als männliche Geschlechtsorgane. Das weibliche Geschlechtsorgan, der Stempel, besteht aus einem Fruchtknoten mit Eizellen, der sich nach oben zu einem Griffel verlängert, an dessen Spitze das Empfangsorgan für die Pollenkörner, die Narbe, sitzt. Wenn ein Pollenkorn auf der

◁
Beispiele für die Vielfalt von Pollenkörnern (die Kolorierung erfolgte nachträglich):

1	2	3
4	5	6
7	8	9
10	11	12

1 Wegerich
2 Leucospermum
3 Hahnenfuß
4 Schwertlilie
5 Margerite
6 Storchschnabel
7 Brennessel
8 Ambrosie
9 Bergahorn
10 Seerose
11 Stockrose
12 Liebesgras

Narbe landet, kommt es zu komplizierten Wechselwirkungen, die zur Ausbildung eines Pollenschlauches führen, der durch den Griffel bis in den Fruchtknoten hineinwächst. Durch diesen Schlauch werden die männlichen Keimzellen zu den Eizellen transportiert, so daß es zu einer Befruchtung kommt. Der Zeitrahmen dafür ist sehr unterschiedlich. Beim Storchschnabel kann der gesamte Vorgang innerhalb weniger Stunden abgeschlossen sein, bei manchen Orchideen dauert er dagegen mehrere Monate.

Die Erkennung ist also ein wichtiger Teil der Befruchtung von Pflanzen, wobei morphologische Ausprägungen wie die unterschiedlichen Pollenformen eine weniger wichtige Rolle spielen als die biochemischen Erkennungsreaktionen. Diese ermöglichen es einer Pflanze nicht nur, den Pollen fremder Arten völlig zu ignorieren, sondern sie kann oft sogar Pollen, den sie selbst produziert hat, von dem anderer Individuen der eigenen Art unterscheiden. Dadurch ist es ihr möglich, eine Selbstbefruchtung zu vermeiden.

Wenn sich eine Blütenpflanze sexuell fortpflanzt, muß sichergestellt werden, daß ihr Pollen die Narbe einer anderen Pflanze derselben Art erreicht. Kleinere Pollenkörner können leicht durch den Wind verbreitet werden, und eine Reihe von Pflanzen – etwa Gräser und Nadelbäume, aber auch viele Laubbäume – verlassen sich bei der Fortpflanzung auf den Wind, und um diesen Transport zu erleichtern, sind einige Pollenkörner mit Luftsäcken ausgestattet. Vom Wind bestäubte Pflanzen haben in der Regel nur kleine, unauffällige Blüten, und einige sind so unscheinbar, daß man sie kaum als solche erkennen kann. Bei vielen Gräsern bestehen sie beispielsweise nur aus winzigen trockenen Schuppen, aus denen die Staubgefäße herausragen. Windbestäubte Bäume wie Hasel oder Weide produzieren ihre Blüten oft noch vor den Blättern, so daß die Pollenkörner ungehindert fortgeweht werden können.

Der Wind kann Pollen über große Entfernungen verbreiten, weil die winzigen, trockenen Körner leicht bis in eine Höhe von sechstausend Metern hinaufgelangen und dann oft bis zu fünftausend Kilometer fortgeweht werden. Allerdings ist diese Art der Verbreitung sehr stark vom Zufall abhängig, denn der überwie-

▷
Die Pollen der Gräser werden durch den Wind verbreitet.

gende Teil der Millionen von Pollenkörnern, die eine einzelne
Pflanze produziert, erreicht sein Ziel nie und ist damit nutzlos.
Da Pollen reich an Fetten und Proteinen ist, die Produktion also
sehr viel Energie kostet, ist der Aufwand für die Pflanze beträchtlich.

Viele Pflanzen haben deshalb eine andere Strategie der Verbreitung entwickelt: Um Vergeudungen zu reduzieren, locken sie
Tiere an, die den Pollen direkt zu den weiblichen Geschlechtsor-
ganen einer anderen Pflanze bringen. Allerdings sind sie bei dieser Methode gezwungen, mit anderen Pflanzen in einen Wettstreit
um die Aufmerksamkeit der tierischen Boten zu treten, denn diejenigen, die die erfolgreichste Werbung betreiben, werden die meisten Nachkommen haben. Und so wird die Reklame vieler Pflanzen über viele Generationen hin immer aufwendiger. Vergleichen

◁

*Kiefern produzie-
ren so gewaltige
Mengen an Pol-
len, daß sich auf
einigen Wasser-
flächen, wie auf
diesem finnischen
Waldsee, oft
dicke Schlieren
bilden.*

läßt sich diese Situation mit den Vogelarten, bei denen die Männchen spektakuläre Balzrituale aufführen, um die Aufmerksamkeit
der Weibchen zu erregen. Durch diese Rivalität entwickelt sich
beispielsweise das farbenprächtige Gefieder der Pfauen und Para-
diesvögel; bei den Pflanzen gipfelt diese Entwicklung in herrlichsten Blüten.

Wer einen Transport durchführt, will dafür entlohnt werden. Die einfachste Form der Entgeltung besteht darin, daß der Überbringer einen Teil des transportierten Gutes für sich behält. Da Pollen sehr nährstoffreich ist, war dies sicher eine der ersten Methoden, die benutzt wurden, und es gab sie vermutlich schon vor dem Auftauchen der ersten Blüten, etwa bei einigen Palmfarnen, von denen sich schon die Dinosaurier ernährt haben. Männliche Palmfarne produzieren ihren Pollen in großen Zapfen, die zwischen den Wedeln sitzen, und die meisten Arten vertrauen ihren Pollen dem Wind an. Einige benutzen zur Verbreitung jedoch Insekten, die es auch zu Lebzeiten der ersten Palmfarne schon in großer Zahl und Vielfalt gab. Allerdings fehlten damals noch die farbigen Blüten, und die Pflanze produzierte vermutlich auch noch keine Duftstoffe. Allerdings könnten einige Palmfarne ihre Bestäuber mit einer Methode angelockt haben, die auch heute noch von manchen Arten praktiziert wird: Wenn der Pollen reif ist, erhöht der Palmfarn die Temperatur seines zentralen Zapfens um etwa zwei Grad. Dadurch werden Rüsselkäfer angelockt, die sich auf dem Zapfen niederlassen und den herausquellenden Pollen fressen, wobei sie bald selbst völlig von Pollen bedeckt sind. Dann fliegen sie davon und lassen sich später auf einem anderen Palmfarn zu einer weiteren Mahlzeit nieder. Auf diese Weise wird der Pollen natürlich sehr viel ökonomischer verbreitet, als es der Wind könnte.

Seerosen gehören zu einer der ersten Pflanzenfamilien mit echten Blüten. Und sie belohnen ihre Kuriere – meistens Käfer – immer noch auf die uralte Weise, also mit einer Portion des Transportgutes. Andere Pflanzen gehen selektiver vor, indem sie ihren Pollen nicht mehr allen Insekten zugänglich machen, sondern nur noch denjenigen, die ihn auch an die richtige Adresse bringen.

Ein Beispiel dafür ist eine südafrikanische Enzianart, die von hübschen Pelzbienen bestäubt wird. Der Enzian breitet seine Blütenblätter weit aus und offeriert eine weiße, gebogene Narbe und drei Staubgefäße mit großen, gelben Staubbeuteln – eine Versuchung für jedes pollenliebende Insekt. Allerdings hat die Sache einen Haken: Die Staubbeutel sind hohl und der Pollen ist im Inneren versteckt. Die einzige Möglichkeit, an ihn heranzukommen, besteht darin, ihn durch ein winziges Loch an der Spitze des Staubbeutels herauszuholen. Und das kann nur die Pelzbiene: Sie bewegt nach der Landung weiterhin die Flügel und erzeugt dabei einen Ton, der genau die richtige Frequenz hat, so daß der Pollen aus dem Loch herausgeschüttelt wird. Und da nur diese Bienenart den richtigen Ton trifft, ist auch nur sie in der Lage, den Pollen zu ernten.

Aber auch die Pflanze hat einen Vorteil davon: Weil es für die Biene keine Möglichkeit gibt festzustellen, ob eine Blüte noch Pollen enthält, muß sie immer wieder auf einem Staubbeutel landen und ihn schütteln, um so zu überprüfen, ob dort noch etwas zu holen ist. Natürlich merkt sie sehr schnell, wenn kein Pollen mehr vorhanden ist, aber die Zeit, die sie auf der Blüte verbringt, reicht aus, um einiges von dem Pollen, den sie in ihrem pelzigen Körper unabsichtlich mitgeschleppt hat, auf die Narbe der Blüte zu übertragen. Auf diese Weise erhält die Pflanze also den begehrten Fremdpollen.

Es gibt noch eine andere Möglichkeit der Einsparung. Ein großer Teil der Energie wird bei der Produktion von Pollen dafür benötigt, die aufwendigen Substanzen herzustellen, die für die Weitergabe der genetischen Information nötig sind. Würde man darauf verzichten und statt dessen ein Puder produzieren, das dem Pollen ähnelt, könnte das mit sehr viel weniger Energie geschehen. Und genau nach diesem Prinzip verfährt der in Südamerika heimische Tibouchine-Busch. Er besitzt zwei unterschiedliche Staubgefäße, von denen eines groß, weiß und deutlich sichtbar ist. Darin befindet sich steriler Pollen. Kommt eine Biene, ignoriert sie normalerweise die kleineren rosafarbenen Staubgefäße in der Nähe der Landeplattform, aber während sie an den großen Staubgefäßen zu fressen beginnt, läuft sie direkt über die kleinen hinweg und stäubt sich dabei mit dem sexuell aktiven Pollen ein.

Am häufigsten entgelten Pflanzen die Insekten indessen mit gesüßtem Wasser – also Nektar. Den produzieren sie in speziellen Drüsen, sogenannten Nektarien, die normalerweise tief in der Pflanze verborgen sind. Das hat zwei Vorteile: Es verhindert den Verlust von Nektar durch Verdunstung, und es zwingt Blütenbesucher, sich durch die Staubgefäße hindurchzuzwängen, wobei automatisch Pollen mitgenommen wird. Aber eine solche Belohnung muß den Bestäubern angekündigt werden, und das ist die Funktion der Blütenblätter.

Insekten gehören vermutlich zu den ersten von Pflanzen einge-
spannten Bestäubern, und sie stellen auch heute noch die größte
Zahl. Daher müssen Pflanzen, die sich von ihnen bestäuben lassen
wollen, ihre Blüten so gestalten, daß sie den Wahrnehmungsorga-
nen der Kerbtiere angepaßt sind. Die meisten Insekten haben einen sehr hoch entwickelten Geruchssinn, so daß sie leicht durch
Geruchsstoffe angelockt werden können. Viele sehen außerdem
ausgezeichnet, auch wenn ihre Augen anders aufgebaut sind als
unsere. Sie bestehen – vereinfacht gesagt – aus Hunderten winziger Einzelteilchen, von denen jedes nur einen kleinen Lichtstrahl
aufnehmen kann, und aus diesen Wahrnehmungen wird dann ein
zwar grobes, aber doch komplettes Bild zusammengesetzt. Allerdings ist das Insektenauge am roten Ende des Spektrums nicht so
empfindlich wie das menschliche, so daß die meisten Insekten un-
fähig sind, zwischen Rot und Schwarz zu unterscheiden. Am anderen, dem blauen Ende ist ihr Lichtsinn dafür sensibler, so daß sie
sogar ultraviolette Farben erkennen können, die für den Menschen unsichtbar sind.

Wenn wir also einen Eindruck davon bekommen wollen, wie ein

Insekt eine bestimmte Blüte sieht, müssen wir Filmmaterialien oder Filter benutzen, mit denen man ultraviolettes Licht sichtbar machen kann.

Viele durch Insekten bestäubte Pflanzen, besonders jene, deren Nektarien gut versteckt sind, besitzen Punkte und Linien, die vom äußeren Ende einer Lippe, auf der das Insekt normalerweise landet, zum Nektar weisen. Fingerhut und Schwertlilie, Veilchen und Rhododendron sind Beispiele dafür.

Einige Pflanzen erlauben vielen verschiedenen Insekten, bei ihnen Pollen zu sammeln. So sind etwa Mohn, Buschwindröschen, Steinbeere, Hahnenfuß und viele andere Pflanzen mit offenen Blüten sehr freigiebig mit ihrem Pollen, der aber natürlich auf einer Pflanze, die nicht zur gleichen Art gehört, verschwendet ist. Daher sind viele Pflanzen, beispielsweise der erwähnte südafrikanische Enzian, wählerischer mit den Bestäubern, halten ihren Nektar also derart versteckt, daß nur ganz bestimmte Bestäuber an ihn herankommen können. Ein solches, speziell angepaßtes Insekt findet immer einen reich gedeckten Tisch vor und transportiert den Pollen auch stets zu einem Exemplar der gleichen Pflanzenart. Auf diese Weise sind unglaublich spezialisierte Partnerschaften entstanden: Wenn eine der Parteien von der Erde verschwinden würde, ginge auch die andere ein.

◁
Die Dolde einer Engelwurz lockt viele verschiedene Insekten an, etwa Schweb-, Fleisch- und Schmeiß- fliegen.

Ein Beispiel für eine solche gegenseitige Anpassung ist der in Südafrika heimische Zweisporn, ein Verwandter unseres Fingerhuts. Er belohnt die Bestäuber mit einem Öl, das am entlegensten Ende eines jeden Sporns ausgeschieden wird, und es existieren mehrere, eng verwandte Arten einer solitär lebenden Bienengattung, die spezielle Bürsten an den Spitzen ihrer Vorderbeine entwickelt haben, mit denen sie dieses Öl aufnehmen können. Die Auswahl wird aber noch weiter getrieben, denn es gibt verschiedene Zweisporn-Arten mit unterschiedlich langen Blütenspornen und dazu die entsprechenden Bienenarten mit genau der passenden Beinlänge, so daß die Bestäubung nur von der richtigen Bienenart ausgeführt werden kann.

Die aber wohl ungewöhnlichste Anpassung besteht zwischen einer auf Madagaskar heimischen Orchidee und einem Nachtfalter. Der wissenschaftliche Name der Orchidee ist *Angraecum sesquipedale*, wobei das zweite Wort «eineinhalb Fuß» bedeutet und sich auf die bis zu fünfzig Zentimeter langen Sporne bezieht, die den Nektar enthalten. Und es gibt dort nur ein einziges Insekt, dessen Rüssel lang genug ist, um diesen Nektar zu erreichen.

Auch andere Orchideen sind dafür bekannt, sehr komplizierte und aufwendige Bestäubungssysteme entwickelt zu haben, wobei man sich in einigen Fällen fragen muß, warum soviel Energie in-

▷
Eine Hummel sammelt auf einer Löwenzahnblüte Pollen. Dabei bleibt eine ganze Menge Blütenstaub an ihren Haaren hängen, der dann zur nächsten Blüte transportiert wird.

vestiert wurde, um ein Resultat zu erzielen, das die meisten Pflanzen mit sehr viel weniger Aufwand erreichen. Das gilt etwa für die Helmblume, die in den Wipfeln der Urwaldbäume Mittelamerikas wächst. Das Vorderteil ihrer Blüte hat zwei schmale Flügel, die als Wegweiser dienen, und dahinter befindet sich ein kleiner Behälter, der sich nach dem Öffnen der Blüte bis zu einem halben Zen-

▷
Nur ein ganz bestimmter Schwärmer ist in der Lage, den Nektar der Angraecum-*Orchidee aufzusaugen, denn sein Rüssel, den er normalerweise unter dem Kopf aufgerollt trägt (oben), ist so lang, daß er weit in den Sporn der Blüte hineinreicht.*

◁
Die Angraecum-*Orchidee aus Madagaskar produziert ihren Nektar am Grunde sehr lang ausgezogener, herabhängender Sporne.*

timeter hoch mit einer süßlich duftenden Flüssigkeit füllt, die aus zwei kleinen Drüsen am Stengel sickert. Dabei hat jede der etwa zwanzig Helmblumen-Arten ihre eigene Geruchsmarke, die unsere Nase zwar nicht auseinanderhalten kann, durch die aber kleine, leuchtendfarbige Bienen so gezielt angelockt werden, daß jede Orchideenart auch ihre ganz spezielle Bienenart hat.

Allerdings sind es nur die männlichen Bienen, die auf diese Geruchsstoffe reagieren. Dabei scheint sie der Duft so sehr in Aufregung zu versetzen, daß sofort mehrere Männchen um die Helmblume herumschwirren, wenn diese ihre Blüten öffnet. Bald darauf landet eine Drohne in der Nähe des Behälters und bahnt sich ihren Weg zu einem Polster, das sich an der Basis des kurzen Stiels befindet, der den kleinen Eimer mit dem Vorderteil der Blüte verbindet. Von diesem Polster kratzt sie eine ölige Substanz ab, die sie in Taschen an ihren Hinterbeinen stopft. Dabei handelt es sich jedoch nicht um Futter, sondern um einen Lockstoff, mit dem zur Paarungszeit die Weibchen angelockt werden. Das ist auch der Grund dafür, daß jede Orchideenart ihr ganz spezielles Parfum produzieren muß.

Hat die Biene eine ordentliche Portion des Geruchsstoffes aufgenommen, versucht sie davonzufliegen. Allerdings kommt es dabei vor, daß wegen der aufgeregt herumsurrenden Artgenossen und weil das Polster rutschig ist, von Zeit zu Zeit eine Biene den Halt verliert und in den Behälter stürzt. Aus diesem gibt es nur einen Weg hinaus – durch einen schmalen Tunnel, der an der Vorderseite des Eimers ins Freie führt. An der Wand unterhalb dieses Ausgangs befindet sich eine kleine Ausbuchtung – die einzige Stelle, um sich an der ansonsten glatten Wand festzuhalten. Diese benutzt die Biene, um in den Tunnel und dann ins Freie zu kommen. Doch kurz bevor das Insekt den Gang verläßt, stößt es mit dem Rücken an einen Deckenvorsprung. Dabei handelt es sich um zwei Pollinien – kleine Päckchen aus miteinander verklebten Pollenkörnern. Die Biene stemmt sich dagegen und reißt die Pollinien dabei ab, so daß sie, nachdem sie in die Freiheit gelangt ist, jetzt einen kleinen Rucksack trägt.

In der Zwischenzeit knabbern die anderen Bienen weiter an dem öligen Polster der Orchidee. Da einige von ihnen zuvor schon eine andere Helmblume angeflogen hatten, tragen ein paar auch bereits Pollinien auf ihrem Rücken. Hat die Orchidee Glück, dann fällt eine dieser Bienen in den Behälter, und wenn sie sich anschließend durch den Tunnel zwängt, sorgt ein Haken an der Decke dafür, daß die Pollinien abgestreift werden. Die Pflanze ist befruchtet.

Nicht alle Insekten sind bereit, sich an die Spielregeln der Pflan-

zen zu halten, und so wurden einige Kerbtiere zu Dieben. Zu den Opfern gehört beispielsweise der Beinwell, der seinen Nektar in den Tiefen seiner röhrenförmigen Blüten aufbewahrt. Da einige Bienenarten über zwei Zentimeter lange Rüssel besitzen, können sie den süßen Saft ohne weiteres erreichen, während eine andere Art, deren Mundwerkzeuge nicht sehr lang sind, normalerweise kürzere Blüten besucht. Aber irgendwie muß diese Biene mitbekommen haben, daß in der Beinwellblüte ein süßer Schatz verborgen ist, und so nagt sie Löcher in den Blütenboden und stiehlt den Nektar, ohne jedoch ihren Beitrag zur Bestäubung zu leisten.

Reptilien, die ersten Wirbeltiere, die sich einem Leben auf dem neu entstandenen Land anpaßten, begannen erst viele Millionen Jahre nach den Insekten die Erde zu bevölkern. Wie viele von ihnen Pflanzenpollen sammelten, wissen wir nicht, aber es hat sicher einige gegeben – und ein paar findet man auch heute noch. In Neuseeland, wo vor der Besiedlung durch den Menschen keine Säugetiere lebten, besuchen Geckos nachts die Blüten des Neuseeländi-

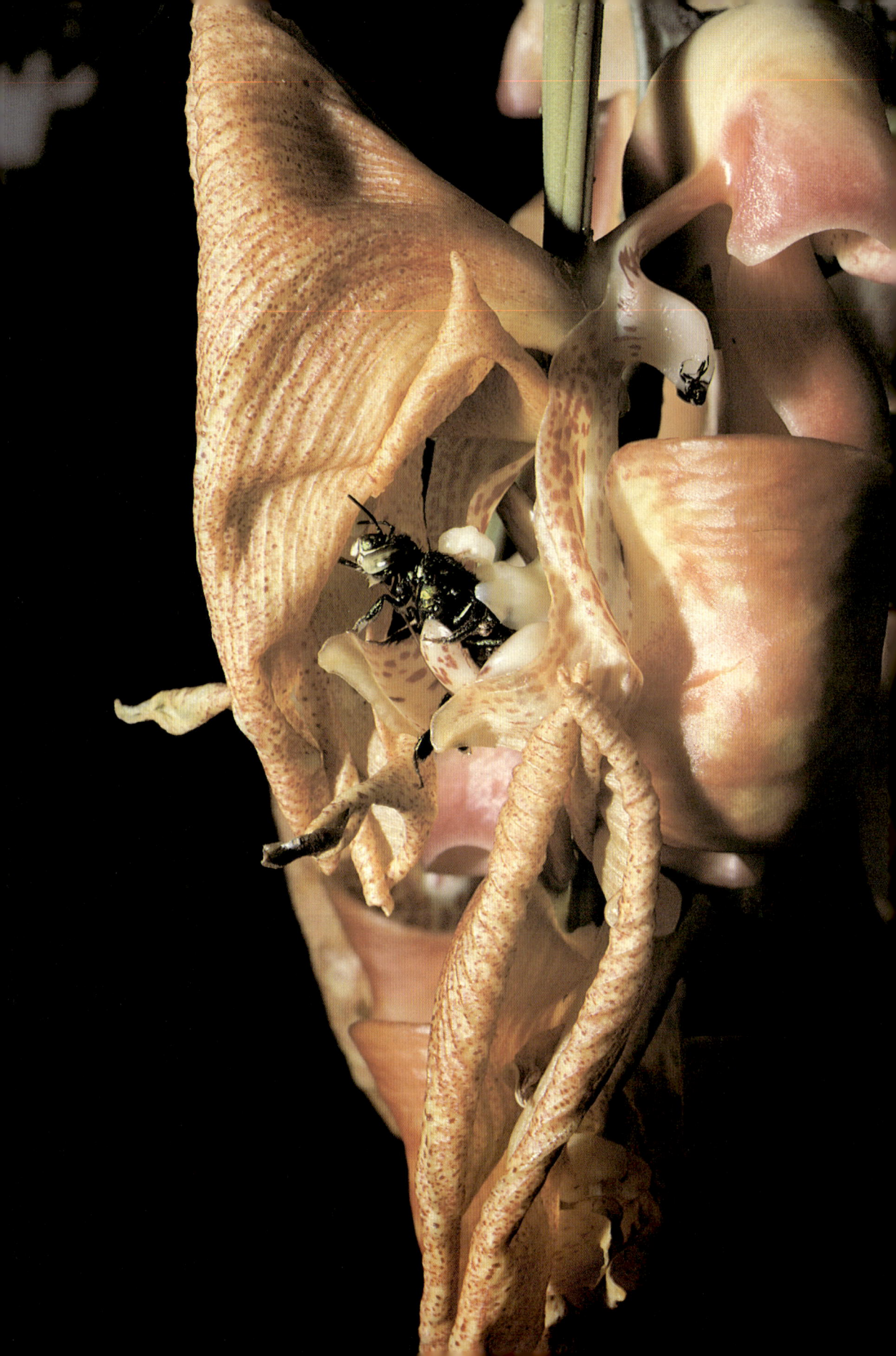

▷
*Eine Hummel
bohrt mit ihrem
Rüssel ein Loch
in die Wand einer
Beinwellblüte
und stiehlt so den
Nektar, den sie
auf andere Weise
nicht erreichen
könnte.*

◁
*Eine Biene, die
das Bad in dem
Eimer einer
Helmblume über-
standen hat,
zwängt sich
durch den vorge-
sehenen Flucht-
weg ins Freie.*

*Ein in Neusee-
land heimischer
Gecko saugt
Nektar aus den
Blüten des Neu-
seeländischen
Flachses und
schleppt dabei
an seiner Kehle
Pollen mit.*
▷▷

schen Flachses, drücken die langen, röhrenförmigen Blütenblätter
auseinander und lecken den Nektar auf. Während sie das tun, streifen sie mit ihrem Hals und Kinn Pollen von anderen Blüten ab, die
auf demselben Stengel wachsen, und übertragen ihn anschließend
auf Blüten, die sie während der Nacht außerdem noch aufsuchen.

Allerdings ist es nur schwer vorstellbar, daß der Neuseeländi-
sche Flachs oder eine andere Pflanze sich heute noch völlig auf
Geckos als Bestäuber verlassen kann, nicht zuletzt, weil es in Neuseeland nicht mehr allzu viele davon gibt.

Auch in Südafrika gibt es eine Pflanze, die ursprünglich wohl
von Reptilien bestäubt wurde: die Paradiesvogelblume oder Strelitzie, die heute nur noch selten Samen hervorbringt, so daß Gärtner dazu übergegangen sind, in Kultur gehaltene Pflanzen mit einem Pinsel zu bestäuben, woraufhin sie problemlos Samen
produzieren. Oft wird behauptet, bei den nicht sehr effektiven
natürlichen Bestäubern müsse es sich um Vögel handeln, denn die
Blüte sei so gebaut, daß bei der Landung eines Vogels auf einem
blauen Dorn im Zentrum die Staubgefäße herausgedrückt würden
und dabei die Brust des Besuchers mit Blütenstaub eingepudert
würde. Seltsamerweise hat das aber noch nie jemand beobachtet.
Zwar suchen Nektarvögel diese Pflanzen regelmäßig auf, aber sie
setzen sich auf Stellen, an denen sie mit dem Pollen überhaupt

nicht in Berührung kommen. Möglicherweise meiden sie den klebrigen Pollen der Strelitzie sogar, da er leicht das Gefieder verschmutzen könnte. Flugunfähige Tiere, die gezwungen wären, über die Blüte zu kriechen, um an den Nektar zu gelangen, könnten den Pollen dagegen leicht mitschleppen und verbreiten. Es scheint daher nicht unmöglich, daß diese Pflanzen ursprünglich von Eidechsen bestäubt wurden, bis die flinkeren Vögel ihnen den Strelitziennektar wegschnappten, so daß diese Pflanzen jetzt in der freien Natur nur noch selten bestäubt werden.

Dennoch, die Vögel gehören nach den Insekten zu den Hauptbestäubern der Pflanzen. Um sie anzulocken, bedarf es allerdings unterschiedlicher Methoden. Vögel haben einen sehr schlechten Geruchssinn, so daß wohlriechende Substanzen eine Verschwendung wertvoller Energie wären. Dafür besitzen sie ausgezeichnete Augen, die unseren recht ähnlich sind und auch rote Farben erkennen können. Vögel werden in der Regel sehr viel größer als Insekten, und darauf müssen sich die Pflanzen natürlich einstellen.

So sollten die Blüten eine bestimmte Größe haben, da der Vogel seinen Kopf sonst nicht hineinstecken und keine Pollen mitschleppen kann. Außerdem müssen die Blütenblätter relativ stabil sein, da sie einem solchen Ansturm sonst nicht widerstehen könnten. Ist eine Pflanze also groß, robust, rot und geruchlos, wird sie wahrscheinlich von Vögeln bestäubt.

Die meisten Vögel benötigen beim Nektartrinken einen Ansitz. Bei vielen größeren Pflanzen, etwa beim Afrikanischen Tulpenbaum, sind die Blütenzweige kräftig genug, um den Besuch eines Vogels unbeschadet zu überstehen. Kleinere Pflanzen dagegen müssen Vorkehrungen treffen. Ein Beispiel sind die Känguruhpfoten, eine in Westaustralien heimische Gruppe bodenbewohnender Pflanzen mit hübschen, röhrenförmigen Blüten, die von Vögeln bestäubt werden. Einige Arten sind nur wenige Zentimeter groß, und ihre Blüten hängen nach unten, so daß ein über den Boden hüpfender Vogel keine Schwierigkeiten hat, an den Nektar zu gelangen. Andere werden dagegen so groß, daß sich die Blüten hoch über dem Erdboden befinden. Sie haben sehr viel kräftigere Stengel, als es für das Tragen der Blüten notwendig wäre, und können somit das Gewicht eines Vogels problemlos aushalten.

Angelockt durch die scharlachrote Farbe eines Silberbaumgewächses, suchen zwei australische Gebirgsloris nach Nektar.
▽

Haben die Pflanzen einen Vogel erst einmal angelockt, müssen sie dafür sorgen, daß er nicht nur den Nektar trinkt, sondern, auch Pollen mitnimmt. Ist die Blüte röhrenförmig – und das ist bei vielen dieser Pflanzen der Fall –, bereitet es zumeist keine Schwierigkeiten, die Staubgefäße so zu plazieren, daß Brust oder Stirn des Vogels mit Pollen gepudert werden, wenn er seinen Kopf in die Blüte steckt. Viele Pflanzen gehen indessen keinerlei Risiko ein und haben Mechanismen entwickelt, die sicherstellen, daß ihre Besucher auf jeden Fall mit Pollen eingesprüht oder überschüttet werden.

So hält eine tropische Mistelart ihre leuchtendroten Blüten fest geschlossen, bis sie von einem hungrigen oder neugierigen Vogel angeflogen wird. Weiß der Besucher, daß er seinen Schnabel in einen bestimmten Schlitz der Knospe stecken muß, springt diese auf, und eine Batterie von Staubgefäßen schlägt vor die Stirn des Vogels. Bei einer anderen Art dieser Pflanzengruppe sitzt der Pollen in einem Behälter an den oberen Blütenblättern. Läßt sich nun ein Vogel auf der Blüte nieder, bewirkt das Gewicht des Besuchers eine Öffnung der Pollenkammer und er wird augenblicklich mit Pollen überschüttet.

Einige Vögel ernähren sich fast vollständig von Nektar, beispielsweise die in Afrika heimischen Nektarvögel und Honigfresser. Sie sind so klein, daß sie sich problemlos auf den meisten Blüten niederlassen können, und sie besitzen sehr schmale Schnäbel, die sie leicht in die Nektarien stecken können, um dann mit ihren langen Zungen den süßen Saft herauszulecken. Außerdem ist ihr Verdauungsapparat so stark an die zuckerreiche Nahrung angepaßt, daß er anderes Futter nicht verdauen kann.

Noch stärker spezialisiert sind die nektarfressenden Vögel Nord- und Südamerikas, die Kolibris, die allerdings noch eine zusätzliche Begabung haben: Sie bewegen ihre Flügel so schnell, daß sie vor einer Blüte in der Luft stehenbleiben können. Daher locken die dort heimischen Pflanzen ihre Bestäuber mit sehr zerbrechlichen Blüten an, die außerdem noch am Ende langer, dünner Stengel sitzen, so daß sie nur aus der Luft erreichbar sind.

Eine solche Pflanze muß genau abschätzen, wieviel Nektar sie ihren Besuchern zur Verfügung stellen will. Ist sie knauserig, werden die Vögel sich nicht die Mühe eines Besuches machen; verhält

◁
Ein Honigfresser benutzt den kräftigen Blütenstengel einer westaustralischen Känguruhpflanze als Halt, um an den Blütennektar zu gelangen.

sie sich dagegen zu großzügig, ist der Vogel schnell satt und fliegt dann nicht mehr zu einer anderen Pflanze, so daß keine Bestäubung stattfindet. Daher haben viele Pflanzen einen perfekten Kompromiß zwischen den beiden Extremen gefunden. Sie sorgen dafür, daß die kleinen Kolibris, deren Art des Fliegens sehr energieaufwendig ist, immer knapp an «Treibstoff» sind, also ständig zwischen den Blüten hin- und herflitzen müssen. Und nachts, wenn die Vögel nicht aktiv sind, schalten sie ihren Stoffwechsel auf Sparflamme und fallen bis zum Morgengrauen in eine Art Starre.

Aber selbst eine derart perfekte Abstimmung kann nicht verhindern, daß immer noch Nektar gestohlen wird, etwa durch den Hakenschnabel, dessen Schnabeloberteil am Ende einen Haken besitzt, während das Unterteil kurz und sehr spitz ist. Um zu fressen, landet der in den Anden heimische Vogel auf einer röhren-

△
Der Hals eines Fuchskolibris wird, während er Nektar aus einer Akelei saugt, mit Pollen eingepudert.

förmigen Blüte, hält diese mit dem Haken fest und sticht mit dem spitzen Teil seines Schnabels ein Loch hinein, so daß er an den Nektar gelangt.

Die große Mehrzahl nektarfressender Vögel lebt in den Tropen, da Pflanzen in kälteren Regionen nur während der warmen Jahreszeit blühen. Jeder Vogel, der bei seiner Ernährung auf Blüten angewiesen ist, müßte im Winter also verhungern. Insekten überleben dagegen in vielen Fällen auch diesen Teil des Jahres, entweder als Ei, Puppe oder durch Winterschlaf. Vögel haben diese Möglichkeiten nicht; sie brauchen das ganze Jahr über entsprechendes Futter, und viele fliegen aus diesem Grund zu Beginn der kalten Jahreszeit in wärmere Gefilde. In Australien, wo es sehr viele nektarfressende Vögel gibt, wandern sie quer über den ganzen Kontinent – immer dem Sommer hinterher. In Amerika fliegen die Kolibris im Juli und August sogar bis in den hohen Norden der Vereinigten Staaten, und heute können sie dort etwas länger verweilen als früher, denn sie finden ihre süße Nahrung nicht mehr nur in Blüten, sondern auch in kleinen Zuckersaftflaschen, die Vogelfreunde in ihren Gärten aufhängen.

Säugetiere, die in der Zeitfolge der Evolution noch später entstanden sind als Reptilien und Vögel, erscheinen wegen ihrer Größe und ihres Gewichts als Bestäuber völlig ungeeignet. Dennoch gibt es einige unter ihnen, die von Pflanzen zu diesem Zweck angeworben werden. Ein Beispiel sind die Silberbaumgewächse, deren Blüten unauffällig gefärbt, nach unten geneigt und außerdem unter Blättern versteckt sind. Ihren Nektar sammeln Mäuse, die eine solche Abwechslung in ihrem Speiseplan lieben und diese Möglichkeit daher für einige Wochen des Jahres auskosten, bevor sie dann wieder zu ihrer eigentlichen Nahrung zurückkehren. Den Silberbaumgewächsen leisten sie damit einen unverzichtbaren Service.

Unter den Pflanzen Madagaskars gibt es eine sehr dekorative Palme, den sogenannten Baum der Reisenden, der einen riesigen aufrechten Fächer aus bis zu zehn Meter langen Wedeln besitzt. Seine Blüten weisen große Kammern auf, die – wenn die Narbe für Pollen empfänglich ist – große Mengen Nektar enthalten. Und genau in dieser Zeit statten die Varis, primitive, etwa spanielgroße Halbaffen der Palme häufig Besuche ab, ergreifen eine Blüte, die

sich erst kurz zuvor geöffnet hat, an den Hochblättern, die einen zusätzlichen Ring um die Blütenblätter bilden, und ziehen sie auseinander, um an die eigentliche Blüte zu gelangen. Diese wird mit den Zähnen aufgerissen, und dann schieben die Tiere ihre Schnauze hinein und trinken den Nektar. Um an diesen zu gelangen, haben die Varis eine längere Schnauze und eine viel längere Zunge als die meisten anderen Lemuren, und es scheint auch weder Insekten noch Reptilien oder Vögel zu geben, die die Kraft haben, die Hochblätter am Grund der Blüte auseinanderzuziehen, so daß es sehr wahrscheinlich ist, daß sich zwischen dieser Lemurenart und der Palme tatsächlich eine Partnerschaft entwickelt hat.

Derartige Beziehungen zwischen Pflanzen und Säugern kommen in Australien immer wieder vor. Es sind mindestens einundzwanzig Beuteltierarten bekannt, die regelmäßig Nektar sammeln – etwa der Australische Zwerggleitbeutler, der seine Insektenmahlzeiten gern mit diesem Saft süßt. Der Honigbeutler ernährt sich nahezu ausschließlich von Nektar, so daß seine Zähne verkümmert und seine Kiefer zurückgebildet sind. Dafür ist seine dünne Zunge dicht mit Borsten besetzt, mit denen er den Nektar unterschiedlicher Pflanzen trinken kann und dadurch das ganze Jahr über versorgt ist.

Es gibt noch eine andere Gruppe von Säugetieren, die für bestimmte Pflanzen eine wichtige Rolle spielt – Fledermäuse und Flughunde. Zwar ernähren sich die kleineren, mit Sonar ausgestatteten Arten überwiegend von Insekten, aber unter den größeren gibt es viele, die als Blütenbestäuber fungieren. Damit sie angelockt werden, sind die Blüten während der Nacht geöffnet und haben außerdem eine helle Farbe, so daß sie im Dunkeln leicht zu erkennen sind. Und auch die Geruchsstoffe müssen auf Säugernasen zugeschnitten sein, so daß die Pflanzen, zu denen beispielsweise der Affenbrotbaum gehört, häufig hefeartig, muffig, ranzig oder gar nach Urin riechen. Einige Fledertiere haben sich ihrer nektarsaugenden Lebensweise sehr gut angepaßt. Die Zunge der Langzungen-Flughunde ist beispielsweise kaum kürzer als ihr Körper und außerdem mit einer bürstenartigen Oberfläche ausgestattet, so daß es diesen Tieren möglich ist, Nektar und Pollen in großen Mengen und sehr schnell aufzunehmen.

◁

Ein Australischer Zwerggleitbeutler sucht in einer Eukalyptusblüte nach Nektar.

Zu den Pflanzen, die fast ausschließlich von Fledertieren bestäubt werden, gehören die Bananen. Diese bilden lange, überhängende Blütenstände mit spiralig angeordneten Blüten, die jeweils zu mehreren durch scheidenartige Hüllblätter geschützt sind. Jeden Abend hebt sich eine solche Reihe und exponiert ihre darunterliegenden Blüten. Anfangs handelt es sich dabei ausschließlich um die weiblichen Blüten, und wenn die Fledermäuse kommen, um Nektar zu saugen, bestäuben sie diese mit Pollen, den sie in ihrem Fell mitbringen. Am nächsten Morgen fallen die Blüten- und Hüllblätter ab, und aus dem Fruchtknoten entwickelt sich später die Banane. Nach einigen Nächten sind so alle weiblichen Blüten eines Blütenstandes befruchtet. Danach werden die männlichen Blüten herausgestellt, so daß die Fledermäuse jetzt keinen Pollen mehr anliefern, sondern ihn zu anderen Pflanzen mitnehmen.

Auch zahlreiche Kakteen werden von Fledermäusen bestäubt. Das ist allerdings nicht weiter verwunderlich, denn in der heißen, trockenen Wüste gibt es nur wenige Tiere, die tagsüber aktiv sind, so daß es für die Pflanzen sinnvoller ist, sich einen nachtaktiven Bestäuber zu suchen. Daher öffnen beispielsweise die Säulenkakteen ihre Blüten erst in der Dämmerung. Auf diese Weise haben sie gute Chancen, von einer Fledermaus aufgesucht zu werden, nicht zuletzt weil sie genau dann blühen, wenn die Fledermäuse aus ihren mexikanischen Winterquartieren nordwärts ziehen.

Viele Pflanzen belohnen also ihre Bestäuber für die Übertragung des Pollens, aber da die Natur keine moralischen Maßstäbe kennt, gibt es auch Arten, die versuchen, ihr Ziel zu erreichen, ohne eine Gegenleistung zu erbringen. Und einige fangen und malträtieren ihre Bestäuber dabei sogar.

Besonders Orchideen haben Anlockungsmethoden entwickelt, bei denen es für die Besucher keinerlei Belohnung gibt. So bilden die südamerikanischen Oncidien oft unzählige kleine Blüten an dünnen und sehr langen, verzweigten Blütenständen, die bereits durch den kleinsten Windhauch bewegt werden. Das gleiche Biotop bewohnt eine kleine Bienenart, deren Männchen außerordentlich kampflustig sein können, wenn es darum geht, ihr Revier

▷
Ein Langnasen-Flughund muß den Kopf trotz seiner außerordentlich langen Zunge immer noch weit in die Kaktusblüte stecken, um Nektar zu saugen. Daher ist sein Gesicht hinterher auch dicht mit Pollen bedeckt.

zu verteidigen, und so greifen sie oft sogar im Wind flatternde On-
cidiumblüten an, die sie vermutlich für fremde Männchen halten,
und übertragen dabei unabsichtlich Pollen.

Der an den Hängen des Mount Kinabalu auf Borneo heimische
Rothschild-Venusschuh besitzt an jeder Seite der schuhförmig
ausgebildeten Lippe zwei lange, in sich gedrehte Flügel, die auf ihrer Vorderseite so gekennzeichnet sind, daß sie einem Fliegenauge
wie eine Ansammlung von Blattläusen vorkommen. Daher läßt
sich auch häufig eine Fliege, deren Larven parasitisch auf Blattläusen leben, täuschen und legt ihre Eier in die augenscheinliche
Blattlauskolonie. Manchmal gerät sie dabei in die schuhförmige
Lippe, aus der sie sich erst nach einem schwierigen Hindernislauf,
der dem der Helmblume ähnelt, wieder befreien kann.

Auch die im westlichen Mittelmeergebiet heimische Spiegel-
Ragwurz narrt ihre Bestäuber. Sie wächst auf dem Boden und bildet an einem einzelnen Stengel nur wenige Blüten. Diese haben
eine ovale, blaumetallisch glänzende Lippe mit einem gelben
Rand, der wiederum mit langen, roten Haaren besetzt ist. Außerdem sind zwei seitliche Loben vorhanden, die an Insektenflügel erinnern. Damit ähnelt jede Blüte einer großen Biene, die ebenfalls
in dieser Region beheimatet ist. Und diese Ähnlichkeit ist so groß,
daß sich männliche Bienen bei der Partnersuche tatsächlich täuschen lassen. Und damit noch nicht genug: Um die Täuschung
perfekt zu machen, sondern die Pflanzen ein Pheromon – einen
chemischen Botenstoff – ab, der dem vergleichbar ist, den ge-
schlechtsreife Bienenweibchen aussenden. Zeigen kann man dies
sehr leicht durch das Abdecken einer Orchidee mit einem Tuch.
Obwohl die Pflanze jetzt unsichtbar ist, kommen viele Bienenmännchen angeflogen und kriechen auf der Suche nach dem
betörenden Duft auf dem Tuch umher.

Ist ein Männchen angelockt worden, läßt es sich auf der Lippe
nieder, ergreift sie genau so, wie es ein Weibchen bei der Paarung
ergreifen würde, und versucht dann, die Blüte zu begatten. Das gelingt natürlich nicht, aber bei seinen Bemühungen gerät es mit dem
Kopf an einen Teil der Pflanze, der sowohl die weiblichen als auch
die männlichen Fortpflanzungsorgane enthält, und dabei werden
der Biene zwei Pollinien an die Stirn geklebt, die sie dann zu einer
anderen Orchideenblüte weitertransportieren kann.

Von diesem Orchideentyp existieren in Europa nahezu einhundert Arten – alle mit einer sehr typischen Zeichnung und einer eigenen Insektenart, die jedes Jahr aufs neue zum Narren gehalten wird. Da die Haare der Spiegel-Ragwurz nach unten weisen, wird einem Bienenmännchen suggeriert, das unechte Weibchen säße aufrecht an der Pflanze.

Es gibt aber auch Arten, etwa die Gelbe Ragwurz, bei denen die Lippe in die entgegengesetzte Richtung weist. Natürlich glauben die Bienenmännchen in diesem Fall, das angebliche Weibchen hätte sich mit dem Kopf nach unten auf der Pflanze niedergelassen, so daß sie zu ihren Paarungsversuchen in der gleichen Rich-

tung landen. Wenn sie ihren Irrtum bemerken, haben sie die Pollenpakete natürlich nicht an der Stirn, sondern am Hinterleib kleben.

Durch die unterschiedliche Ausrichtung der Blütenlippe haben sich die Orchideen dieser Gruppe sogar die Möglichkeit offengehalten, daß zwei unterschiedliche Pflanzenarten ein und dieselbe Bienenart zur Bestäubung benutzen können. Je nach Lage der Blütenlippe wird das Insekt veranlaßt, sich in der einen oder anderen Richtung niederzulassen, um dann die Pollenpakete entweder am Kopf oder am Hinterende davonzutragen.

Natürlich sind derartige Paarungsversuche für die entsprechenden Insekten sehr unbefriedigend, und sie lernen zumeist sehr schnell, dem Parfum, das sie zu dem falschen Weibchen geführt hat, nicht mehr zu trauen. Darin liegt natürlich eine Gefahr für die Pflanzen, deren Pollen vergeudet ist, wenn ein Bestäuber keine weitere Pflanze der gleichen Art aufsucht. Zum Pech für die Insekten geben alle Individuen einer Orchideenart, die weibliche Insekten-Pheromone nachahmt, einen etwas unterschiedlichen Duft ab, so daß das Bienenmännchen immer wieder meint, jetzt tatsächlich ein echtes Weibchen ausgemacht zu haben. Doch irgendwann merkt das Insekt, daß dem Duft insgesamt nicht zu trauen ist, und stellt die Blütenbesuche ein. Zu diesem Zeitpunkt haben die Orchideen in der Regel ihr Ziel aber bereits erreicht.

△
Die Blüten mancher Ragwurz-arten (links) ähneln ihren Bestäubern (rechts) so sehr, daß andere, selbst nah verwandte Insektenarten, keine Notiz von ihnen nehmen.

▷
Den glänzenden blauen Fleck der Spiegel-Ragwurz halten bestimmte Bienenmännchen vermutlich für die Flügel eines Weibchens ihrer Art.

▷
Eine männliche Biene, die sowohl durch das Aussehen als auch durch den typischen Geruch der Pflanze angelockt wurde, läßt sich zur Paarung auf der Blüte nieder.

▷
Bei der Landung schnellt der Teil der Blüte, in dem sich sowohl Pollen als auch Narbe befinden, nach vorn und sorgt dafür, daß die Pollinien an den Kopf des Insektes geklebt werden.

Die wohl ungewöhnlichste Form von Betrug muß allerdings eine australische Wespe aus der Gattung der Thynniden ertragen. Da sich ihre Weibchen von im Erdboden vergrabenen Käferlarven ernähren, befinden sie sich naturgemäß auch die meiste Zeit über unter der Erde, und weil Flügel bei dieser Lebensweise nur stören würden, sind die Weibchen flügellos. Zur Paarungszeit kommen sie aber doch für kurze Zeit an die Erdoberfläche, klettern auf die nächste Pflanze und geben ein Pheromon ab. Wird dieses von einem Männchen wahrgenommen, macht es sich unverzüglich auf die Suche nach der potentiellen Partnerin. Hat es sie gefunden,

△
Der Drohne, die versucht, sich mit einer Gelben Ragwurz zu paaren, werden Pollinien an den Hinterleib geklebt.

Diese Biene hat augenscheinlich schon eine Blüte mit umgekehrter Weibchen-Nachbildung besucht.
▽

landet es auf ihrem Rücken, packt sie, fliegt mit ihr davon, und die beiden paaren sich dann in der Luft. Anschließend nimmt es sie galanterweise auf einen Rundflug zu seinen besten Futterplätzen von Blüte zu Blüte mit, so daß das Weibchen erstmals in seinem Leben Nektar zu trinken bekommt. Diese Prozedur kann Stunden dauern; sie ist wichtig, um das Weibchen mit der Nahrung zu versorgen, die notwendig ist, damit es später unter der Erde Eier ablegen kann.

Der Drachenorchis ist es gelungen, sich in diese recht komplizierte Abfolge von Ereignissen einzuklinken: Ihre Blütenlippe ähnelt einem Wespenweibchen, das einen Pflanzenstengel erklommen hat; außerdem gibt die Orchidee einen Duftstoff ab, der dem entsprechenden Wespen-Pheromon ähnelt. Und natürlich gibt es am oberen Ende der Lippe auch wieder den Teil der Blüte, in dem sich Staubbeutel und Griffel befinden. Ob diese Konstruktion allerdings perfekt genug wäre, um mit den echten Wespenweibchen in Konkurrenz zu treten, muß bezweifelt werden, aber dieses Risiko geht die Orchidee gar nicht ein; sie öffnet ihre Blüten zu einer Zeit, da die noch unerfahrenen Männchen schon geschlechtsreif sind, die Weibchen sich aber noch unter der Erde befinden.

Wird ein ausgewachsenes und zur Paarung bereites Wespenmännchen durch den pheromonähnlichen Geruchsstoff angelockt, landet es, ohne zu zögern, auf der Weibchenattrappe und versucht damit fortzufliegen. Weil jedoch die Lippe, die es nun ergreift, fest mit dem Teil der Blüte verbunden ist, der Staubbeutel und Griffel enthält, enden seine Versuche damit, daß die Orchidee ihm ihre

▷

Das Männchen einer australischen Thynniden-Art ergreift seine flügellose Partnerin und nimmt sie zu einem Hochzeitsflug mit, bei dem sie erstmals Nektar zu trinken bekommt.

Pollensäckchen auf den Hinterleib klebt. Wenn das Wespenmännchen schließlich feststellt, daß das Weibchen eine Fälschung war, fliegt es davon, aber dieser Fehlversuch hält es nicht von einem weiteren Versuch ab. Und dabei wird der mitgeführte Pollen auf eine andere Pflanze übertragen, so daß die Orchidee – ganz im Gegensatz zur betrogenen Wespe – ihre Fortpflanzung sichergestellt hat.

Während Orchideen sich damit begnügen, ihre Bestäuber ein wenig übers Ohr zu hauen, greifen viele Aronstabgewächse zu einer weitaus drastischeren Methode – sie sperren ihre Helfer vorübergehend ein. Die zahlreichen Aronstab-Arten kommen hauptsächlich in den Tropen vor; die bekannteste ist wohl die aus Südafrika stammende Zimmercalla. Sie entwickelt zur Zeit der Blüte ein weißes, trompetenartig aufgerolltes Hochblatt, die Spatha, in deren Mitte ein langer gelber Blütenkolben sitzt. Botanisch gesehen, ist dies keine einzelne Blüte, sondern eine sogenannte Infloreszenz, also ein Blütenstand, wobei die eigentlichen Blüten hauptsächlich an der Basis des Kolbens sitzen.

Ein weiteres Beispiel ist der auf Korsika und Sardinien heimische Fliegenfangende Aronstab. Er bildet eine schüsselgroße, mit Flecken, Streifen und dunkelroten Haaren versehene Spatha, die

Ein Thynniden-Männchen versucht sich mit einer Drachenorchis zu paaren, deren Blüten ein Weibchen seiner Art imitieren, und gerät dabei mit dem Rücken an die Pollenpakete.
▽

einen ekelerregenden Aasgeruch abgibt. Diese Pflanze wächst meistens in unmittelbarer Nähe von Möwenkolonien und blüht genau dann, wenn diese Vögel brüten.

In einer Möwenbrutkolonie halten sich zumeist unzählige Schmeißfliegen auf, da die Insekten und ihre Nachkommen dort reichlich Futter finden: zerbrochene oder unbefruchtete Eier, tote Möwen sowie verrottende Fischreste. Und natürlich interessieren sich die Fliegen auch für die nach Aas riechende Pflanze. Sie kriechen auf der Spatha umher und geraten dabei in den unteren Teil der Infloreszenz. Dort verschwindet der Blütenkolben in einem Loch, aus dem auch der Geruch kommt. Schmeißfliegen kennen solche Öffnungen. Sie führen häufig ins Körperinnere eines Tieres – für Schmeißfliegen der beste Platz, um zu fressen und Eier zu legen. Also kriechen sie weiter, zunächst über den Blütenkolben, dann durch eine Ansammlung dünner Stacheln und Haare bis in eine gesonderte Kammer, in dem sich die weiblichen und die männlichen Blüten befinden.

Hier ist es warm und – aus Sicht der Fliegen – wohlriechend, vermutlich ähnlich wie in einem verwesenden Tierkörper. Zwar ist der Weg nach oben zum Teil durch Stacheln und Haare versperrt, aber die Insekten sind jetzt sowieso nicht daran interessiert, diesen Ort zu verlassen. Vielmehr scheint dies der richtige Platz für ihre Nachkommen zu sein, und so legen die Weibchen ihre Eier dort ab – eine schlechte Wahl, wie sich später zeigen wird, denn der Nachwuchs muß verhungern, weil die Pflanze den Larven, deren Dienste sie nicht benötigt, kein Futter zur Verfügung stellt. Doch die Fliegeneltern werden noch gebraucht und daher von der Pflanze mit Nektar versorgt. Und während die Fliegen in der Höhle herumlaufen, übertragen jene, die zuvor bereits einen anderen Fliegenfangenden Aronstab besucht hatten, Fremdpollen auf die Narben der weiblichen Blüten. Allerdings kann es vorkommen, daß nach einiger Zeit zu viele Schmeißfliegen in der Kammer sind, aber dann gibt es kein Entkommen mehr, denn die schmale Öffnung ist inzwischen völlig verschlossen, so daß einige Insekten ihren Besuch der Pflanze mit dem Leben bezahlen müssen.

Etwa einen Tag nachdem sich das große Hochblatt geöffnet hat, sind die weiblichen Blüten plötzlich nicht mehr für Pollen empfänglich. Gleichzeitig unterbricht die Pflanze den Nektarfluß, aber dafür sind jetzt die weiter oben sitzenden männlichen Blüten voller Pollen, mit dem sich die aufgeregt herumlaufenden Fliegen, die diesen inzwischen ungastlichen Ort möglichst schnell verlassen möchten, einstäuben. Zwar laufen sie anschließend auch wieder über die weiblichen Blüten, aber da diese inzwischen nicht mehr empfänglich sind, ist die Gefahr einer Selbstbefruchtung ausgeschlossen. Und schließlich erschlaffen die Haare und Stacheln des Fliegenfangenden Aronstabs, die den Ausgang versperren, so daß die Schmeißfliegen freikommen, um den mitgeführten Pollen auf einer anderen Pflanze abladen zu können.

Das größte Aronstabgewächs, die Titanenwurz, kann man mit Fug und Recht als wahres Monster bezeichnen. Sie kommt ausschließlich im Regenwald Sumatras vor und besitzt, wie alle anderen Aronstabgewächse auch, eine trompetenförmige Spatha mit einem zentralen Kolben. Allerdings hat ihre Spatha einen Durchmesser von über neunzig Zentimetern, der obere Rand befindet sich oft bis zu hundertzwanzig Zentimeter über dem Erdboden, und der Kolben kann bis zu zweihundertsiebzig Zentimeter hoch werden.

Der erste Europäer, der sich näher mit der Titanenwurz beschäftigte, war der italienische Botaniker Odoardo Beccari, der 1878 Sumatra bereiste. Als er versuchte, eine der riesigen Infloreszenzen auszugraben, mußte er feststellen, daß sie einer unterirdischen, rundlichen Knolle entsprang. Diese hatte einen Umfang von beinahe hundertfünfzig Zentimetern und war so schwer, daß zwei Männer Schwierigkeiten hatten, sie hochzuheben. Als einer der beiden Männer dabei ausrutschte, zerbrach die Knolle, was nicht weiter verwunderlich ist, da sie fast ausschließlich aus Speicherstoffen besteht und nur eine dünne Schale besitzt. Ist diese erst einmal aufgebrochen, verfault der Inhalt innerhalb weniger Tage.

Beccari fand indessen weitere kleinere Exemplare der Titanenwurz, von denen er einige nach Europa schickte. Ein Exemplar davon kam nach England in den Botanischen Garten von Kew, wo die Pflanze ein Jahr später blühte. Aber das war auch das einzige Mal. Augenscheinlich sterben die Pflanzen nach der Blüte ab, so

▷
Ein Möwennest, in dem ein toter Jungvogel und ein zerbrochenes Ei liegen, lockt schnell zahlreiche Schmeißfliegen an. Ganz in der Nähe hat auch der nach Aas riechende und einem toten Tierkörper nicht unähnliche Fliegenfangende Aronstab seinen Blütenstand entfaltet.

daß es bisher nicht möglich war, diese beeindruckenden Gewächse längere Zeit in botanischen Gärten zu halten.

Aber auch in der Natur ist die Titanenwurz trotz ihrer Größe nicht leicht zu finden. Wenn sie nicht blüht, ist es sogar fast unmöglich, denn ihre Blätter sind kaum als solche zu erkennen. Allein die Stiele können bis zu sechs Meter hoch werden und sehen dann eher wie kleine Bäume aus. Und erstaunlicherweise verwelken diese Riesenblätter jedes Jahr, um bald darauf erneut auszutreiben. Das ist möglich, weil die Nährstoffe, die von den Blättern produziert werden, kontinuierlich in der Knolle gespeichert werden, so daß für diesen Kraftakt genügend Energie zur Verfügung steht. Nach einigen Jahren – manche Quellen behaupten nach etwa sieben – wird kein neues Blatt mehr ausgetrieben, sondern eine Ruhepause von ungefähr sechs Monaten eingelegt. Jetzt kann man überhaupt nicht mehr erkennen, wo die große Knolle in der Erde ruht. Aber wenn die Zeit reif ist, durchstößt eine riesige Knospe das Erdreich, und nachdem sie geöffnet einige Tage innegehalten hat, beginnt sie plötzlich mit großer Geschwindigkeit weiterzuwachsen, bis der geschlossene Blütenstand seine vorgesehene Größe erreicht hat. Dann schießt der Kolben heraus, und das Hochblatt entfaltet sich.

Aber schon zwei Tage später fällt die Pracht wieder in sich zusammen. Der Kolben wird schlaff und stürzt schließlich über den Rand der Spatha, die sich dann um den unteren Teil des Kolbens zusammenzieht, und es entsteht ein wasserdichter Sack, in dem die befruchteten Samenanlagen in Ruhe wachsen können. Gleichzeitig wächst der Stiel des Blütenstandes kontinuierlich weiter, wodurch der große Sack immer höher in die Luft gehoben wird. Später beginnt die sackartige Hülle abzufallen, und es kommen einige tausend bis zu fünfzehn Zentimeter große Beeren zum Vorschein, die sich schnell knallrot färben. Das ist das Zeichen für die Nashornvögel, die diese üppige Mahlzeit dankbar annehmen, um die Samen später mit ihren Ausscheidungen im Urwald zu verbreiten.

Einen nur so kurze Zeit geöffneten Blütenstand im Urwald zu finden, ist natürlich nicht leicht. Und leider merken sich die Einheimischen nur selten den genauen Ort, an dem sie die Titanenwurz zuvor schon einmal gesehen haben. Aber selbst wenn sie es getan haben, ist es fraglich, ob diese Pflanze das nächste Mal nicht

▷

Einen Tag nachdem sich der Blütenstand der Titanenwurz vollständig geöffnet hat, faltet sich die Spatha schon wieder um den großen Kolben zusammen.

nur wieder eine Blattknospe hervorbringt. Daher ist der Anblick einer blühenden Titanenwurz ein unvergeßliches Erlebnis. Diejenige, die wir fotografieren konnten, stand an einem steilen Hang im dichten Dschungel, oberhalb eines Flusses. Ihre direkt über der Erde wachsende, an eine umgedrehte Glocke erinnernde Spatha war durch lange weiße Rippen verstärkt; die Außenseite hatte eine grünliche Farbe, während das Innere purpurrot war, und daraus ragte der riesige, faltige graue Kolben wie eine Kirchturmspitze hervor. Das ganze Gebilde stand in so krassem Gegensatz zu allen Pflanzen der Umgebung, daß man glauben konnte, es stamme von einem anderen Planeten. Aus einem unerfindlichen Grund hätte es mich nicht überrascht, wenn die Pflanze plötzlich angefangen hätte, sich zu bewegen. Und tatsächlich müssen sich die Falten der Spatha unmerklich ausgedehnt haben, denn nach einer Stunde war sie weiter geöffnet als bei unserem Eintreffen.

Schaute man in die Spatha hinein, schien von ihrem Boden ein Licht auszugehen. Diese Sinnestäuschung kommt zustande, weil die rote Farbe am tiefsten Punkt des Kelches durch ein weißes Pigment ersetzt ist. Für alle Insekten, die durch Licht angezogen werden – und davon gibt es viele –, stellt dieses Leuchten möglicherweise einen Anreiz dar, in die Tiefen der Spatha hinabzufliegen. Dadurch kommen sie in die Nähe der Blüten, die sich an der Basis des Kolbens befinden.

Dem Blütenstand der Titanenwurz wird nachgesagt, er stinke widerlich, aber der, den wir fanden, roch nur ein wenig nach verfaulendem Fisch. Möglicherweise lag es daran, daß die Blüte schon einen Tag alt und der größte Teil des beißenden Geruchsstoffes bereits verflogen war. Allerdings konnten wir feststellen, daß der Geruch manchmal stärker wurde und dann wieder abnahm.

Aber wem galt diese Anlockung? Wir konnten keine Bestäuber entdecken, obwohl wir warteten, bis uns die herannahende Dunkelheit zum Aufbruch zwang. Am nächsten Tag kehrten wir zurück. Inzwischen hatte sich die Spatha um den Kolben geschlossen, aber es gab noch eine kleine Lücke, durch die wir die Blüten im Innern erkennen konnten. Im oberen Teil umgaben die männlichen Blüten die Basis des Kolbens wie eine Perlenstickerei. Darunter lag ein breites Band rosafarbener weiblicher Blüten. Sie hatten purpurfarbene Griffel und gelbe Narben, und die meisten

▷

Die weiblichen Blüten der Titanenwurz befinden sich an der Basis des Kolbens. Zwischen ihnen fliegt eine kleine Biene umher, deren Beintaschen mit Pollen gefüllt sind. Am oberen Bildrand sind außerdem einige männliche Blüten zu erkennen.

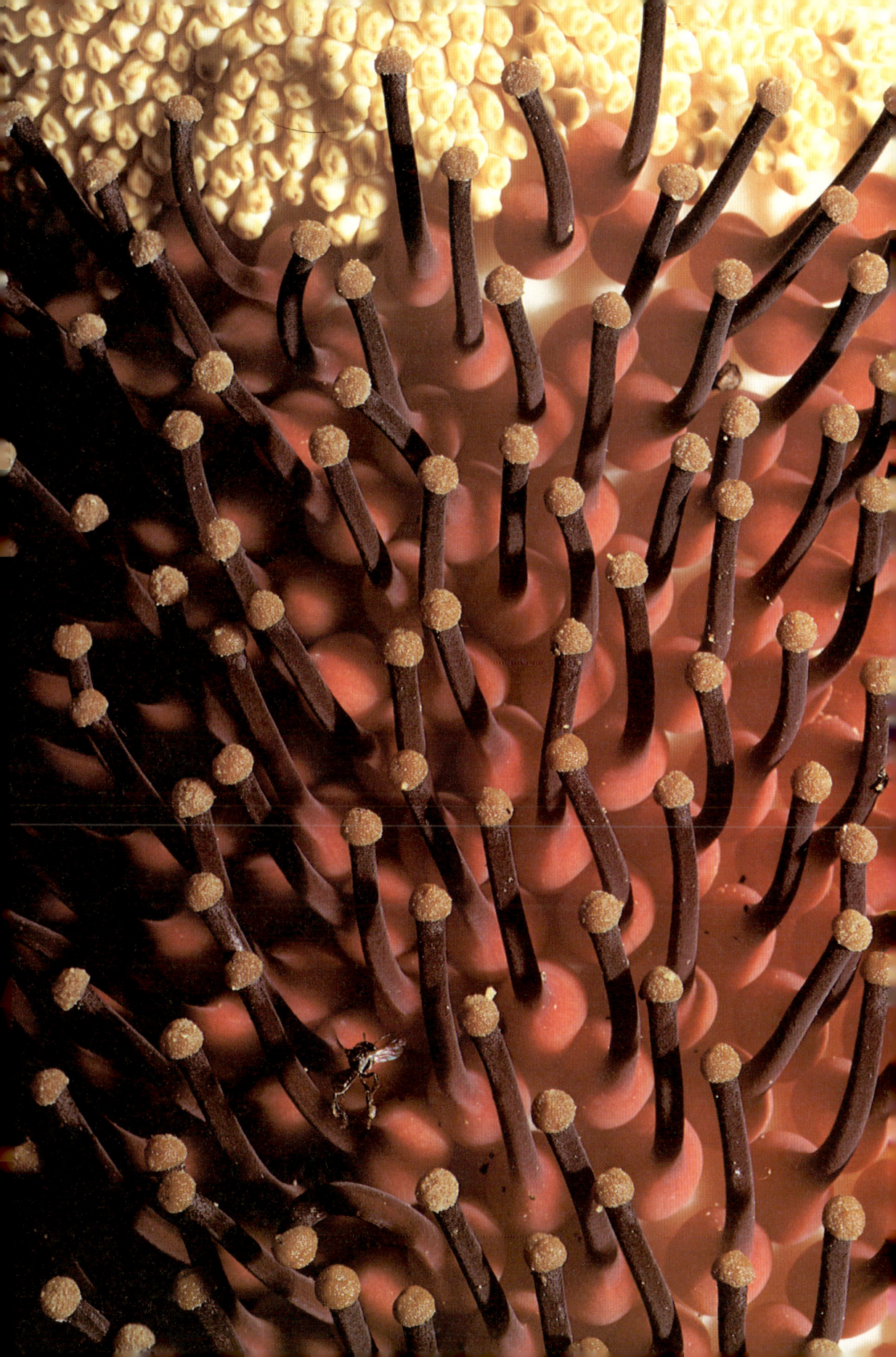

waren dicht mit goldenem Pollenstaub bedeckt. Die Bestäubung hatte also schon stattgefunden. Aber wer war dafür verantwortlich gewesen? Wir konnten immer wieder kleine Bienen beobachten, die durch das Loch in der Spatha ein- und ausflogen. Hatten sie die Titanenwurz bestäubt? Einige Botaniker haben die Vermutung geäußert, Aaskäfer seien für diese Aufgabe verantwortlich, und zweifellos legt der Fäulnisgeruch, den diese Pflanzen aussenden, einen solchen Schluß nahe, aber wir konnten kein einziges dieser Insekten ausmachen.

Bei genauer Betrachtung scheint ein derart riesiger Blütenstand auch viel zu groß geraten, um so kleine Bestäuber wie Bienen oder Aaskäfer anzulocken, aber vermutlich hat der gewaltige Umfang mehr mit der Verbreitung der Duftstoffe zu tun als mit der Größe der Bestäuber. Eine Pflanze, die während ihres siebenjährigen Daseins ein einziges Mal und dann auch nur zwei Tage lang blüht, benötigt ihre Bestäuber praktisch sofort, nachdem sich die Infloreszenz geöffnet hat. Und wenn der Pollen tatsächlich von einer Pflanze zur anderen gelangen soll, müssen die Bestäuber von weit her angelockt werden, denn die Titanenwurz ist, wie wir selbst feststellen konnten, relativ selten. Dazu sind Geruchsstoffe gut geeignet. Um sie zu produzieren, erhöht die Pflanze ihre innere Temperatur gegenüber der Umgebung, wodurch es zur gesteigerten Verdunstung einer öligen Substanz kommt. Diese entweicht durch einen Spalt im Kolben, und je höher er ist, desto besser wird der Geruch verbreitet.

◁

Der etwa hundertachtzig Zentimeter hohe Fruchtstand einer Titanenwurz im Urwald Sumatras. Die gekreuzten Stämme rechts im Bild sind die abgeschlagenen Stengel der riesigen Blätter. Links im Hintergrund wächst bereits ein neues Blatt.

Die Auszeichnung, die komplexesten und engsten Verbindungen mit ihren Bestäubern einzugehen, steht einer Pflanze zu, deren Blüten so klein sind, daß einige hundert in einem Blütenstand Platz haben, der knapp die Größe einer Murmel erreicht. Gemeint ist die Sykomore, eine tropische Feigenart, deren geschlossene Infloreszenzen an der Spitze eine kleine Öffnung haben, die es den bestäubenden Insekten – winzigen, höchstens zwei Millimeter großen Gallwespen – ermöglicht, zu den Blüten vorzudringen.

Die Weibchen dieser Insekten injizieren ihre Eier in Pflanzen. Darauf reagieren diese mit der Bildung eines speziellen Gewebes, einer sogenannten Galle. Nachdem darin die Larve geschlüpft ist, frißt sie einen Teil der Galle auf und verpuppt sich dann in der dabei entstehenden Kammer, bevor sie schließlich davonfliegt.

Die Blütenstände der Sykomore werden immer nur von den Weibchen der Gallwespen angeflogen, die sich kurz zuvor gepaart haben und nun auf der Suche nach einem Eiablageplatz sind. Ist eine Wespe auf einem der geschlossenen Blütenstände angelangt, kriecht sie durch das kleine Loch an der Spitze hinein und gelangt in eine runde Kammer, die mit den winzigen Blüten ausgekleidet ist. Die Blüten in der Nähe des Eingangs sind männliche Blüten, aber zu diesem Zeitpunkt sind sie noch nicht reif, enthalten also noch keinen Pollen. Die Wespe klettert darüber hinweg und gelangt so tiefer in die Kammer. Dort stößt sie auf die flaschenförmigen weiblichen Blüten, von denen manche einen kurzen, andere einen langen Hals haben. Sie werden vom Wespenweibchen nun mit Pollen bestäubt, den es in speziellen Taschen am Hinterleib von einer anderen Pflanze mitgebracht hat.

Damit hat die Wespe ihre Pflicht gegenüber der Feige getan und kann sich nun ausschließlich um die Eiablage kümmern. Sie sticht die Narbe der Blüten mit ihrem Legestachel an und schiebt ihn durch den Griffel bis in den Fruchtknoten. Allerdings gelingt ihr das nur, wenn sie eine der kurzhalsigen Blüten erwischt hat. Andernfalls muß sie den Legestachel herausziehen und es erneut versuchen. Hat die Wespe alle Eier untergebracht, stirbt sie; sie hat ihre Aufgabe erfüllt.

Bei der Sykomore hat die Eiablage der Gallwespe nun den gleichen Effekt wie bei allen anderen Pflanzen – es wird eine Galle gebildet. Und nach einiger Zeit schlüpfen kleine Larven aus den Eiern, die sehr schnell größer werden, da die Feige sie mit allem Lebensnotwendigen versorgt. Allerdings ist die Wachstumsgeschwindigkeit bei den Geschlechtern unterschiedlich, so daß die männlichen Wespen schließlich zuerst schlüpfen. Sie sind blind, flügellos und machen sich sofort auf die Suche nach einem Weibchen, das sie sogar aufspüren, wenn es noch nicht aus der Galle geschlüpft ist. In diesem Fall bohren sich die Wespenmännchen einen Gang zu diesem Weibchen und paaren sich.

Danach haben die Männchen aber noch eine weitere Aufgabe. Sie rotten sich zusammen und nagen gemeinsam einen Tunnel in die Gehäusewand des Blütenstandes. Das ist notwendig, weil die

△
*Die kleinen
Feigen der
Sykomore sitzen
direkt an den
Stämmen oder
Ästen (Südost-
afrika).*

Weibchen dies mit ihren schwachen Kiefern nicht bewältigen könnten. Und während die Männchen mit dieser Arbeit beschäftigt sind, kriechen die frisch geschlüpften Weibchen in der Feige umher und kommen dabei auch zu den männlichen Blüten. Diese sind inzwischen ebenfalls ausgereift und voller Pollen. Den stopfen sich die Wespenweibchen in die Hinterleibstaschen, obwohl sie, im Gegensatz zur Feige, eigentlich keinen Nutzen davon haben. Aber die Feige versorgt später die Nachkommen der Wespe mit Nahrung, so daß die Bilanz letztlich ausgeglichen ist.

In der Zwischenzeit haben die männlichen Wespen den Tunnel ins Freie fertiggestellt. Allerdings nützt er ihnen, die ja blind und ungeflügelt sind, im Grunde nichts. Sie müssen zurückbleiben und sterben dort, wo sie zur Welt gekommen sind. Dafür nutzen die jungen Weibchen das Schlupfloch und fliegen davon, um nach einem anderen Feigenblütenstand zu suchen, in dem der ganze Kreislauf dann von vorn beginnt.

Gallwespen sind allerdings nicht die einzigen Nutznießer der Sykomore, es gibt noch eine weitere Wespenart, die die Feigen der

Sykomore ebenfalls als Kinderstube benutzt, ohne jedoch ihren Beitrag zur Bestäubung zu leisten. Diese Wespen haben einen derart langen Legestachel, daß sie ihre Eier in der Feige ablegen können, ohne in den Blütenstand kriechen zu müssen.

Aus den teilweise sehr aufwendigen Bemühungen, einen Bestäuber zu finden, wird ersichtlich, daß die wechselseitige Befruchtung ein sehr wichtiger Vorgang ist. Daher treffen die meisten Pflanzen auch Vorsichtsmaßnahmen, um eine Selbstbefruchtung zu vermeiden. Bei einigen Arten geschieht das dadurch, daß die weiblichen und männlichen Blüten auf unterschiedlichen Individuen gebildet werden. Befinden sich Stempel und Staubgefäße in einer Blüte, existiert dagegen häufig eine biochemische Barriere: Die Narbe erkennt Pollen, der von der eigenen Blüte stammt, und sorgt dafür, daß es zu keiner Befruchtung kommt. Bei anderen Pflanzen, beispielsweise Aronstabgewächsen, reifen die männlichen Blüten erst, wenn die weiblichen bereits mit Fremdpollen befruchtet oder aber steril geworden sind. Die Primel verhindert eine Selbstbefruchtung dagegen durch lang- und kurzgrifflige Blüten. Bei den langgriffligen sind die Staubgefäße nur etwa halb so lang wie der Griffel; bei den kurzgriffligen ist es genau umgekehrt. Besucht nun ein Insekt eine kurzgrifflige Blüte und kriecht tief hinein, um an den Nektar zu gelangen, nimmt es mit dem Hinterleib reichlich Pollen aus den langstieligen Staubgefäßen mit. Besucht es anschließend eine Blüte mit der gleichen Anordnung, gelangt der Pollen nicht auf die kurzgestielte Narbe. Anders ist es natürlich, wenn im Anschluß eine langgrifflige Blüte aufgesucht wird. Jetzt gelangt der mitgeschleppte Pollen leicht auf die Narbe, und es kommt zu einer Fremdbestäubung. Entsprechend läuft dieser Vorgang mit umgekehrtem Vorzeichen ab, wenn zunächst eine langgrifflige Blüte aufgesucht wird.

Eine Überkreuzbefruchtung ist nach herkömmlicher Auffassung wichtig, um eine Durchmischung des Erbmaterials sicherzustellen. Dadurch kann es in der nächsten Generation zu kleinen Veränderungen kommen – die Voraussetzung für eine evolutionäre Weiterentwicklung. Neuerdings wird auch die Ansicht vertreten, derartige Variationen dienten hauptsächlich dazu, daß die Pflanzen mit krankheitserregenden Bakterien Schritt halten könnten, die sich bekanntlich sehr schnell verändern und neue Va-

▷ *Die durchgeschnittene Frucht einer Sykomore. Eine junge Wespe mit einem außerordentlich langen Legestachel, die sich in der Feige entwickelt hat, ist gerade geschlüpft. Weder sie noch eines der Elterntiere hat allerdings einen Beitrag zur Bestäubung der Pflanze geleistet.*

rianten mit bisher unbekannten Fähigkeiten hervorbringen, so daß die Abwehrmechanismen der Pflanze immer wieder überwunden werden. Allerdings ist diese Auffassung noch sehr umstritten.

Doch trotz der verschiedenen Methoden gelingt es nicht immer, den Pollen von einer Pflanze auf die nächste zu übertragen. Manchmal weht der Wind einfach nicht in die richtige Richtung; häufig findet das entsprechende Insekt nicht zur richtigen Blüte; und es kommt auch vor, daß die Insekten-Pflanzen-Partnerschaft unwiderruflich ein Ende findet.

Das gilt möglicherweise für die in Europa heimische Bienenragwurz, deren Blütenlippe wie eine braune, ziemlich behaarte Biene wirkt. Allerdings landet nur sehr selten ein Bienenmännchen auf dieser Orchidee. Den Grund kennt niemand ganz genau. Vielleicht wurde die Art, die für die Bestäubung zuständig war, während der letzten Eiszeit aus dem Lebensraum dieser Orchidee vertrieben. Dennoch bringt die Bienenragwurz regelmäßig Samen hervor. Etwa einen Tag nachdem die Blüte sich geöffnet hat, klappen die Pollinien heraus, so daß sie über der Narbe hängen. Wird die Pflanze nun durch einen Windstoß geschüttelt, bleiben die Pollinien an der Narbe hängen, und es findet eine Selbstbefruchtung statt. Die Bienenragwurz akzeptiert jetzt also ihren eigenen Pollen.

Andere Pflanzen, die in einem Jahr vielleicht nicht das Glück hatten, den richtigen Bestäubungspartner zu finden, besitzen oft ähnliche Mechanismen. So wirft der Rote Fingerhut am Ende der Blütezeit seine komplette Blütenhülle ab, an der die Staubgefäße festgewachsen sind. Diese streifen dabei über die Narbe, so daß es auch zu einer Befruchtung kommt, wenn kein Insekt aufgetaucht ist.

Einige Pflanzen, etwa das Hain-Veilchen, haben einen noch energiesparenderen Notfallplan entwickelt. Sie blühen normalerweise zeitig im Frühjahr und werden dann von Bienen und Schmetterlingen bestäubt. Später im Jahr sind diese Insekten nicht mehr so häufig, so daß das Hain-Veilchen die Blütenknospen, die jetzt noch gebildet werden, überhaupt nicht mehr öffnet. Dennoch enthalten sie alle Elemente einer herkömmlichen Blüte, aber nur zwei statt der üblichen fünf Staubgefäße; doch deren Pollen rei-

▷
Die Primel schützt sich vor Selbstbestäubung, indem sie ihre Blüten unterschiedlich gestaltet: Die eine Form hat einen langen Griffel und kurzgestielte Staubgefäße (rechts), die andere einen kurzen Griffel und langgestielte Staubgefäße (links).

▷
Die beiden Blütenformen der Primel im Schnitt.

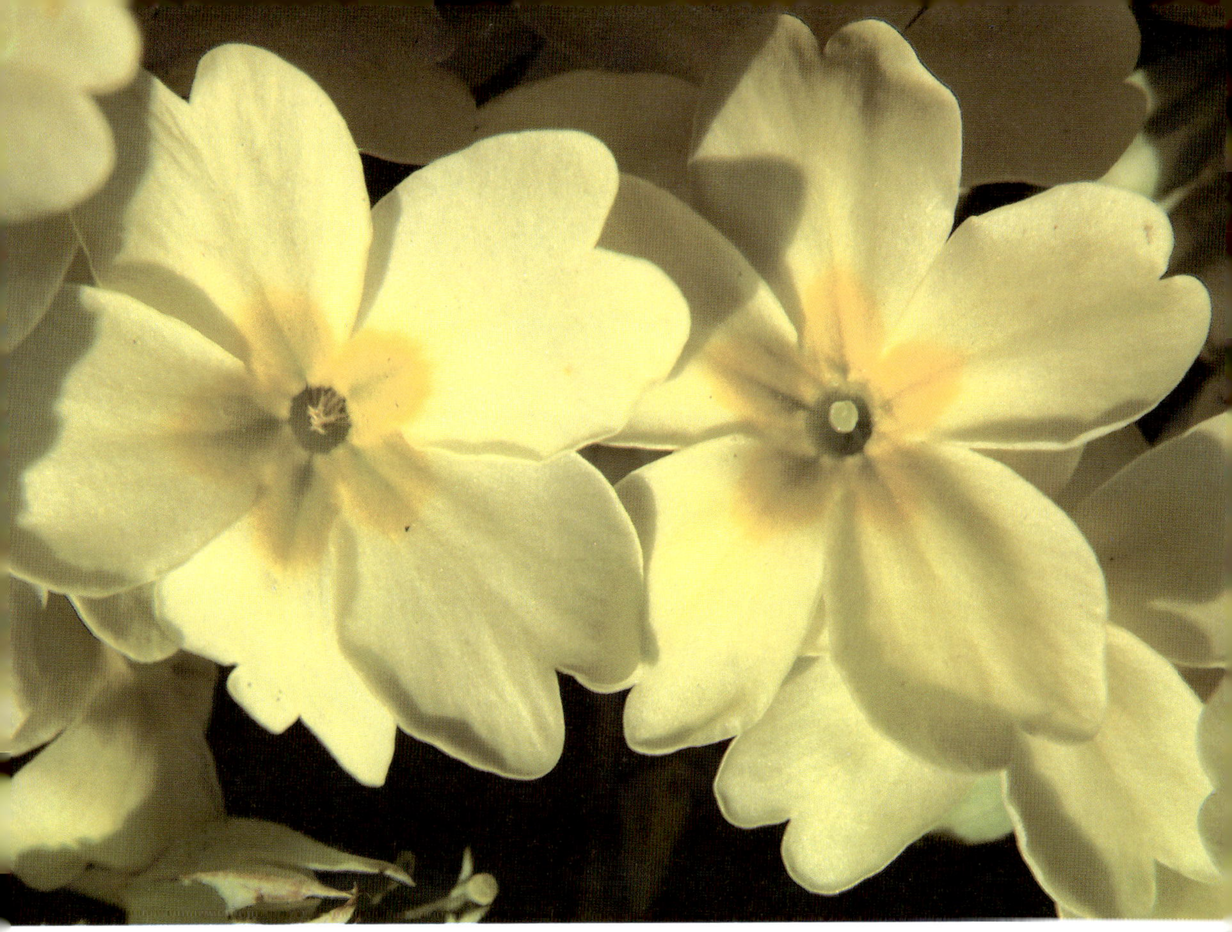

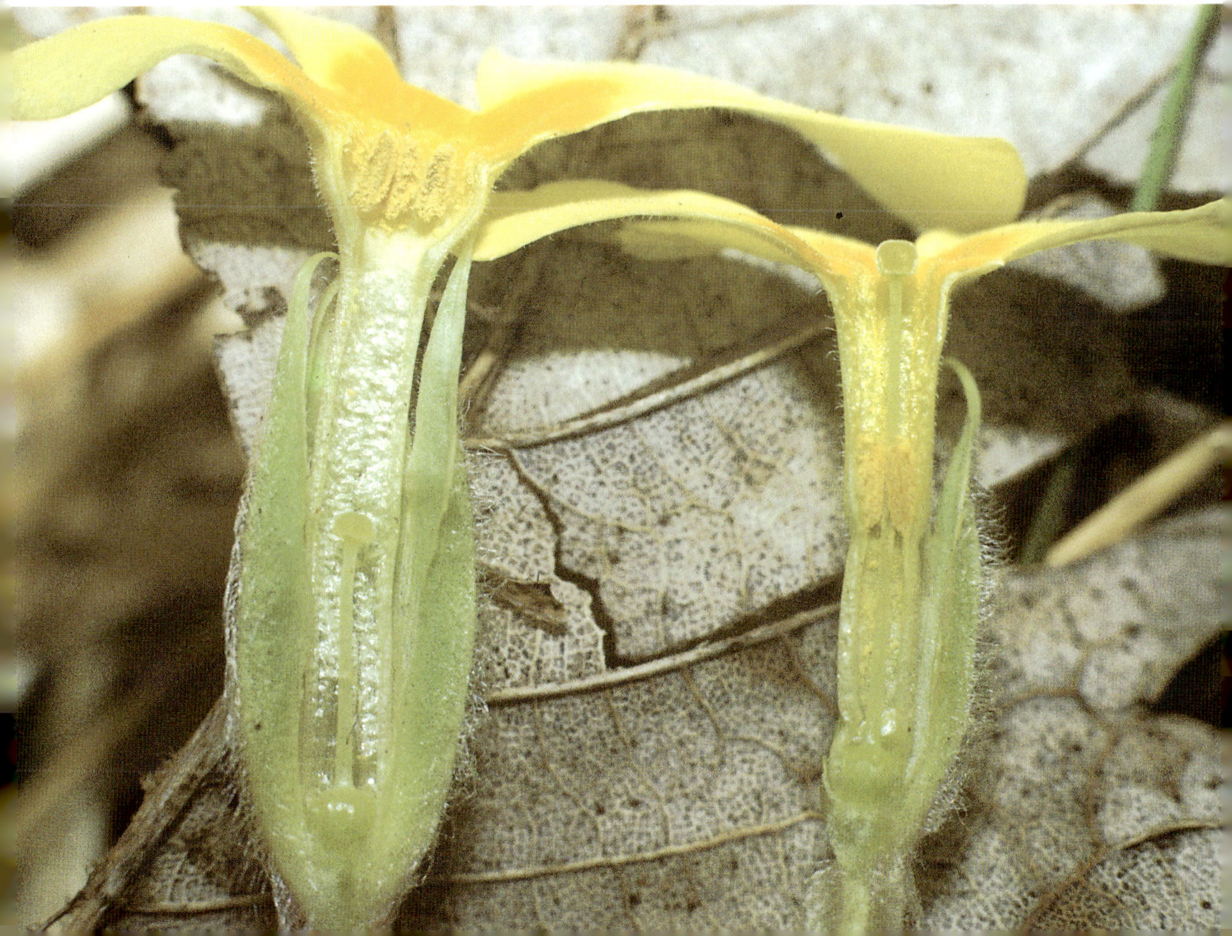

◁

*Für die Bienen-
ragwurz gibt es
ganz augen-
scheinlich kein
Insekt, das den
Pollen überträgt.
Daher muß sie
sich auf Selbst-
bestäubung
verlassen.*

chen für eine Selbstbefruchtung aus, und so entwickeln sich auch
aus diesen Blüten noch fertile Samen.

Trotzdem scheint eine kreuzweise Bestäubung für die Pflanzen
optimal zu sein, denn sie unternehmen große Anstrengungen, damit es zu einem Austausch der Geschlechtszellen kommt. Doch ein
Fehlschlag muß nicht unbedingt eine Katastrophe für die jeweilige
Pflanze sein, denn dank einer Selbstbefruchtung gibt es trotzdem

eine nächste Generation – wenn auch eine genetisch sehr ähnlichc, die für eine evolutionäre Weiterentwicklung wenig geeignet ist. Aber dieses Manko kann mit ein wenig Glück im nächsten Jahr wieder ausgeglichen werden.

4   Der soziale Kampf

In Gegenden mit nährstoffreichem Boden, regelmäßigen Niederschlägen und gemäßigten Temperaturen stellen Bäume den natürlichen Bewuchs dar. Ihre Größe ermöglicht es ihnen, fast das gesamte Sonnenlicht einzufangen, bevor es die niedrigen Pflanzen erreicht, und ihr weitverzweigtes Wurzelsystem zieht beinahe das ganze Wasser aus dem Untergrund. Wollen sich andere Pflanzen in einem Wald ansiedeln, müssen sie sich mit dem begnügen, was die Bäume übriglassen. Dennoch kommt es gelegentlich vor, daß sogar gesunde Wälder ein seit langer Zeit beanspruchtes Gebiet abtreten müssen.

In der Nacht zum 16. Oktober 1987 wurde Großbritannien von einem schweren Orkan heimgesucht. Es hatte zuvor bereits heftig geregnet, aber selbst die Meteorologen sahen nicht voraus, daß sich im Golf von Biskaya ein Sturm dieser Stärke zusammenbraute, der in den frühen Morgenstunden die Südküste Englands crrcichte. Er raste mit Geschwindigkeiten von hundertsechzig Kilometern pro Stunde dahin, warf Lastwagen und Fabrikschlote um, deckte Häuser ab und brachte Kirchtürme zum Einsturz. Als er die ersten Wälder erreichte, entwurzelte er jahrhundertealte Eichen; Buchen, deren Stämme fast einen Meter dick waren, knickten ab wie Streichhölzer, und jüngere Bäume fielen wie mit der Sense gemäht reihenweise um. Innerhalb weniger Stunden fällte der Orkan über fünfzehn Millionen Bäume.

Für die Bäume war dieser Sturm wahrlich eine Katastrophe; viele andere Waldpflanzen, deren Samen in der Erde ruhten, bekamen dagegen jetzt endlich die Gelegenheit, auf die sie seit Jahrhunderten gewartet hatten, denn als einige Monate später die photosensitiven Rezeptoren in ihrer äußeren Hülle das zunehmende Tageslicht registrierten, reagierten die Pflanzenembryonen, und

◁
Ein Wald in Kent, der durch den Orkan des Jahres 1987 fast vollständig zerstört wurde.

bald darauf wuchsen zwischen den umgestürzten Bäumen unzählige Fingerhut-Keimlinge.

Der Fingerhut benötigt zum Wachsen sehr viel Licht, so daß diese Pflanze nach dem Orkan von 1987 sozusagen eine Jahrhundertchance bekam. Natürlich fallen auch unter normalen Bedingungen immer wieder einmal Bäume um, und dabei entsteht ebenfalls ein Lichtraum für den Fingerhut. In diesem kann er sich sehr gut entwickeln, denn Walderde ist durch das Verrotten der alljährlich abgeworfenen Blätter sehr nährstoffreich. Mit dem Absterben eines Baumes stehen diese Stoffe jetzt anderen Pflanzen zur Verfügung, und die Fingerhut-Keimlinge machen reichlichen Gebrauch davon. Nach kurzer Zeit schon entsteht eine Rosette großer Blätter, die dank des einfallenden Sonnenlichts bald so viele Nährstoffe produzieren, daß die Pflanze einen Teil davon in den verdickten Wurzeln speichern kann.

△
Eine durch einen umgestürzten Baum entstandene Lichtung in Hampshire, England, die dicht mit Fingerhut-Pflanzen bewachsen ist.

Im darauffolgenden Jahr bilden sich neben den Blättern auch lange Stengel mit hübschen purpurfarbenen Blüten, und aus diesen entstehen einige Monate später etwa eine Viertelmillion Samen, die durch den Wind verbreitet werden. Danach sterben die meisten Pflanzen ab, ein Schicksal, das auch für die große Mehrzahl ihrer Samen gilt, von denen nur die wenigsten irgendwann wieder die Möglichkeit zum Auskeimen bekommen.

Allerdings haben die Fingerhut-Pflanzen die Lichtung nicht lange für sich allein. Auch Brennesseln benötigen zum Wachsen nährstoffreichen Boden und versuchen ebenfalls, sich dort anzusiedeln. Sie wachsen zwar anfangs langsamer, aber wenn sie erst einmal Wurzeln geschlagen haben, breiten sie sich durch unterirdische Ausläufer so schnell aus, daß der Fingerhut bald nicht mehr mithalten kann. Dadurch entsteht schnell ein undurchdringliches Dickicht, in dem fremde Sämlinge kaum eine Chance haben. Auch wenn die Brennesseln stark in die Höhe geschossen sind und jetzt leicht von Tieren umgetrampelt werden oder sogar aufgrund ihres eigenen Gewichtes umknicken, ist das nicht schlimm, denn dort, wo die Stiele den Boden berühren, werden schnell Wurzeln gebildet, und schon bald darauf wächst ein neuer Trieb. Dadurch breiten sich die Brennesseln noch weiter aus, und sie sterben im Gegensatz zum Fingerhut auch nicht schon nach zwei Jahren ab, sondern wachsen ständig weiter, jedenfalls solange der Boden genug Phosphate enthält. Und diese Substanzen sind gerade in der Nähe menschlicher Siedlungen reichlich vorhanden. Sie stammen von Abfallhaufen, von der Asche verbrannten Holzes, von Tierknochen, aber auch von menschlichen Leichen, die in der Erde bestattet wurden. Daher sind größere Brennesselbestände oft ein Hinweis darauf, daß eine Lichtung einst von Menschen genutzt wurde.

Nach einigen Jahren haben die pflanzlichen Erstbesiedler den größten Teil der Nährsubstanzen verbraucht und können nicht mehr weiter wachsen. Jetzt kommen Pflanzen zum Zuge, deren Samen besser mit Nährstoffen ausgestattet sind. Eine dieser Pflanzen ist die Birke, deren Samen trotz der mitgeführten Wegzehrung klein und leicht genug sind, um vom Wind verbreitet zu werden – und es werden Unmengen davon produziert. Auch Birkensamen keimen ausschließlich dort, wo genug Licht vorhanden ist. Danach

Birkensämlinge gehören zu den ersten Pflanzen, die sich nach einem Waldbrand wieder ausbreiten.

wachsen sie oft einige Jahre nur sehr langsam weiter, bis die Bedingungen genau ihren Bedürfnissen entsprechen.

Und irgendwann schaffen es die jungen Birken, alle anderen Pflanzen zu überwachsen. Sie stehen dann auf vielen Lichtungen so eng beieinander, daß sie ein regelrechtes Dickicht bilden. Auf der ehemaligen Lichtung bildet sich ein Birkenwald, und am Boden darunter herrscht wieder Schatten, so daß die meisten anderen Pflanzen dort nicht mehr wachsen können.

Allerdings halten sich auch die Birken dort nicht sehr lange. Noch zu einer Zeit, als die Lichtung gerade erst entstanden war, hatten Eichelhäher und Eichhörnchen an dieser Stelle Eicheln als Nahrungsvorrat für den Winter vergraben, und weil die Tiere viele der Früchte später nicht mehr wiederfanden, konnten einige von ihnen auskeimen. Da Eicheln sehr viel größer sind als Birkensamen, also auch viel mehr Nährstoffe enthalten, können die Eichelkeimlinge in den ersten Lebensmonaten besser versorgt werden als viele ihrer Konkurrenten. Zwar wachsen sie langsam, aber

sie stellen auch weniger Ansprüche an den Boden als beispielsweise die schnellwachsenden Birken, so daß sie irgendwann in der
Lage sind, den Birken Paroli zu bieten.

Und eines Tages können die Birken dann nicht mehr mithalten.
Sie gehören zu den Bäumen, die kein besonders hohes Alter erreichen; sie leben normalerweise kaum länger als fünfzig oder
sechzig Jahre. Daher ist es unausweichlich, daß sich die Eichen ihr
Territorium, das sie Jahrzehnte zuvor verloren hatten, schließlich
wieder zurückerobern.

Eine ausgewachsene, bis zu dreißig Meter hohe Eiche bietet mehr
Tieren Unterschlupf und Nahrung als jeder andere europäische
Baum. So wurden auf einem Exemplar dreißig verschiedene Vo-
gel-, fünfundvierzig Wanzen- und über zweihundert Falterarten
gezählt. Dabei hat jeder Teil des Baumes seine besonderen Untermieter. Zwischen den Wurzeln lebende Blatthorn- und Schnellkä-
ferlarven; winzige Falter, viele mit einer Flügelspannweite von nur

zwei Zentimetern, verstecken sich tagsüber in den Rindenspalten und fliegen des Nachts zwischen den Ästen umher, und unter der Borke hausen Käfer und hinterlassen dort unzählige verzweigte Gänge.

Die weichen, saftigen Blätter der Eiche werden von ausgewachsenen Blatthornkäfern und von zahlreichen Schmetterlingsraupen gefressen. Dabei verleiben sich die größeren von ihnen ganze Blattstücke ein, während die kleineren lediglich Gänge in das weichere Blattinnere bohren. Rüsselkäfer, wie die Eichelblattroller, benutzen die Blätter dagegen als Behausung für ihre Nachkommen. Sie beißen ein Blatt zuerst von der einen und dann von der anderen Seite bis zur Blattrippe durch, falten die beiden Hälften zusammen und rollen sie zu einer Röhre, in die später die Eier gelegt werden.

Viele Blätter bilden zur Abwehr Gallen, deren Vielfalt sich aus den verschiedenen Namen ablesen läßt, die ihnen die Forstleute gegeben haben, beispielsweise Gallapfel, Eichenrose, Napfgalle, Linsengalle und Schlafapfel. Anlaß für die Gallenbildung sind immer kleine Insekten, etwa Mücken, Falter oder kleine, weniger als einen halben Zentimeter große Wespen. Sie alle legen ihre Eier in Blätter, die darauf mit verstärktem Zellwachstum reagieren. In dieser Wucherung entwickeln sich dann die Insektenlarven, die oftmals sogar dann noch dortbleiben, wenn das Blatt bereits abgefallen ist, um es erst im folgenden Frühjahr als fertige Insekten zu verlassen. In kleinen Gallen sitzt zumeist nur eine Larve, während sich in größeren bis zu dreißig Exemplare aufhalten.

Die nahrhaften Eicheln, von denen ein einziger Baum jährlich bis zu neunzigtausend hervorbringen kann – während eines langen Eichenlebens also viele Millionen –, dienen als Futter für unzählige Tiere. Das schadet dem Baum nicht, denn es genügt in jedem Jahrhundert eine einzige Eichel, die tatsächlich zu einem Baum auswächst, um die Eichenpopulation zu sichern, so daß ein ungeheurer Überschuß entsteht. Krähen und Häher pflücken die Eicheln von den Ästen, kaum daß sie reif sind; die gefräßigen Ringeltauben schleppen oft bis zu siebzig Früchte gleichzeitig in ihrem Kropf fort, und Rüsselkäfer bohren mit ihren verlängerten Mundwerkzeugen Löcher in die Früchte der Eiche, um dort ihre Eier ab-

◁ Ein männlicher Eichelblattroller (oben) bewacht ein Weibchen, das ein Eichel- blatt für die Eiab- lage vorbereitet.

▷ Nachdem die Blattspreite durchtrennt wurde, beginnt das Weibchen die Blatthälften zusammenzu- falten und ein- zurollen.

◁ In dem aufgeroll- ten, hier durchge- schnittenen, Blatt kann sich dann die Larve in aller Ruhe entwickeln.

zulegen. Aber selbst wenn eine Eichel von all diesen Angriffen verschont bleibt, fällt sie irgendwann auf den Boden, wo bereits hungrige Mäuse, Eichhörnchen, Rehe oder Wildschweine auf die willkommene Mahlzeit warten.

Viele der Insekten, die sich etwa von den Eichelblättern ernähren, werden wiederum von anderen Tieren gefressen. Wespen, Spinnen und Marienkäferlarven machen Jagd auf Raupen, und auch viele Vögel brauchen für ihre Brut tierische Nahrung. Buntspechte und Baumläufer picken die Insekten aus den Rindenspalten; Kohlmeisen ziehen ihre Jungen genau dann auf, wenn besonders viele Raupen auf den Eichenblättern zu finden sind, wobei einige Vogelarten jeden Tag bis zu dreihundert Raupen benötigen, um ihre hungrigen Jungen satt zu bekommen, und auch viele Zugvögel, etwa Grasmücken oder Nachtigallen, beteiligen sich in den Sommermonaten an der Suche nach Kerbtieren. Und wenn die Eiche älter geworden ist und sich Höhlen und größere Spalten im Stamm auftun, ziehen dort Eulen und Fledermäuse ein, und zwischen den knorrigen Wurzeln graben sich Füchse oder Dachse ihren Bau.

Eichen sind also wahrhaftig die Herren des Waldes, und wie verantwortungsvolle Monarchen sorgen sie für den Lebensunterhalt der unzähligen kleinen Bewohner ihres Reiches.

Aber die reichen Nahrungsgründe, die sich während des Sommers in den nördlichen Breiten auftun, sind nicht von Dauer. Im Herbst werden die Tage kürzer, und die Zugvögel machen sich auf den Weg nach Süden. Die meisten Schmetterlinge und Nachtfalter gehen zugrunde, nachdem sie ihre Eier an sicheren Plätzen abgelegt haben, und auch die Laubbäume werfen ihre frostempfindlichen Blätter ab und setzen ihren Stoffwechsel so weit herab, daß ihr Wachstum fast völlig zum Erliegen kommt. Mit dem Verlust ihrer Blätter verlieren die Eichen vorübergehend auch die Herrschaft über ihr Territorium. Zum ersten Mal seit Monaten fällt wieder Sonnenlicht auf den Waldboden. Aber es gibt zu dieser Zeit nur wenige Pflanzen, die damit etwas anfangen können, da die meisten ebenfalls keine Blätter mehr besitzen und deshalb ihre Aktivitäten einstellen müssen.

Irgendwann ist der Winter jedoch vorbei; die Sonne steigt jeden Tag ein wenig höher, und schließlich erwärmt sich der Waldboden so weit, daß die ersten Pflanzen anfangen zu wachsen. Viele von ihnen haben nur auf diesen Moment gewartet. Sie haben im vergangenen Frühjahr möglichst viele Nährstoffe gesammelt und sie in unterirdischen Speicherorganen, etwa Zwiebeln, abgelagert. Diese Stoffe werden nun verbraucht, und häufig reicht schon eine kleine Temperaturerhöhung, um das Wachstum der Pflanzen anzuregen. Das Schneeglöckchen blüht oft schon, wenn noch Schnee liegt, und nicht lange danach erscheinen die Blätter der Primel. Sie besitzt zwar keine Zwiebeln, aber ihre Photosyntheserate ist so effizient, daß schon bald nach den Blättern ihre hübschen gelben Blüten erscheinen. Und wenn die ersten Bäume ihre Knospen öffnen, blühen bereits die Hasenglöckchen und bedecken den Waldboden mit einem dichten blauen Teppich.

Das Hasenglöckchen bildet in den Wäldern Großbritanniens oft einen dichten blauen Teppich.
▽

In Nordamerika bringt der Frühling eine noch größere Pracht hervor als in Europa, denn während man in englischen Wäldern vielleicht zwei oder drei unterschiedliche Arten findet, kann man sich beispielsweise in den Appalachian Mountains an einem Dutzend oder mehr Arten erfreuen. Aber auch diese Pracht währt nicht lange. Schon bald steigt der Saft in den Baumstämmen auf, und die neuen Blätter beanspruchen wieder den größten Teil des Sonnenlichtes für sich. Die Frühlingsblumen haben ihren Höhepunkt überschritten. Die Blätter der meisten Arten, die jetzt nicht mehr genug Licht bekommen, um Photosynthese zu betreiben, schrumpfen und sterben ab, und schon bald darauf befinden sich nahezu alle Frühlingsblüher wieder in einer Ruhepause, ganz im Gegensatz zu den Bäumen.

Die hölzernen Stämme, Äste und Zweige, die die Bäume benutzen, um ihre Blätter möglichst optimal nach dem Sonnenlicht auszurichten, können auch von anderen Pflanzen benutzt werden, etwa als Stütze für Kletterpflanzen. Und es scheint fast so, als könne nahezu jeder Teil einer Pflanze zu einem Kletterorgan um-

△
Ein Wald in Neuengland mit unzähligen Dreiblättern zu Beginn der Blütezeit. Mit zunehmendem Alter färben sich die zunächst weißen Blüten rosa und dann rot.

gebildet werden. Die Monstera verwendet zum Festhalten bei- spielsweise Wurzeln, die an den Stengelknoten gebildet werden, also dort, wo normalerweise die Blätter entspringen. Der Efeu be- sitzt sogar überall auf der Unterseite seines Stengels Wurzeln, die so fein sind, daß sie sich an der kleinsten Unebenheit festklam- mern können. Das Waldgeißblatt benutzt dagegen seinen ganzen Stengel, um sich um den kräftigeren Stamm einer anderen Pflanze zu winden, während die im tropischen Afrika und Asien heimische Ruhmkrone ihre Blattspitzen zu beweglichen Ranken umgebildet hat, mit denen sie sich nahezu überall festhalten kann.

Bei Wicken und Passionsblumen sind einige Blätter sogar voll- ständig zu Ranken geworden, die sich durch die Luft tasten, bis sie etwas finden, an dem sie sich nach oben winden können. Dagegen

▷

Die Ruhmkrone klettert mit Blatt- ranken, die von der verlängerten Mittelrippe des Blattes gebildet werden.

sitzt am Ende der Ranke einer Dreispitzigen Jungfernrebe eine kleine Haftscheibe, mit der sie sich an Mauern oder Baumrinde

◁

Das Ende eines Wald-Geißblatt-stengels dient als Ranke, mit der die Pflanze ver-sucht, sich an anderen Gewäch-sen festzuhalten.

festhalten kann. Manche Ranken sind so empfindlich, daß sie sogar auf einen dünnen Wollfaden reagieren, den man über ihnen aufspannt, andere suchen sich dagegen einen neuen Gegen-stand, wenn sie feststellen, daß derjenige, den sie gerade gefunden haben, zu glatt ist, um daran emporzuklettern. Ist eine Ranke aber auf eine geeignete Stütze gestoßen, beginnt sie sich sofort spiralförmig aufzuwinden. Dadurch kommt es zu einer Verkür-zung der Ranke und damit zu einer Annäherung der gesamten Pflanze an den Gegenstand, so daß bald auch andere Ranken Halt finden.

Rotangpalmen sind hochspezialisierte, in Südostasien heimi-sche Spreizklimmer mit Stämmen, die gerade einmal fingerdick sind. An ihrer Spitze sitzen Ranken, die auf der ganzen Länge mit außerordentlich spitzen Haken versehen sind. Gerät man mit dem Arm an eine solche Ranke, die in der Regel so dünn ist, daß man sie leicht übersieht, kann es passieren, daß man sich nicht nur den Hemdsärmel aufreißt, sondern auch die Haut. Normalerweise

▷
*Der dünne, stach-
lige Stengel einer
Rotangpalme
wächst auf der
Suche nach
einem Halt steil
nach oben.*

werden die Haken aber natürlich benutzt, um damit an einem
Baum emporzuklettern. Manchmal ist dieser jedoch nicht kräftig
genug, um einer solchen Belastung standzuhalten, so daß er um-

◁

Wenn sich die Rotangpalme erst einmal festgesetzt hat, arbeitet sie sich durch die Äste nach oben, bis sie einen Platz an der Sonne erreicht hat.

Die Äste der großen Bäume im Nebelwald Brasiliens sind zumeist dicht mit Epiphyten bewachsen.

▽

stürzt. Das macht einer Rotangpalme jedoch nicht viel aus. Sie wächst dann auf dem Boden weiter, wobei einige Arten bis zu hundertfünfzig Meter lang werden.

Die meisten Kletterpflanzen benutzen ihre Ranken, um an ausgewachsenen Bäumen emporzuklimmen, aber es gibt auch einige, die sich geschickterweise schon in jungen Bäumen festsetzen und dann nur noch die neugebildeten oberen Äste erklettern müssen, um in der Krone eines hohen Baumes ganz nach oben zu gelangen. In den tropischen Regenwäldern haben fast alle Bäume eine solche Last zu tragen, abgesehen von den Palmen, die ja in der Regel keine Äste haben. Ihre Blätter entspringen einer großen Knospe an der Spitze des Stammes, dem sogenannten Palmherzen, das mit zunehmendem Wachstum des Baumes immer weiter nach oben gehoben wird. Die Blätter sterben einige Zeit später ab, verwelken und fallen zu Boden – und mit ihnen eine daran festgeklammerte Kletterpflanze.

Es gibt indessen noch eine andere Möglichkeit, in die licht-durchfluteten Kronen der Bäume zu gelangen – mit Hilfe der Samen. Diese sind bei einigen Pflanzen, etwa den Orchideen, so leicht, daß sie oft schon durch den kleinsten Windstoß bis in die Baumwipfel geweht werden. Andere gelangen mit dem Kot von Vögeln oder Affen dorthin.

Diese Technik ist so erfolgreich, daß die großen Äste der meisten Urwaldbäume dicht mit diesen sogenannten Epiphyten bewachsen sind. Unter ihnen sind die Ananasgewächse sicher die bekanntesten. Sie halten sich fest, indem sie ihre Wurzeln um die Äste winden, und dann bilden ihre langen Blätter eine fest geschlossene Rosette, die sich mit Wasser füllt, so daß ein winziger, ein eigenes kleines Biotop darstellender Teich entsteht. Verfaulende Blätter und andere Pflanzenteile sowie die stickstoffreichen Ausscheidungen kleiner Säuger und Vögel, die zum Trinken kommen, reichern das Wasser schnell mit Nährstoffen an, so daß sich sehr bald die verschiedensten Mikroorganismen ansiedeln: Moskitos und Libellen legen dort ihre Eier ab; kleine, leuchtendgefärbte Frösche, die es nirgendwo sonst gibt, leben und vermehren sich in solchen Pflanzen, und man findet dort außerdem Krebse, Salamander, Nacktschnecken, Würmer, Käfer, Eidechsen und sogar kleine Schlangen.

Aber auch die Pflanze profitiert von ihren Untermietern, da sie dem mit Ausscheidungs- und Verwesungsprodukten angereicherten Wasser des kleinen Teiches und der Schlammschicht, die sich schnell auf dem Boden bildet, wichtige Nährstoffe entziehen kann, an die sie sonst nicht herankommen könnte, weil sie keinen direkten Kontakt zum Erdboden hat, dem andere Gewächse solche Stoffe entnehmen.

Auch viele Orchideen haben sich an die epiphytische Lebensweise angepaßt. Allerdings fehlt ihnen der kleine Teich der Ananasgewächse, so daß sie ihre Bedürfnisse auf andere Weise befriedigen müssen. Häufig geschieht das durch die Bildung von Luftwurzeln, mit denen die Pflanze Wasserdampf aus der Umgebung aufnehmen kann und damit auch darin gelöste winzige Nährstoffmengen. Andere Arten breiten ihre Wurzeln auf den Ästen aus und verwenden Wasser, das von den Blättern herabtropft.

Die Pflanzen der Orchideengattung *Taeniophyllum* haben so-

▷

Zwei der vielen unterschiedlichen Bewohner, die man in Ananas-gewächsen finden kann – ein winziger Pfeilgiftfrosch und ein Strudel-wurm.

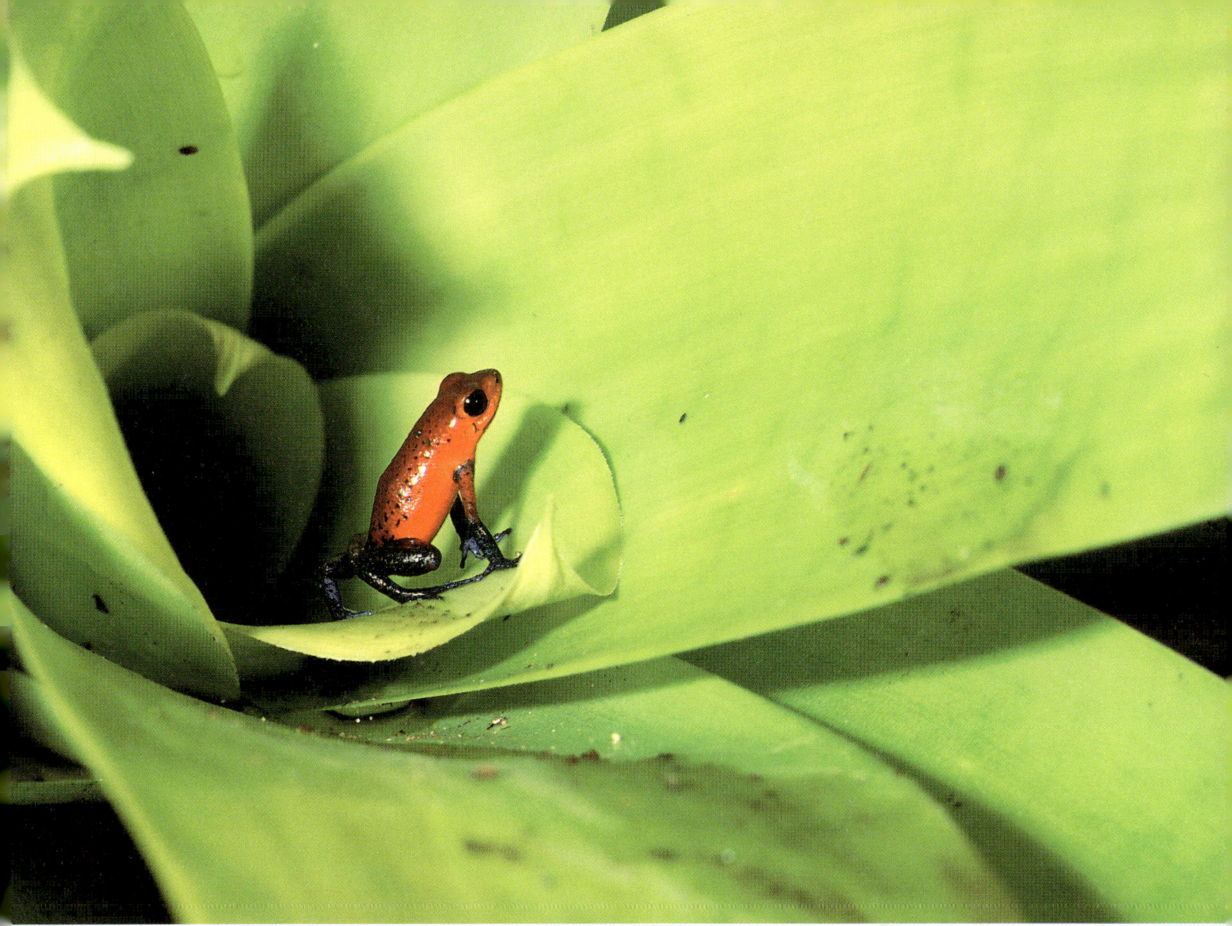

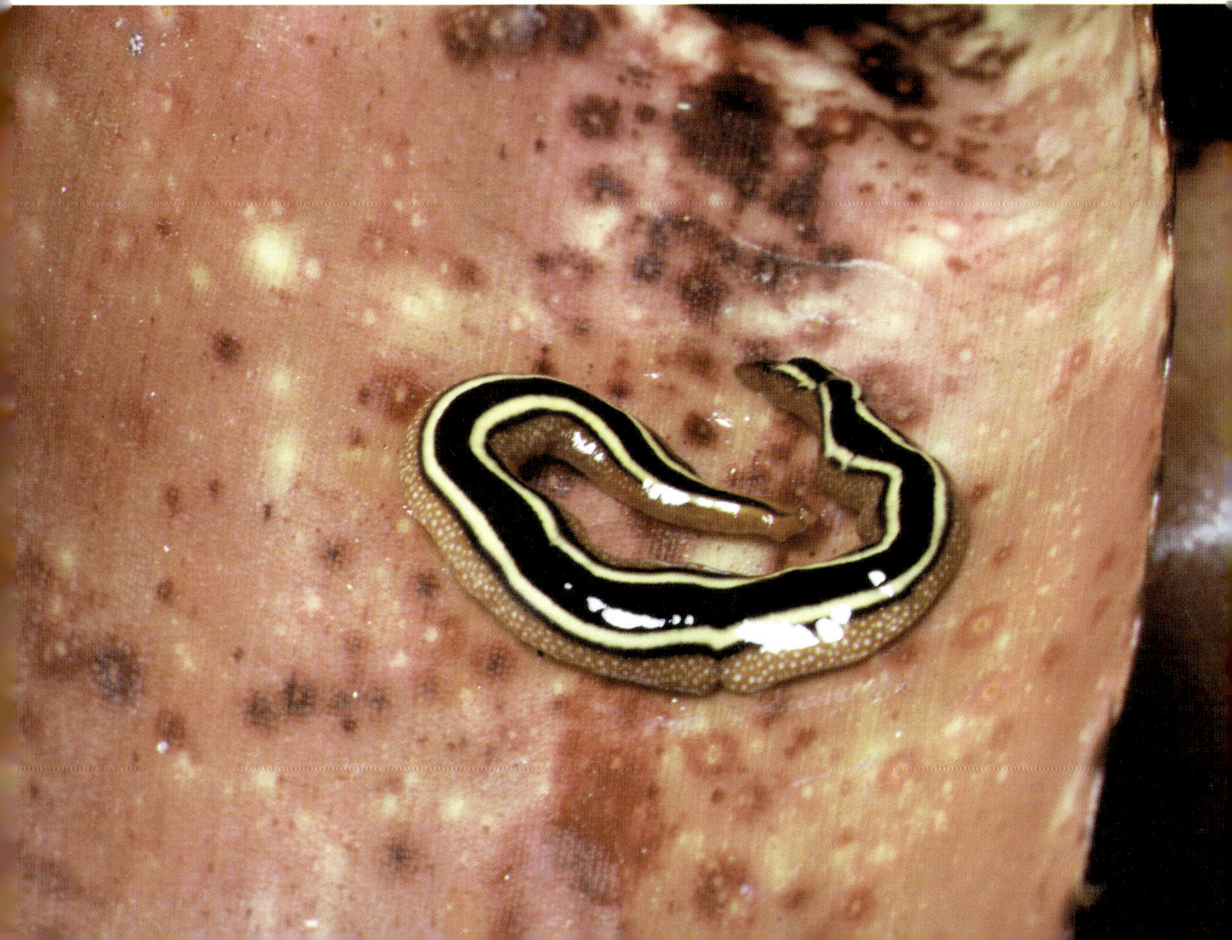

◁
*Ein Ananasge-
wächs-Keimling
hat es trotz der
regelmäßigen
Wolkenbrüche in
den brasiliani-
schen Regenwäl-
dern geschafft,
sich auf einem
Blatt festzu-
setzen.*

gar noch praktischere Wurzeln entwickelt: Sie sind nicht nur sehr
flach und ziehen sich oft über mehrere Meter eines Astes dahin,
sondern besitzen außerdem Chlorophyll, was sie zur Photosynthese und damit zur Ernährung der Pflanze befähigt. Die herkömmlichen Blätter, die ja in diesem Fall nicht benötigt werden,
sind zu winzigen Schuppen reduziert.

Einige Pflanzen – in erster Linie Moose – können sogar auf der
Oberfläche von Blättern wachsen, und dort stehen sie oft so dicht
beieinander, daß das Blatt selbst kaum noch Licht bekommt. Daher ist es für den Baum natürlich wichtig, diese Plagegeister loszuwerden. Einigen Pflanzen gelingt das durch eine ständige Erneue-
rung der Wachsschicht ihrer Blätter, andere sorgen dafür, daß das
Regenwasser stets gut von den Blättern abfließt und dabei die
Samen oder Moossporen mitnimmt, die versuchen, dort Fuß zu
fassen.

Orchideen und Ananasgewächse schaden einem Baum zumeist
nicht – wenn man davon absieht, daß Äste manchmal unter dem
Gewicht der zahlreichen Epiphyten abbrechen. Es gibt aber auch
Pflanzen, die ihre Gastgeber sogar umbringen – die Würgerfeigen.
Dabei erscheinen sie anfangs kaum gefährlicher als die anderen

▷
*Die Wurzeln
einer Würgerfeige
halten den
Stamm dieses
Baumes in Nord-
australien, auf
dem sie wachsen,
in tödlicher
Umarmung.*

Epiphyten, zwischen denen sie wachsen, denn auch sie nutzen zunächst nur die faulenden Pflanzenteile, die auf der Unterlage bereits vorhanden sind. In diesem Stadium ihres Daseins wachsen sie sehr langsam, aber nach und nach werden ihre Wurzeln immer länger, bis sie schließlich den Stamm des Baumes erreichen, an dem sie sich herabschlängeln, wobei sich einige so ineinander verschlingen, daß eine Art Gitter entsteht. Erreichen die Wurzeln den Boden, erhält die Feige plötzlich sehr viel mehr Nährstoffe und wächst nun schneller. Der Baum wird mit immer mehr Wurzeln eingehüllt, so daß man den Eindruck bekommt, die Feige wollte ihren Wirt erwürgen. Und das ist zum Teil auch richtig, denn der Stamm kann jetzt nicht mehr an Umfang zunehmen – aber noch schlimmer ist, daß die buschigen Zweige der Feige ihrem Wirt immer mehr Licht entziehen und die Wurzeln dem Boden um den Baum herum immer mehr Nährstoffe, so daß dieser nicht so sehr erwürgt wird, als Hungers stirbt. Auf jeden Fall geht der Baum irgendwann ein und beginnt zu verrotten. Das schadet der Feige aber nicht, da ihr Wurzelgitter inzwischen so stabil ist, daß sie die Stützfunktion des früheren Wirtes nicht mehr benötigt. Die Würgerfeige hat sich ihren Platz unter den anderen Urwaldriesen erobert.

Manchmal sitzen sogar mehrere Würgerfeigen auf den Ästen eines Baumes, und ihre Wurzeln sind oft so sehr miteinander verwoben, daß sie später, wenn der ehemalige Wirt bereits verrottet ist, wie ein einziges Individuum erscheinen. Anhand genetischer Analysen konnte man jedoch feststellen, daß die verschiedenen Zweige eines solchen Gebildes zumeist von zwei oder drei unterschiedlichen Pflanzen stammten – in einem Fall waren es sogar acht. Diese Tatsache ist möglicherweise die Antwort auf ein Rätsel, das Botaniker seit längerer Zeit beschäftigt: Die einzelnen Äste ausgewachsener Würgerfeigen blühen oft zu unterschiedlichen Zeiten. Mit verschiedenen Bäumen, deren Blührhythmus unterschiedlich ist, ließe sich die ganze Sache recht einfach erklären. Und da eine solche Feigengemeinschaft über einen großen Zeitraum des Jahres auch Früchte hervorbringt, stellt sie für viele Tiere des Regenwaldes eine sehr wichtige und attraktive Nahrungsquelle dar.

▷
Wenn der ehemalige Stützbaum abgestorben und verrottet ist, bilden die Wurzeln der Würgerfeige einen hohlen, gitterartigen Turm, der sich ohne fremde Unterstützung aufrecht halten kann (Indonesien).

Aber irgendwann wird auch der kraftvollste und mächtigste Baum einmal alt, und wenn ein solcher Riese auf den Boden stürzt, enthält er tonnenweise Kohlenstoff, Stickstoff, Phosphate und andere wertvolle Substanzen, die er während seines Lebens angehäuft hat. In der jetzigen Form sind diese Stoffe indessen für andere Pflanzen und Tiere nicht zugänglich, da Zellulose und Lignin, die den größten Teil der Baumsubstanzen ausmachen, nur sehr schwer abbaubar sind, so daß weder der tierische Verdauungstrakt noch die Pflanzenwurzeln damit zurechtkommen. Es gibt nur zwei Gruppen von Lebewesen, die diese Stoffe abbauen können: Bakterien und Pilze.

Pilze sind sehr ungewöhnliche Organismen. Sie haben weder Wurzeln noch Blätter, sondern wachsen während des größten Teils ihres Lebens in Form eines Gewirrs verzweigter dünner Fäden, den sogenannten Hyphen. Auf den ersten Blick mögen Pilze wie einfache Pflanzen, etwa Algen, erscheinen, die aus irgendeinem Grunde ihr Chlorophyll verloren haben, so daß sie sich von pflanzlichem oder tierischem Gewebe ernähren müssen, und tatsächlich hielt man sie früher auch genau dafür. Heute weiß man jedoch, daß Pilze keine Pflanzen sind. Ihre Zellwand besteht im Gegensatz zu allen Pflanzen nicht aus Zellulose, sondern aus Chitin, also dem Material, aus dem auch der Panzer der Insekten aufgebaut ist. Aber Pilze gehören auch nicht zu den Tieren. Sie unterscheiden sich sogar so grundlegend von allen anderen Organismen, daß man ihnen nach heutiger Auffassung ein eigenes Reich einräumt.

Pilze gibt es praktisch überall im Wald, wenn zumeist auch unsichtbar, weil sie den größten Teil ihres Lebens im verborgenen wachsen. Wir werden in der Regel erst auf sie aufmerksam, wenn sie scheinbar über Nacht ihre schnell vergänglichen Fruchtkörper in Gruppen auf einem Baumstumpf, in Ringen auf einer Lichtung oder in langen Reihen auf einem umgestürzten Baum bilden. Diese Fruchtkörper lassen sich im Prinzip mit den Blüten von Pflanzen vergleichen – allerdings bilden Pilze keine Samen, sondern Sporen. Diese sind mikroskopisch klein, da es sich nur um eine einzige Zelle handelt, die auch nicht mit Speicherstoffen ausgestattet ist. Und obwohl Sporen Geschlechtszellen sind, also Pollen oder Eizellen entsprechen, kann jede für sich auskeimen und heranwachsen, so daß die Fruchtkörper der Pilze folglich auch

▷
Pilze sind neben Bakterien die einzigen Lebewesen, die Holz abbauen können. Sie sorgen dafür, daß die Substanzen, die in einem Baum wie diesem umgestürzten Urwaldriesen gespeichert sind, dem Stoffkreislauf wieder zugeführt werden (Nordaustralien).

keine Bestäuber anlocken müssen. Ihre einzige Aufgabe besteht in der Verbreitung der Sporen.

Wegen ihrer geringen Größe werden Sporen schon durch die leichteste Brise verbreitet, aber damit sie der Wind überhaupt erfassen kann, müssen beispielsweise die Hutpilze ihre Fruchtkörper erst einige Zentimeter aus dem Erdboden herausschieben. Aber dann kann ein einzelner Pilz aus den Lamellen oder Röhren an der Unterseite während der kurzen Zeit zwischen seiner Entstehung und seiner Verrottung bis zu zehn Milliarden Sporen freisetzen.

Eine andere Gruppe von Pilzen bildet ihre Sporen in winzigen Schläuchen. Diese ändern mit zunehmendem Alter ihre chemische Zusammensetzung, so daß sie dann verstärkt Wasser aufnehmen, und zwar in einer solchen Menge, daß die Schläuche platzen – gewöhnlich an der Spitze. Dabei werden die Sporen herausgeschleudert – bei einigen Arten bis zu dreißig Zentimeter weit. Diese Entfernung scheint auf den ersten Blick nicht besonders groß, kann aber entscheidend sein. So wächst beispielsweise ein Pilz aus dieser Gruppe auf Kuhfladen. Verbreitet wird er dadurch, daß seine Sporen von einem grasfressenden Tier aufgenommen und später an anderer Stelle wieder ausgeschieden werden. Dazu müssen die Sporen aber an eine Stelle gelangen, wo sie von dem Weidetier auch aufgenommen werden können. Und das ist natürlich nicht der Kuhfladen. Aber dessen Ausmaße werden von der kleinen Kanone auch leicht überwunden, und die Sporen landen tatsächlich im Gras.

Bei den Bovisten entstehen die Sporen im Inneren der zumeist rundlichen Fruchtkörper, deren Außenwand sich im Alter verhärtet. Dabei wird sie so starr, daß die leichteste Berührung – manchmal schon ein Regentropfen – ausreicht, um den ganzen Fruchtkörper in Schwingung zu versetzen und eine Sporenwolke aus einem Schlitz an der Spitze freizusetzen. Bei anderen Arten, beispielsweise beim auch in Europa heimischen Riesenbovist, der einen Durchmesser von bis zu fünfundvierzig Zentimetern haben kann, löst sich bei der Reife die obere Hälfte der Wand schollenförmig ab, so daß der Wind die Sporen, deren Zahl auf acht Billionen geschätzt wird, leicht verbreiten kann.

Tiegelteuerlinge bilden dagegen kleine Becher oder Nester, in denen jeweils acht bis zehn winzige «Eier» liegen. Jedes dieser Eier

▷

Der in Europa und Nordamerika heimische Riesenbovist kann über dreizehn Kilogramm schwer werden und einen Durchmesser von bis zu fünfundvierzig Zentimeter haben.

ist eigentlich eine kleine, mit dem Untergrund durch ein Schnürchen verbundene Kapsel, die dicht mit Sporen gefüllt ist. Fällt nun ein großer Regentropfen in den Becher, werden die Sporenkapseln abgerissen und bis zu hundertachtzig Zentimeter weit fortgeschleudert. Dabei löst sich das am Boden festgeheftete Schnürchen ab, und es entsteht ein klebriges Ende, das sich leicht an einem nahen Blatt oder Pflanzenstiel festsetzt. Dort hängt die Kapsel dann, bis die Bedingungen für die Sporenfreisetzung optimal sind.

Die Erdsterne bestehen dagegen aus einem Ball mit einer doppelten Wand. Bei der Reife schält sich die äußere Hülle lappig ab und drückt dabei die innere Kugel nach oben. Bei manchen Arten sind die Lappen so auffallend gefärbt, daß fast der Eindruck einer Blüte entsteht. Die Sporen werden später aus einer Öffnung an der Spitze des inneren Balls freigesetzt.

Stinkmorcheln benutzen dagegen Insekten zur Verbreitung ihrer Sporen. Die Fruchtkörper dieser Pilze sehen zunächst aus wie ein Ei, aber schon bald durchstößt ein Stiel mit einem schleimigen kleinen Köpfchen die Eischale und wird mit erstaunlicher Geschwindigkeit größer; bei einigen tropischen Arten wird zusätzlich

△
Die «Eier» der Teuerlinge werden durch Regentropfen aus ihrem «Nest» geschleudert.

eine Art Spitzenschleier gebildet. Dieses seltsame phallusartige Gebilde verbreitet einen an Aas erinnernden Geruch, der zahlreiche Fliegen anlockt. Die landen auf dem braunen, zuckerhaltigen Schleim und fressen sich satt. Und ähnlich wie manche Insekten den Pollen von Blütenpflanzen herumtragen, schleppen diese Fliegen dann Sporen mit und sorgen so für die Verbreitung der Pilze.

Am erstaunlichsten sind aber wohl die leuchtenden Fruchtkörper einiger tropischer Pilzarten. Möglicherweise dient das grünliche Licht, das sie nachts am Regenwaldboden erzeugen, dazu, Tiere für die Sporenverbreitung anzulocken, aber genau weiß das niemand.

Dank ihrer gut funktionierenden Verbreitungsstrategien sind Pilze überall auf der Erde heimisch. Bisher wurden über hunderttausend Arten beschrieben, aber es gibt sicher noch einmal so viele, die bisher nicht entdeckt wurden. Pilze oder ihre Sporen treiben in Flüssen dahin oder fliegen durch die Luft; sie können dort leben, wo kein Sauerstoff vorhanden ist, tolerieren Hitze bis zu sechzig Grad und Kälte von minus sechs Grad. Ein Hektar Weideland kann über tausend Kilogramm Pilzmaterial enthalten, was etwa dem Gewicht von fünfundzwanzig Schafen entspricht. Einige

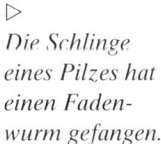

Die Vielfalt pilzlicher Fruchtkörper ist gewaltig. Die hier abgebildeten stammen aus Tasmanien (oben links), Kenia (oben rechts), Brasilien (unten links) und Westeuropa (unten rechts).

Pilze, etwa Hefen, Brand- und Rostpilze, bilden einzellige Stadien, aber die meisten wachsen mit Hyphen, die sich verzweigen, miteinander verschmelzen oder wurzelähnliche Fäden bilden. Ein Pilz namens *Armillaria bulbosa*, ein Verwandter des bekannten Hallimasch, soll sogar der größte lebende Organismus der Welt sein, denn Wissenschaftler in den USA fanden genetisch identische Hyphen über ein Gebiet von fünfzehn Hektaren verteilt, woraus gefolgert werden kann, daß sie alle zu einem einzigen Individuum gehören, das etwa tausendfünfhundert Jahre alt ist.

Die Vielfalt der Substanzen, von denen Pilze sich ernähren können, ist beeindruckend. Manche wachsen auf Erdöl, andere auf der dünnen Schicht, mit der man Fotolinsen versiegelt, aber auch Kieselerde, Magnesium, Eisen und sogar Plastik werden von einigen Pilzen verwertet. Mindestens fünfzig Arten sind aktive Jäger. Sie bilden an ihren Hyphen kleine Schlingen mit Polstern an der Innenseite und produzieren eine Locksubstanz, von der winzige

Die Schlinge eines Pilzes hat einen Fadenwurm gefangen.

Fadenwürmer angezogen werden. Gerät nun ein Wurm in eine solche Schlinge, schwellen die Polster rasch an, und der Wurm ist gefangen. Bald darauf wachsen andere Hyphen in seinen Körper und saugen ihn aus.

In Wäldern ernähren sich Pilze aber hauptsächlich von pflanzlichem Gewebe, das in ihrem Lebensraum reichlich vorhanden ist, weil andere Organismen es zum großen Teil nicht verwerten können. Pilze lösen dieses Material dagegen problemlos auf, weil ihre Zellwand aus Chitin und nicht aus Zellulose besteht, so daß eine Selbstzerstörung vermieden wird.

Im feuchtwarmen Klima der tropischen Regenwälder erfolgt der Abbau durch Pilze zumeist recht schnell. Die Nährstoffe, die dabei zurückbleiben, gelangen in den Boden zurück und werden dort von den unzähligen winzigen Wurzelhärchen der Bäume aufgenommen. Da im Urwald normalerweise wenig Wind herrscht, fallen die Blätter der Bäume in der Regel direkt auf den Boden, so daß ein Baum einen großen Teil von dem, was er produziert hat, wieder zurückbekommt. Allerdings muß die Aufnahme schnell geschehen, damit der Regen die Stoffe nicht in den Wurzelbereich anderer Pflanzen schwemmt.

In den Wäldern kühlerer Regionen vollzieht sich der Abbau dagegen langsamer, so daß eine dicke Schicht pflanzlichen Materials entsteht, die langsam vermodert und dabei sehr fruchtbare Erde hinterläßt. Trotzdem können die meisten Keimlinge dort nicht wachsen, weil zu wenig Licht vorhanden ist. Es gibt jedoch Pflanzen, die mit recht wenig Licht auskommen – beispielsweise Farne – und dank des fruchtbaren Bodens sehr schnell große, hüfthohe Bestände bilden können. Darunter ist es dann so dunkel, daß Sämlinge, selbst wenn es ihnen gelingen würde auszukeimen, keine Photosynthese mehr machen können. Das wirft die Frage auf, wie es den Bäumen dennoch gelingt, sich zu regenerieren.

Häufig geschieht dies mit Hilfe der eigenen Stämme, nämlich dann, wenn diese umgestürzt sind. Da bei großen Bäumen oft die obere Hälfte des Baumstrunks aus dem Meer der Farne herausschaut, können die Samen benachbarter Bäume darauf landen und unter den besseren Lichtbedingungen auskeimen. Ein weiterer Vorteil ist, daß die faserige Borke des umgestürzten Baumes sehr gut Wasser speichert, der Keimling also ausreichend mit Feuchtigkeit versorgt ist. Und während die jungen Pflanzen heranwachsen, breiten sie ihre Wurzeln immer weiter aus und erreichen dabei auch den fruchtbaren Boden. Gleichzeitig zersetzen Pilze den umgestürzten Baum, und die dabei freiwerdenden Substanzen kommen den jungen Bäumen ebenfalls zugute. Nach einigen Jahr-

zehnten ist der umgestürzte Baum zerfallen, aber die neuen Bäume wachsen unterdessen über den Farnen, da sie von den inzwischen kräftigen Wurzeln wie Stelzen in dieser Position gehalten werden.

Unvermeidlicherweise geht immer ein Teil der Keimlinge zugrunde, so daß nach einigen Jahren vielleicht noch ein Dutzend junger Bäume auf dem Stamm wachsen. Hundert Jahre später sind davon höchstens noch sechs oder sieben übrig. Die sind allerdings unverkennbar: ein halbes Dutzend Baumriesen, alle im selben Alter, alle auf Stelzen und fast alle militärisch genau in einer Reihe ausgerichtet.

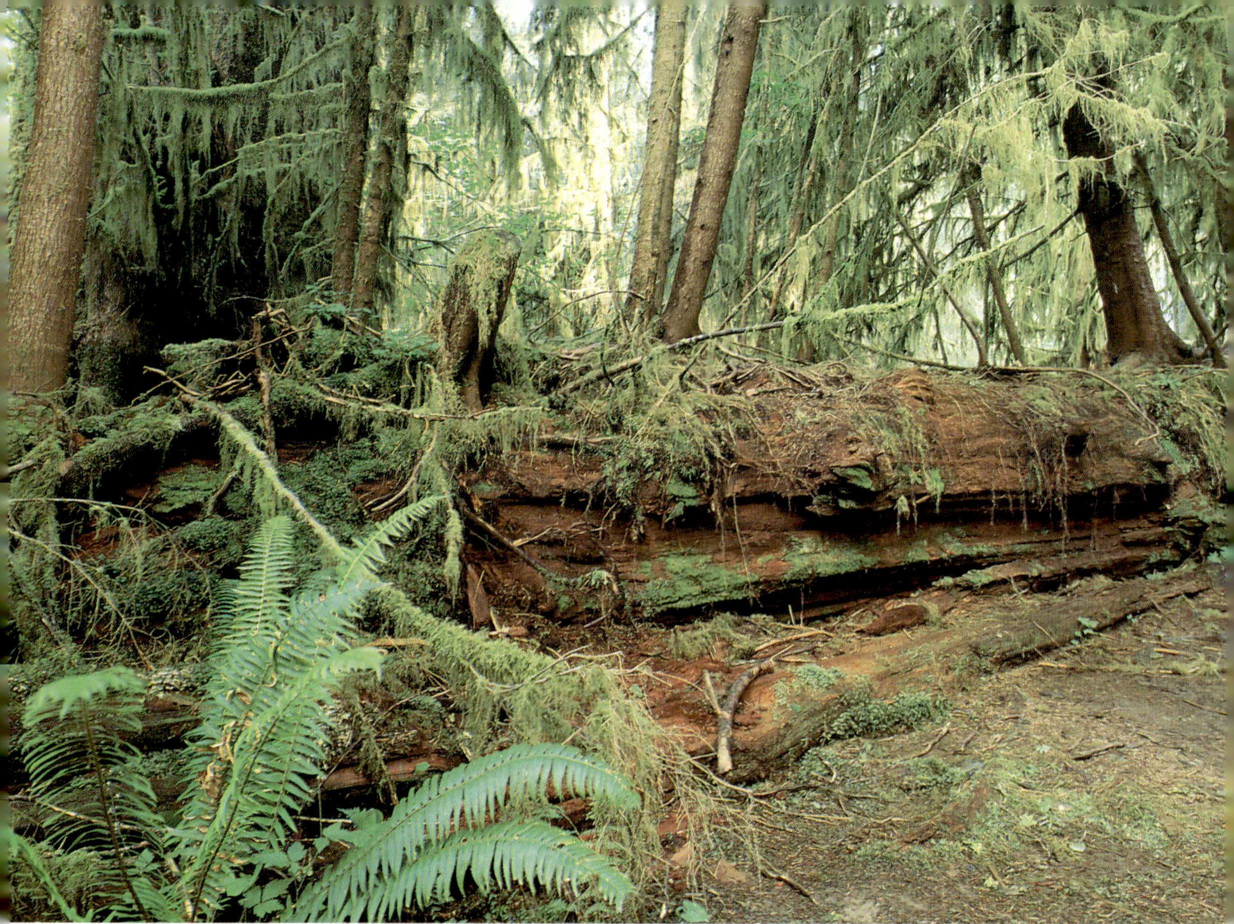

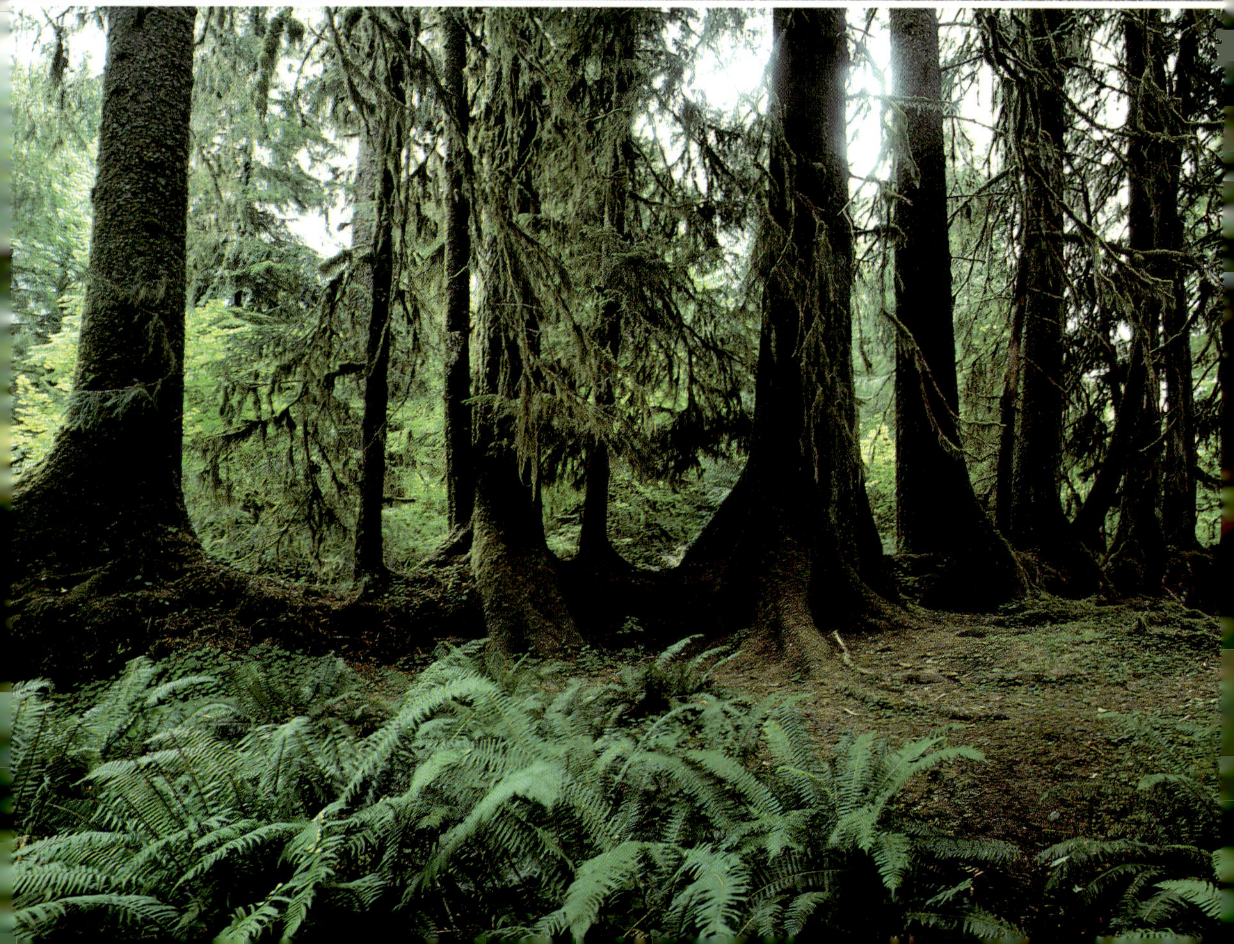

◁
Die jungen Sitka-fichten und Hemlocktannen, die nach einigen Jahrzehnten immer noch auf dem Baumstamm wachsen, haben gute Chancen, sich einen Platz an der Sonne zu sichern.

In den Riescneukalyptuswäldern im Süden Australiens macht es allerdings den Anschein, als seien die Keimlinge der Bäume schier unüberwindlichen Problemen ausgesetzt, da dort der Unterwuchs zum größten Teil aus bis zu drei Meter hohen Farngewächsen besteht, so daß selbst der mächtigste umgefallene Riesen-eukalyptus nicht über ihre Wedel hinausragt. Daher benötigen die Keimlinge dieser Bäume eine sehr viel drastischere Hilfe – Feuer.

Mehr oder weniger verheerende Waldbrände kommen in Australien jedes Jahr vor, aber derjenige, der 1983 den Bundesstaat Victoria heimsuchte, war für die Bewohner eine der schlimmsten Katastrophen dieses Jahrhunderts. Im Februar jenes Jahres litt das gesamte Land unter einer großen Trockenheit. In einigen Gegenden hatte es seit fünf Jahren nicht mehr geregnet, so daß der Wald enorm trocken war. Zwar war die Bevölkerung gewarnt, aber Waldbrände entstehen nicht immer durch menschliche Unachtsamkeit. Man schätzt, daß beispielsweise in Victoria etwa die Hälfte der Feuer natürlichen Ursprungs sind. Eine der häufigsten Ursachen ist der Blitzschlag. Wird dabei ein Baum getroffen, frißt sich der Blitz häufig durch die Rinde des Stammes, bis er den Boden erreicht. Da jedoch ein Gewitter oft von starken Regenfällen begleitet wird, passiert normalerweise nichts – aber es regnet eben nicht immer.

Wie das Feuer am 16. Februar 1983 entstand, ist ungeklärt. Es war cin hcißer Tag   etwa fünfundvierzig Grad Celsius –, und es blies ein starker Südwestwind. Vielleicht war es eine Hochspannungsleitung, die zerriß und dabei den Wald in Brand setzte; auf jeden Fall sahen die Bewohner eines kleinen Städtchens in Victoria plötzlich, wie sich der Horizont verdunkelte, und bald darauf konnten sie das Feuer riechen, hören und sehen. Es bewegte sich schneller, als man laufen kann, auf sie zu und entwickelte sich rasch zu einem regelrechten Feuersturm. Die Flammen verbrauchten so viel Sauerstoff, daß sich ein Sog über dem Brandherd bildete, ähnlich dem eines Wirbelsturms, nur daß er nicht aus Staub, sondern aus Flammen bestand. Die Feuerwand erhob sich fast zwanzig Meter in die Höhe. Darüber schwebten durch die ätherischen Öle der verbrennenden Gummibäume verursachte Feuerbälle, und sie eilten dem Feuer vielfach voraus, so daß der

◁
Viele Jahre nach seinem Fall ist der Baumstamm völlig verschwunden. Zurück blei-ben die in Reih und Glied ausge-richteten und mit Stelzwurzeln ver-sehenen Bäume, denen er geholfen hat, heranzu-wachsen.

Wald manchmal bis zu fünf Kilometer vor der Hauptfront in Brand gesetzt wurde.

Diesem Desaster war keine Feuerwehr der Welt gewachsen, und als das Feuer schließlich von selbst verlosch, hatte es über zweitausendsechshundert Quadratkilometer Wald vernichtet; zweitausend Häuser waren niedergebrannt und sechsundsiebzig Menschen ums Leben gekommen.

Vermutlich war die Gewalt des Feuers durch die sehr wirkungsvollen Brandverhütungsmaßnahmen der Vorjahre noch gesteigert worden, denn der Waldboden war mit altem Holz übersät, so daß das Feuer länger als gewöhnlich an einer Stelle brennen konnte. Dadurch wurden sogar die größten Bäume vernichtet. Kleinere Feuer können dagegen für einen Wald von durchaus lebenswichtiger Bedeutung sein. Ohne das viele Totholz auf dem Boden bewegt es sich schnell vorwärts, läßt die trockenen Zweige und Blätter in Flammen aufgehen, verweilt an umgestürzten Baumstämmen ein wenig länger und verbrennt normalerweise auch die Farnpflanzen. Ausgewachsenen Rieseneukalyptusbäumen schadet es dagegen kaum. An ihnen hängen gewöhnlich lange, trockene Rindenstücke herab, die sich entzünden und dann abfallen, während die Kronen der hohen, im unteren Bereich normalerweise astlosen Baumriesen weitgehend verschont bleiben.

Schon nach etwa einer Stunde zieht die Feuerfront weiter. Nur einige der umgestürzten Baumriesen qualmen noch vor sich hin, und manchmal glüht ihr Inneres hell auf. Wo zuvor ein dichter, grüner Unterwuchs vorhanden war, ist erstmals seit Jahrzehnten wieder eine freie Fläche entstanden, die von der Sonne erreicht wird. Viele kleinere Bäume sind verkohlt, und auch der Boden ist schwarz gefärbt. Kratzt man den Ruß ein wenig ab, kommt an einigen Stellen eine leuchtendorangefarbene Schicht von mehreren Millimetern Dicke zum Vorschein, die sich über den Boden windet und dann in Erdlöchern verschwindet. Sie stellte einst den Boden von Röhren dar, die kleine Tiere gegraben hatten. Da sie den Untergrund frei von Blättern und Pflanzenresten gehalten hatten, konnte dort nichts verbrennen, so daß dieser Bereich nicht verrußt ist. Was aus den Tieren geworden ist – ob sie sich tief genug in ihre Bauten zurückziehen konnten oder dem Feuer zum Opfer fielen –, kann allerdings niemand sagen.

▷ *Ein Buschfeuer in Südaustralien. Angefacht durch den Wind und die von den lodernden Gummibäumen stammenden flüchtigen Gase, entsteht eine so große Hitze, daß man Brände dieser Art kaum löschen kann.*

Schon bald darauf, vielleicht bedingt durch einen leichten Regen, fallen dann die Samen der Rieseneukalyptusbäume zu Boden, die jahrelang an den Ästen gehangen hatten, bis die Früchte durch die Hitze des Feuers geöffnet wurden. Von den Samen des Unterwuchses sind dagegen die meisten verbrannt, so daß die Eukalyptussamen nur wenig Konkurrenz haben. Innerhalb einer Woche keimen die meisten von ihnen aus, wachsen schnell und umgeben die Elternbäume bald so dicht wie ein Weizenfeld.

Zehn Jahre später sind sie knapp zwei Meter hoch. Immer noch stehen sie so eng beieinander, daß ihre Wurzeln miteinander verflochten sind und es nur selten einer anderen Pflanze gelingt, sich dazwischenzudrängen.

Auch fünfzig Jahre später stehen die gleichaltrigen Eukalyptusbäume noch so dicht wie in einer Schonung. Aber jetzt beginnen sie untereinander zu konkurrieren. Dabei machen sich selbst kleine Unterschiede bemerkbar. Möglicherweise steht einer der jungen Bäume auf einem etwas fruchtbareren Stück Erde als sein Nachbar, oder er konnte von einem anderen kleinen Vorteil profitieren, so daß es ihm nun gelingt, sich über seine Konkurrenten zu erheben und ihnen damit das Licht zu entziehen. Das führt zum Absterben der unterlegenen Bäume, und bald wachsen an deren Stelle wieder Baumfarne und andere Unterwuchspflanzen, die nicht soviel Licht benötigen. Der ursprüngliche Zustand stellt sich langsam wieder ein.

Für die majestätischen Rieseneukalyptusbäume stellen Waldbrände also keine große Gefahr dar. Problematisch ist vielmehr das Ausbleiben von Feuer, denn in einem solchen Fall sterben die alten Bäume ab, bevor eine Feuersbrunst den Boden für die Samen bereitet hat, sie hinterlassen also keine Jungpflanzen. Paradoxerweise überlebt ein solcher Wald nur, wenn ein großer Teil zuvor zerstört wurde.

Die Pflanzen der Trockengebiete Südwestaustraliens sind ebenfalls auf Feuer angewiesen, allerdings auf eine völlig andere Art und Weise. In dieser Gegend ist der Boden sehr unfruchtbar und im Sommer so ausgedörrt, daß kein richtiger Wald entstehen kann. Statt dessen wachsen dort hauptsächlich kleinere Büsche und nur

△
Gras- und Euka-
lyptusbäume sind
typisch für die
westaustralischen
Trockengebiete.

vereinzelt Bäume. Für Botaniker ist es jedoch eine phantastische Gegend, da in dieser Ecke des Kontinents die ungewöhnlichsten Pflanzen zu finden sind. So kommen hier zwölftausend verschiedene Arten vor, und siebenundachtzig Prozent davon gibt es nirgendwo sonst auf der Erde. Diese Vielfalt ist dem Umstand zu verdanken, daß große Gebiete Australiens vor etwa fünfzig Millionen Jahren von einem flachen Meer bedeckt waren, das den westlichen Teil vom Rest der Landmasse isolierte. Als sich der Kontinent später erwärmte, trocknete das Gewässer aus, und zurück blieb eine riesige Sandfläche, so daß der Westzipfel Australiens durch einen Wüstengürtel abgetrennt wurde, und diese Isolation besteht bis zu einem gewissen Grad noch heute. Und natürlich hat es in der Vergangenheit auch hier immer wieder unzählige Brände gegeben, so daß die Pflanzen schließlich nicht nur gelernt haben, damit zu leben, sondern viele ein Feuer sogar zu ihrem Vorteil nutzen.

Die Eukalyptuspflanzen dieses Gebietes nehmen häufig eine Gestalt an, die als Mallee-Wuchsform bezeichnet wird. Arten, die sich an anderen Orten zu normalen Bäumen entwickeln, erkennt man hier kaum wieder: Statt eines normalen Stammes mit einer

Krone besitzen sie einen verdickten, direkt auf dem Boden sitzenden oder gar unterirdisch wachsenden Stamm, dem ein halbes Dutzend Äste von etwa gleicher Länge entspringen. Letztere werden bei einem Feuer häufig vollkommen vernichtet, doch der Stamm nimmt in der Regel keinen Schaden. Vielmehr treibt er schon bald wieder aus, und die Äste wachsen dann noch schneller, weil der Boden durch die Asche gedüngt wurde und weil es jetzt weniger Konkurrenten gibt.

Ein anderes Eukalyptusgewächs, der Schönfaden oder Zylinderputzer, der an den Enden seiner Zweige auffällige, leuchtendrote Blüten produziert, wirft seine Samen erst ab, wenn sie einem Feuer ausgesetzt waren. Daher kann man durch Zählen der einzelnen Samenjahrgänge leicht feststellen, wann in dieser Gegend der letzte Brand ausgebrochen ist.

Auch die Blüten vieler Banksien sind recht spektakulär. Mit einer Ausnahme sind alle Pflanzen dieser Gruppe in Australien beheimatet, wobei sechzig der ungefähr fünfundsiebzig bekannten Arten allein im Südwesten des Kontinents vorkommen. Ihr sehr ungewöhnlich anmutender Blütenstand setzt sich aus einigen tausend gelber, grauer, dunkelroter oder sogar mehrfarbiger Einzelblüten zusammen, die zumeist in einer Art Kolben angeordnet sind. Es dauert mehrere Monate, bis die Blüten sich vollständig entwickelt haben, und sie bleiben dann einige Wochen geöffnet. Bestäubt werden sie durch Vögel oder von Beuteltieren, beispielsweise Honigbeutlern, und die nicht allzu zahlreichen Samen entwickeln sich in sogenannten Balgfrüchten, die bei manchen Arten von struppigen Haaren umgeben sind, so daß der gesamte Fruchtstand ein koboldhaftes Aussehen erhält. In vielen australischen Kindergeschichten spielen daher sogenannte «Banksia-Männer» eine wichtige Rolle.

Es dauert ungefähr ein Jahr, bis die Samen vollständig ausgereift sind, und ähnlich wie beim Schönfaden werden sie erst ausgestreut, wenn die Pflanze einem Feuer ausgesetzt war. Vorher ist es sogar fast unmöglich, die Samen aus dem hartschaligen, zweiklappigen Gehäuse zu entfernen. Dieses öffnet sich jedoch von selbst, wenn die Zweige durch ein Feuer versengt wurden. Dadurch, daß die Banksien ihre Samen erst nach einem Brand freisetzen, stellen sie sicher, daß diese auf einen Boden fallen, der

▷
Ein Honigbeutler sammelt am riesigen Blütenstand einer westaustralischen Banksia-Art Nektar – und unabsichtlich auch Pollen.

nicht nur frei von anderen Pflanzen ist, sondern außerdem mit Asche frisch gedüngt wurde. So erhalten die Sämlinge ausgezeichnete Startbedingungen – eine sehr wichtige Voraussetzung, um in einer rauhen und lebensfeindlichen Umwelt zu überleben.

Diese Region Australiens ist auch die Heimat der meisten Grasbaumarten, deren lange, schmale, grasartige Blätter als eine Art Schopf an der Spitze eines bis zu drei Meter hohen Stammes wachsen. Diese Pflanzen gehören allerdings weder zu den Gräsern, noch handelt es sich um Bäume. Vielmehr sind sie entfernte Verwandte der Lilien. Im Gegensatz zu echten Bäumen ist das Innere des Stammes nicht verholzt, sondern besteht aus Fasern, und bei der augenscheinlichen Rinde handelt es sich um eng aneinanderstehende und mit einem Harz verklebte Blattbasen, die jedes Jahr wie ein Ring von Schuppen unterhalb des Blattschopfes zurückbleiben und einen ausgezeichneten Schutz gegen große Hitze darstellen. Diese Ringe bilden sich jedes Jahr, so daß sich an ihnen das Alter der Pflanze ablesen läßt. Dabei kann man schnell feststellen, daß junge Grasbäume in zehn Jahren nur etwa dreißig Zentimeter

△
Banksia-Arten bewahren ihren Samen oft jahrelang in festverschlossenen Balgfrüchten auf (links). Erst nach einem Feuer öffnen sich diese und setzen die Samen frei (rechts).

wachsen; ausgewachsene Exemplare jedoch bilden in unregelmäßigen Abständen dünnere Ringe, so daß manche durchaus fünfhundert Jahre alt sein können und vermutlich schon zahlreiche Feuer überstanden haben.

Wenn ein Feuer einen Grasbaum erfaßt, verbrennt der Blattschopf normalerweise sehr rasch, während der durch seine hitzebeständigen Schuppen geschützte Stamm unversehrt bleibt und schon bald neue Blätter entwickelt. Das Feuer hat aber noch eine andere Wirkung, die zunächst unsichtbar bleibt: Wenn die Vegetation eines Gebietes in Flammen aufgeht, werden große Mengen Äthylen frei. Dieses Gas dringt auch ins Innere der Grasbäume und bewirkt dort eine ganz entscheidende Veränderung, die allerdings erst einige Monate nach dem Feuer sichtbar wird, und zwar in Form eines langen grünen Stengels mit unzähligen winzigen Blüten. Da fast alle ausgewachsenen Bäume einer Gegend nach einem Feuer blühen, gibt vermutlich das bei einem Feuer freiwerdende Äthylen das Signal für die Blütenbildung.

Ein Waldbrand hat aber auch Auswirkungen auf kleinere Pflanzen, sogar wenn sie selbst nicht vom Feuer erfaßt wurden. So ist

Feuer im westaustralischen Busch. Die langen, schmalen Blätter der Grasbäume lodern wie Fackeln, sind aber auch schnell verbrannt, so daß sich das Feuer schon bald weiterbewegt und die endständigen Knospen unversehrt bleiben.
▽

◁

Vier Tage nach
dem Feuer sind
von den Gras-
und Eukalyptus-
bäumen nur
noch verkohlte
Stümpfe übrig.
Die Balgfrüchte
der Banksien
haben sich jetzt
geöffnet.

▷

Sieben Wochen
später sind die
Blätter der Gras-
bäume schon
wieder etwa
dreißig Zentime-
ter groß, während
die Eukalyptus-
bäume und
Banksien noch
kein Lebenszei-
chen von sich
geben.

◁

Dreizehn
Wochen nach
dem Feuer sind
die Blätter der
Grasbäume
schon über einen
halben Meter
lang, während die
Eukalyptus-
bäume gerade
erst auszutreiben
beginnen.

Westaustralien berühmt für die Schönheit seiner unzähligen Blumen, die kurz nach dem Einsetzen der Regenzeit den ganzen Boden bedecken. Die meisten sind einjährige Pflanzen, aber es gibt auch mehrjährige Arten, die, nachdem sie während der Trockenzeit verschwunden waren, nun dank ihrer Zwiebeln und Knollen neu austreiben. Allerdings ist nicht allein der Regen für diese Blütenpracht verantwortlich, sondern auch frühere Brände. Da wurden Substanzen freigesetzt, die sich mit dem Rauch verbreiteten und große Teile des Bodens versiegelten. Wenn es dann – vielleicht Monate später – anfängt zu regnen, werden diese Chemikalien aufgelöst und versickern mit dem Wasser im Erdreich, wo sie mit ruhenden Samen in Berührung kommen. Und genau diese Substanzen regen die Samen zur Keimung an – Wasser allein genügt nicht. Seitdem man das weiß, sind botanische Gärten in aller Welt in der Lage, Samen zum Wachsen zu bringen, bei denen früher alle Wiederbelebungsversuche scheiterten: Sie werden in Zelte gelegt, und dann wird Rauch hineingeleitet.

In Australien sind Waldbrände für das Weiterbestehen bestimmter Pflanzengesellschaften wichtig – in Afrika beeinflussen sie sogar den Charakter weiter Landstriche und regeln das Vorkommen unzähliger Tierarten.

Die typische ostafrikanische Landschaft besteht aus weiten Steppen mit großen Antilopen- und Zebraherden sowie vereinzelten Giraffen und Elefanten. Hier entstehen Waldbrände ebenfalls häufig durch Blitzschlag, aber sie werden auch regelmäßig von Menschen gelegt. Da man annehmen kann, daß die dortigen Bewohner das schon seit mindestens zwanzigtausend Jahren tun, kann man diese Feuer heute fast als ebenso natürlich bezeichnen wie die Existenz der großen Herden.

Das Gras der afrikanischen Steppe wird normalerweise nur kniehoch. In der Trockenzeit verwelkt es und fängt daher leicht Feuer. Einmal entflammt, breitet sich die Front manchmal so schnell aus, daß man schleunigst die Flucht ergreifen muß. Anders ist es, wenn in dieser Gegend mehrere Jahre kein Brand ausgebrochen ist. Dann liegt soviel brennbares Material herum, daß die Gefahr gering ist, vom Feuer überrannt zu werden. Zumeist ist die

Feuerfront sogar so schmal, daß man sie problemlos überspringen kann, ohne sich zu verbrennen.

Auf der anderen Seite angekommen, kann man dann sehen, daß zwar die Blätter der Gräser verbrannt sind, nicht aber ihre auf dem Boden verlaufenden Stengel, so daß sie beim nächsten Regen innerhalb von Stunden neue Schößlinge austreiben werden.

Oft findet man dort auch Akazienkeimlinge. Da die meisten kaum größer als dreißig Zentimeter sind, befanden sie sich im heißesten Teil der Flammen, so daß von ihnen nur ein verkohlter Stengel übrig geblieben ist. Sie sind dem Feuer zum Opfer gefallen, und solange es in diesem Gebiet regelmäßig brennt, wird es Grasland bleiben.

Das kommt besonders den großen Herden entgegen, die sich hauptsächlich von Gras ernähren. Tiere, die unermüdlich das Gras abfressen, gehören nicht etwa zu den schlimmsten Feinden der Steppenpflanzen, sondern ähnlich wie ein Feuer nützen sie den Gräsern sogar. Das hängt damit zusammen, daß Weidetiere die überlebenswichtigen waagerechten Stengel ebenfalls nicht zerstören, sondern nur die zarten Blätter abzupfen, die häufig an ihrer Basis noch spezielle Schwachstellen besitzen, an denen sie besonders leicht abbrechen. Die Keimlinge der Akazien werden dagegen mit Stumpf und Stiel ausgerissen, und so sorgen auch die Weidetiere für den Fortbestand der Gräser.

Wie kommt es aber, daß es in vielen Gebieten dennoch größere Akazienbestände gibt, obwohl die Ansiedlung der Bäume doch nahezu unmöglich gemacht wird? In Jahren, in denen es viel regnet und die Gräser gut wachsen können, nimmt die Zahl der Weidetiere zu. Diese fressen die Steppe derartig kahl, daß selbst ein Feuer keine Nahrung mehr findet. Daraufhin müssen die Tiere abziehen, und das ist ein Glück für die Akazienkeimlinge, denn wenn sie vier oder fünf Jahre nacheinander nicht durch ein Feuer oder durch Weidetiere zerstört werden, steigt ihre Überlebenschance gewaltig. Normalerweise sind sie dann so groß, daß ihre Knospen sich nicht mehr im heißesten Bereich der Flammen befinden, und die Blätter sind häufig schon mit wehrhaften Dornen ausgestattet, so daß viele Weidetiere sie nicht mehr fressen. Dadurch können die jungen Akazien kräftigere Äste entwickeln, die den Gräsern schließlich alles Licht fortnehmen und ihnen so die Lebensgrund-

Elefanten sind nicht nur sehr kräftig, sondern haben außerdem einen gesunden Appetit und ein unverwüstliches Verdauungssystem, so daß sie sich fast alle Teile einer Akazie einverleiben. Dabei werden die Bäume häufig zerstört (Kenia). ▽

lage entziehen. Daher gibt es in der Steppe immer wieder Akazienbestände – manchmal nur wenige Exemplare, oft aber auch quadratkilometergroße Wälder –, wobei alle Bäume etwa die gleiche Größe haben.

Aber der Sieg der Akazien ist zumeist nicht von Dauer. Mit zunehmendem Alter der Bäume bilden sich immer mehr Blätter, und diese ziehen Tiere an, die sich bevorzugt von Akazienlaub ernähren, etwa Giraffen oder Giraffengazellen. Oft tauchen auch Elefanten auf, die ganze Äste abreißen und die Blätter, die Zweige und sogar das Holz der Äste fressen. Dadurch werden viele der Bäume schwer beschädigt, und sind sie erst einmal abgestorben, erreicht das Sonnenlicht wieder den Boden, Gras kann sich aus-

breiten, und damit beginnt ein Kreislauf von vorn, der sich durchaus über ein Menschenalter hinziehen kann.

Man könnte argumentieren, die Elefanten übernehmen mit der Zerstörung der Bäume eine Art Gärtnerrolle und sorgen dafür, daß das von ihnen bevorzugte Gras die besten Wachstumsbedingungen erhält. Mit gleichem Recht kann man aber auch behaupten, die Gräser benutzten die Elefanten, um sich Wachstumsvorteile zu verschaffen. Dadurch, daß sie mehr Blätter bilden, als sie zum Leben benötigen, die außerdem noch so leicht abzurupfen sind, daß an der Pflanze keine größeren Schäden entstehen, zahlen sie ihren Helfern nur eine Art Entschädigung, die sich leicht verschmerzen läßt.

Träfe diese Einschätzung zu, dann wären die afrikanischen Steppengräser nicht die einzigen, die von dieser Technik profitiert hätten: Vor etwa zehntausend Jahren wuchs im östlichen Mittelmeerraum ein kleines Gras, dessen Samen auch nach der Reife noch in den Ähren sitzen blieb. Zur selben Zeit lebten in dieser Gegend ungewöhnlich intelligente, aufrechtgehende Primaten, die sich von der Jagd, aber auch von Wurzeln und Samen ernährten. Da sie begriffen hatten, daß neue Pflanzen sich aus Samen entwickeln, kamen sie auf die Idee, jene Gräser, die sie besonders schätzten, in größeren Mengen in der Nähe ihrer Wohnplätze anzupflanzen. Dazu brauchten sie natürlich Samen, und da war es einfacher, diejenigen zu nehmen, die noch in den Ähren saßen, als welche vom Boden aufzusammeln. Und so entstand eine Allianz, bei der die Gräser einen Teil ihrer Samen an die Menschen abgaben, die im Gegenzug dafür sorgten, daß genau diese Grasart sich unverhältnismäßig stark ausbreiten konnte.

Als die Menschen im Laufe der Zeit immer zahlreicher wurden und immer mehr Nahrung benötigt wurde, begann man große Waldgebiete abzuholzen, um dort die bevorzugten Gräser anzubauen. Auf diese Weise wurde der Weizen zu einer der erfolgreichsten Pflanzen ,die die Erde jemals hervorgebracht hat. Mit Hilfe der Pflanzenzüchtung ist dieses Gras – und mit ihm die Samen – inzwischen sehr viel größer geworden, und es wird überall in Europa, Australien und Nordamerika in großen Monokulturen angebaut. Dafür wurden riesige Wälder abgeholzt, und die Prärie, in der es früher unzählige verschiedene Pflanzen gab, wurde um-

Die Prärien Nordamerikas, einst Heimat unzähliger verschiedener Pflanzen und riesiger Büffelherden, sind heute fest in der Hand des Menschen – und des Weizens.
▽

gepflügt, um anschließend Weizen darauf anzubauen. Dank der Hilfe des Menschen muß der Weizen nicht mehr um sein Überleben kämpfen.

5   Zusammenleben

Riffbildende Korallen sind Tiere, auch wenn sie immer wieder als Pflanzen bezeichnet werden. Allerdings ist dieser Fehler leicht zu verstehen, denn Korallen sind Pflanzen auf den ersten Blick nicht unähnlich: Einige erinnern an kleine Büsche mit aufrechten Zweigen; andere sehen aus wie riesige Polsterpflanzen, oder sie bilden große, aufrechte Fächer, die denen der Akazien in der afrikanischen Steppe gleichen. Und alle sind – genau wie Pflanzen – auf Licht angewiesen, können also in trübem Wasser oder in großen Tiefen, in die kein Sonnenlicht vordringen kann, nicht gedeihen.

Schwimmt man indessen zwischen den Korallen umher, wird ihre tierische Natur schnell deutlich, denn dann sind Unmengen kleiner Gebilde zu erkennen, die an Seeanemonen erinnern: die sogenannten Korallenpolypen, die durch ihre Kalkausscheidungen die riesigen Korallenriffe geschaffen haben. Jeder Polyp ist mit seinen Nachbarn durch dünne Zellfäden verbunden, die in winzigen Röhren des Kalksteins verlaufen, und jeder sitzt in einem klei-

◁
Eine pflanzenähnliche Steinkoralle, die in den klaren Gewässern am Großen Barriereriff wächst.

▷
In der Wand dieses kleinen Korallenpolypen sind winzige bräunliche Objekte zu erkennen. Dabei handelt es sich um Mikroalgen, mit denen der Polyp zusammenlebt.

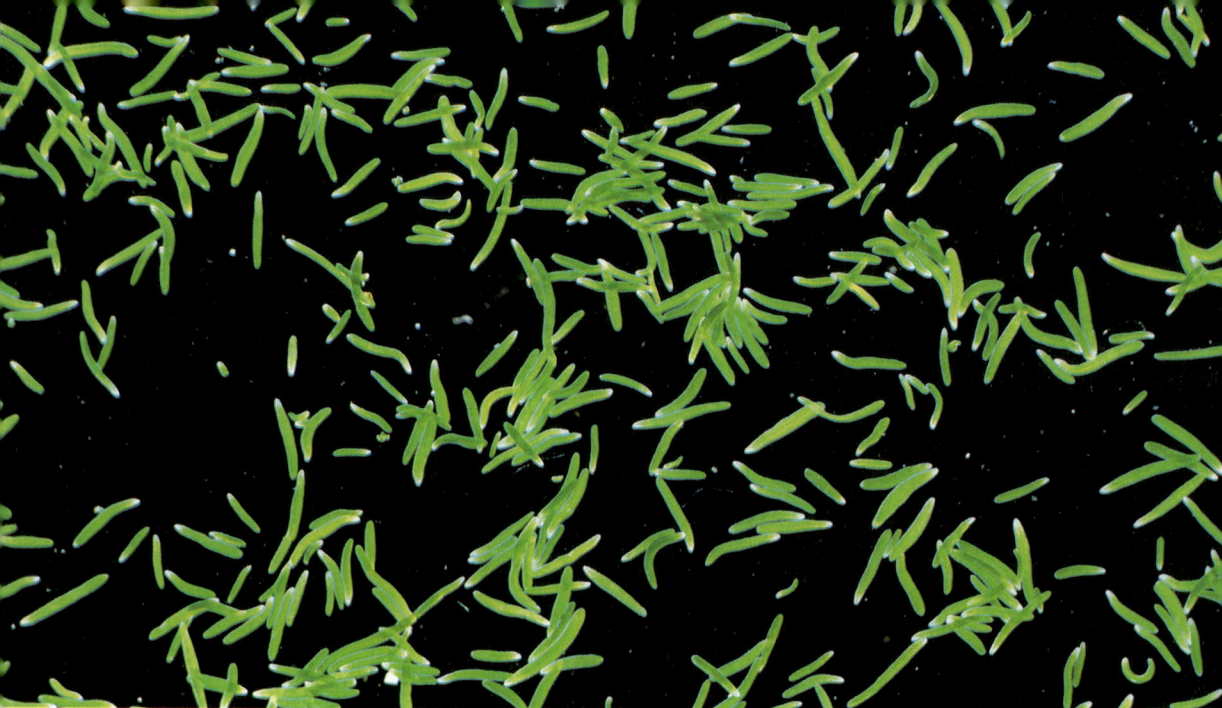

nen Kelch, aus dem er immer wieder seine Tentakeln streckt, um Futter aus dem Wasser zu filtrieren.

Aber warum haben diese Tiere, die Korallen, ein so auffällig pflanzenähnliches Aussehen? Weil im Gewebe der Polypen Pflanzen eingeschlossen sind, winzige, aber dennoch zur Photosynthese fähige Algenzellen, und für deren Wohlergehen muß der Polyp sorgen, etwa dadurch, daß er den Kelch so anlegt, daß seine Untermieter noch ausreichend mit Sonnenlicht versorgt werden.

Diese Algen kommen jedoch nicht nur in den Korallen, sondern auch freilebend im Meer vor. Speziell in den Korallengewässern können sie allerdings allein nicht gut existieren, da diese sehr arm an Nährstoffen sind, Algen aber, wie andere Pflanzen auch, Nitrate und Phosphate benötigen. Und genau diese Stoffe sind in den Ausscheidungen der Korallenpolypen enthalten. Daher sind die Algen, die im Gewebe der Korallen leben, nicht nur ausreichend mit den lebenswichtigen Rohstoffen versorgt, sondern außerdem auch gut vor ihren Freßfeinden geschützt.

Allerdings verlangen die Korallen von ihren Bewohnern eine gesalzene Miete, denn sie scheiden ein Verdauungssekret aus, das die Algenzellen durchlässig macht, so daß etwa achtzig Prozent der von der Pflanze hergestellten Photosyntheseprodukte in den Polypen diffundieren. Dadurch sind die Korallen so gut mit Nährstoffen versorgt, daß sie genügend Energie für den Aufbau ihres

△ *Diese kleinen Meereswürmer verdanken ihre grüne Farbe den Algen, die sie in ihr Gewebe eingeschlossen haben. Bei Ebbe liegen die Würmer auf dem Sand, damit die Algen das Sonnenlicht zur Photosynthese nutzen können. Kommt die Flut, graben sie sich, wie viele andere Meereswürmer auch, wieder im Sand ein (Nordeuropa).*

schützenden Kalkskeletts aufbringen können. Außerdem bilden die Algen eine Art starker Sonnenschutzcreme, mit der nicht nur sie selbst, sondern auch die Polypen vor der gefährlichen ultravioletten Strahlung, die in tropischen Gewässern besonders stark ist, geschützt sind.

Es gibt noch andere Meerestiere, die eine Partnerschaft mit Algen eingegangen sind. Der kleine Palau-Archipel im Westpazifik verdankt seine Existenz einem alten Korallenriff, das sich einst um den Gipfel eines erloschenen Vulkans bildete. Vor etwa zwanzigtausend Jahren hob sich der Meeresboden dann so weit, daß sich das Riff oberhalb der Wasseroberfläche befand. Später kam es an einigen Stellen zu Einbrüchen, die sich mit Meerwasser füllten. Die meisten dieser Tümpel behielten ihre Verbindung zum Meer durch Zuflüsse aufrecht, aber einer ist heute mit dem Ozean nur durch die unzähligen winzigen Röhren verbunden, über die einst auch die Korallen miteinander verknüpft waren. Diese Verbindungskanäle sind so schmal, daß kein größeres Lebewesen hindurchschwimmen kann. Allerdings gelangen mit dem Wasser, das vom Meer ständig durch die Röhren gedrückt wird, eine Unzahl mikroskopisch kleiner Larven, darunter auch solche von Quallen, in den Tümpel, und sind diese erst einmal ausgewachsen, können sie nicht mehr in den Ozean zurück. Daher drängen sich in dem Gewässer, das einen Durchmesser von weniger als zweihundert Metern hat, Milliarden von Quallen zusammen.

Nun müßte man eigentlich annehmen, in einem solchen Tümpel sei viel zuwenig Futter vorhanden für die unzähligen Quallen, die sich normalerweise von kleinen Fischen und anderen Tieren ernähren, doch die Quallen werden von Algen, die in ihrem Gewebe leben, mit Nährstoffen versorgt. Das bedeutet aber auch, daß die Quallen sonnendurchflutete Zonen aufsuchen müssen, damit ihr interner Garten gesund und ertragreich bleibt. Und so bewegt sich jeden Morgen eine große Quallen-Armada zum Westufer des steilwandigen Tümpels, wo die Sonnenstrahlen das Meer zuerst erreichen, um dann während des Tages dem Lauf der Sonne zu folgen, wobei die Tiere oft einen Pulk bilden, der sich bis sechs Meter in die Tiefe erstreckt. Wenn die Sonne untergegangen ist, schwimmen die Quallen in die unteren Regionen des Gewässers hinab, wo das trübe Wasser reich an Moderstoffen und Nitraten ist, damit

◁

Ein sich dem Sonnenlicht zuwendender Quallenschwarm im Jellyfish-Lake auf Palau, einer Insel im Westpazifik.

Auch in speziellen Zwischenräumen der fleischigen Lippen der riesigen Mördermuschel leben Algen (Malaysia).

▽

sich die Algen dort mit den Substanzen versorgen können, die sie außer dem Sonnenlicht noch benötigen.

Ein solches Verhalten ist für diese recht primitiv gebauten Tiere bemerkenswert, aber der dahintersteckende Mechanismus ist relativ einfach: Die Quallen besitzen Sinnesorgane, mit denen sie unterschiedliche Lichtintensitäten wahrnehmen können, so daß sie ihre glockenförmigen Körper nur nach der Sonne ausrichten müssen, um die notwendigen täglichen Wanderungen unternehmen zu können.

Auch die Mördermuschel beherbergt Algen in ihrem Körper, allerdings sind diese nicht in die Zelle integriert, sondern sitzen in Zwischenräumen direkt unter der Außenhaut des Mantels. Dieser ist mit Linien und Flecken gezeichnet, bei denen es sich um durchscheinende Bereiche handelt, die das Licht, wie von Linsen gebündelt, zu den Algen weiterleiten. Wenn diese sich gut vermehrt haben, verändert die Muschel die Zusammensetzung ihrer Körperflüssigkeit, so daß ein Teil der Algen verdaut wird.

Von allen tierischen Riffbewohnern, die in ihrem Inneren Al-

gen beherbergen, sind die Meeresnacktschnecken die ungewöhnlichsten. Sie besitzen im Gegensatz zu vielen ihrer Verwandten
kein Gehäuse mehr, so daß sie ihren Feinden ziemlich schutzlos
ausgeliefert sind. Dafür sind sie in der Färbung den Korallen, von
denen sie sich ernähren, so gut angepaßt, daß die Tiere im Riff
kaum zu erkennen sind. Die Schnecken verdanken ihre perfekte
Tarnfarbe den Algen, die in ihrem Gewebe leben, denn diese wurden von der Schnecke aus den abgefressenen Korallenpolypen
isoliert und dann im eigenen Körpergewebe einquartiert.

Eine Nacktschnecke, die im Großen Barriereriff in Australien
lebt, hat diese Praxis sogar noch weiter perfektioniert. Sie ist in der
Lage, die gefangenen Algen so zu stimulieren, daß sie sich schneller vermehren als gewöhnlich. Um die große Zahl der Algen un-
terbringen zu können, besitzt der Darm der Schnecke zusätzliche
Verästelungen, deren Verlängerungen in Form blattähnlicher Ten-
takel auch äußerlich zu erkennen sind. Nachdem diese Auswüchse
prall mit Algen gefüllt sind, verläßt die Schnecke den Korallen-

*Diese Meeres-
nacktschnecke
aus dem Barrie-
reriff hält sich
lebende Algen-
kolonien auf den
Tentakeln auf
ihrem Rücken.
Und da es so
viele Algen sind,
kann die
Schnecke voll-
ständig von den
Substanzen
leben, die die
kleinen Pflanzen
produzieren.*
▽

stock, von dem sie sich bisher ernährt hat, und kehrt dann nur noch selten in ihre früheren Weidegründe zurück, da ihr interner Garten sie jetzt mit der notwendigen Nahrung versorgen kann.

Da Pflanzen von allen möglichen Tieren in irgendeiner Form ausgenutzt werden, erscheint die Tatsache, daß einige von ihnen Algen in ihren Körper einlagern und für eigene Zwecke ausnutzen, nicht besonders überraschend. Bemerkenswerter ist der umgekehrte Fall, wenn Tiere in Pflanzen leben – und zwar zum Vorteil der Pflanzen.

Häufig handelt es sich bei diesen Bewohnern um Ameisen, die in verschiedensten Pflanzen Unterschlupf suchen, beispielsweise in Rotangpalmen. Die meisten Palmen haben unverzweigte Stämme und wachsen nur mit einer einzigen, an der Spitze sitzenden Knospe. Wird diese zerstört, stirbt der Baum ab, so groß er auch sein mag. Und natürlich ist gerade diese Wachstumszone ein beliebtes Futter für viele Tiere, so daß die Rotangpalme ihre Spitze mit sehr spitzen Stacheln schützt. Einige Arten besitzen noch einen weiteren Abwehrmechanismus, wie jeder schmerzhaft erfahren muß, der sich dieser Zone nähert. Plötzlich ertönt ein Zischen, das sich rasch in ein pulsierendes Klopfen verwandelt. Die erste Vermutung, man habe eine Schlange aufgestört oder sei an ein Wespennest geraten, stellt sich sehr schnell als falsch heraus, denn das Geräusch kommt aus der Rotangpalme.

Und bald sieht man dann auch, wer es verursacht – kleine schwarze Ameisen, die aus einem Loch in einer der trockenen, braunen Spelzen unterhalb der Blattstiele gekrochen kommen und mit den Köpfen wütend gegen ihre Behausung schlagen. Und natürlich alarmiert das Geräusch schnell weitere Ameisen aus den Höhlen benachbarter Spelzen, so daß es nicht lange dauert, bis die Palme auf einer Länge von mehreren Metern zu rascheln und zu zischen scheint – eine eindeutige Warnung, die Palme nicht weiter zu behelligen.

Wie es scheint, werden die Ameisen von der Rotangpalme nicht für ihre Schutzfunktion belohnt, sieht man einmal davon ab, daß den Insekten Unterschlupf in den abgestorbenen Spelzen gewährt wird. Bei genauem Hinsehen stellt man jedoch fest, daß es eine indirekte Entlohnung gibt: Die Ameisen unterhalten Blattlausherden, die sich vom Saft der Rotangpalme ernähren und dabei von

Zeit zu Zeit am Hinterleib eine Flüssigkeit absondern – den sogenannten Honigtau –, die von Ameisen gern gefressen wird. Die
Rotangpalme sichert sich also dadurch, daß sie den Blattlausherden der Ameisen Weidegründe zur Verfügung stellt, eine Horde
angriffslustiger Leibwächter für die empfindliche Knospe.

Ab und zu wird allerdings ein Umzug nötig: Die Rotangpalme
wächst schnell weiter und produziert dabei immer neue Blätter –
und parallel dazu wandern auch die Ameisen auf dem Stamm nach
oben, wobei sie ihre Larven und Blattlausherden mitnehmen.
Möglicherweise sind diese Umzüge notwendig, weil die Blattläuse
ihre Ausscheidungen nur dann abgeben, wenn sie an jungem, zarten Rotanggewebe saugen können.

Die Entstehung einer solchen Partnerschaft ist leicht nachvoll-
ziehbar. Ameisen leben gern in kleinen Höhlen, und die schützenden Spelzen der Rotangpalmen stellen für sie ganz augenscheinlich gute Behausungen dar.

Bei den Akazien findet man ein vergleichbares Phänomen. Sie besitzen zur Abwehr gegen herumstreifende Weidetiere lange, harte
Dornen, wobei die der südamerikanischen Kugelkopfakazie mehrere Zentimeter lang werden können. Diese Abwehrwaffen werden nicht nur aufgrund ihrer Größe gefürchtet, sondern auch, weil
viele Dornen schon kurz nach ihrer Bildung von einer bereits befruchteten Ameisenkönigin bezogen werden, die ein Loch in den
hohlen Dorn nagt, um dort ihre Eier abzulegen.

Die daraus ausschlüpfenden Arbeiterinnen patrouillieren dann
täglich auf den Blättern und jungen Trieben in der Nähe ihrer
Höhle und jagen die Insekten, die von den Blättern der Akazie
fressen wollen, was dem Baum natürlich nur recht ist. Und
während die Königin weiter Eier legt, wächst die Kolonie zu einer
solchen Größe heran, daß die Arbeiterinnen bald auf andere Äste
ausweichen und dort häufig auch Quartier beziehen. Unweigerlich
stoßen sie dabei irgendwann auf Ameisen einer anderen Kolonie,
und es kommt zu einer harten Auseinandersetzung: Die Tiere
reißen sich oft gegenseitig die Gliedmaßen ab oder schmeißen ihre
Gegner vom Baum, bis in der Regel nur die stärkere Kolonie
übrigbleibt.

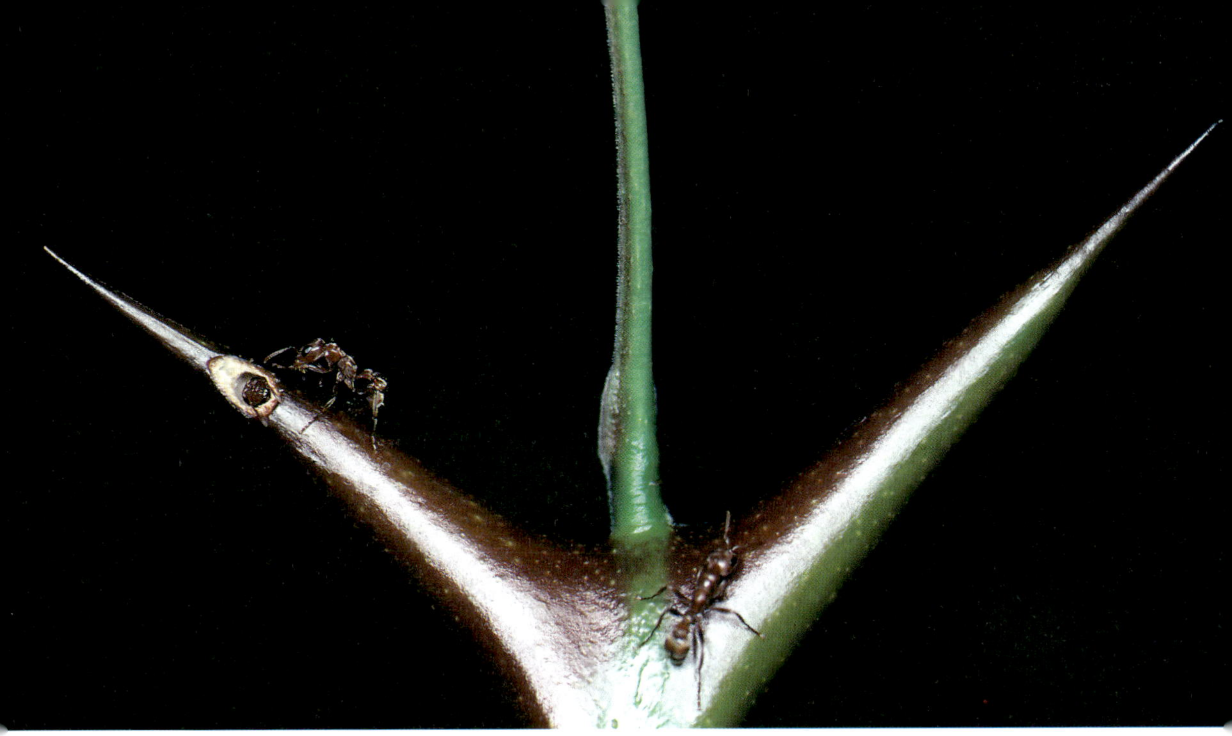

△
Ameisen verlassen ihren Bau in den hohlen Dornen einer Akazie.

Die Akazien versorgen ihre Untermieter mit Nektar, der von Drüsen an den Stengeln produziert wird.
▽

Allerdings kämpfen die Ameisen nicht nur um ihre Behausung in den Dornen, sondern verteidigen auch eine ihrer Futterquellen, einen von den Akazien produzierten, ganz speziellen Nektar. Dieser entsteht in Drüsen, die sich nicht wie sonst üblich innerhalb der Blüten befinden, sondern an den Blattstengeln. Außerdem wird er das ganze Jahr über hergestellt. Daneben bieten die sogenannten Ameisenbrötchen, die an den Spitzen junger Blätter gebildet werden, auch noch fett- und proteinreiche Nahrung in fester Form.

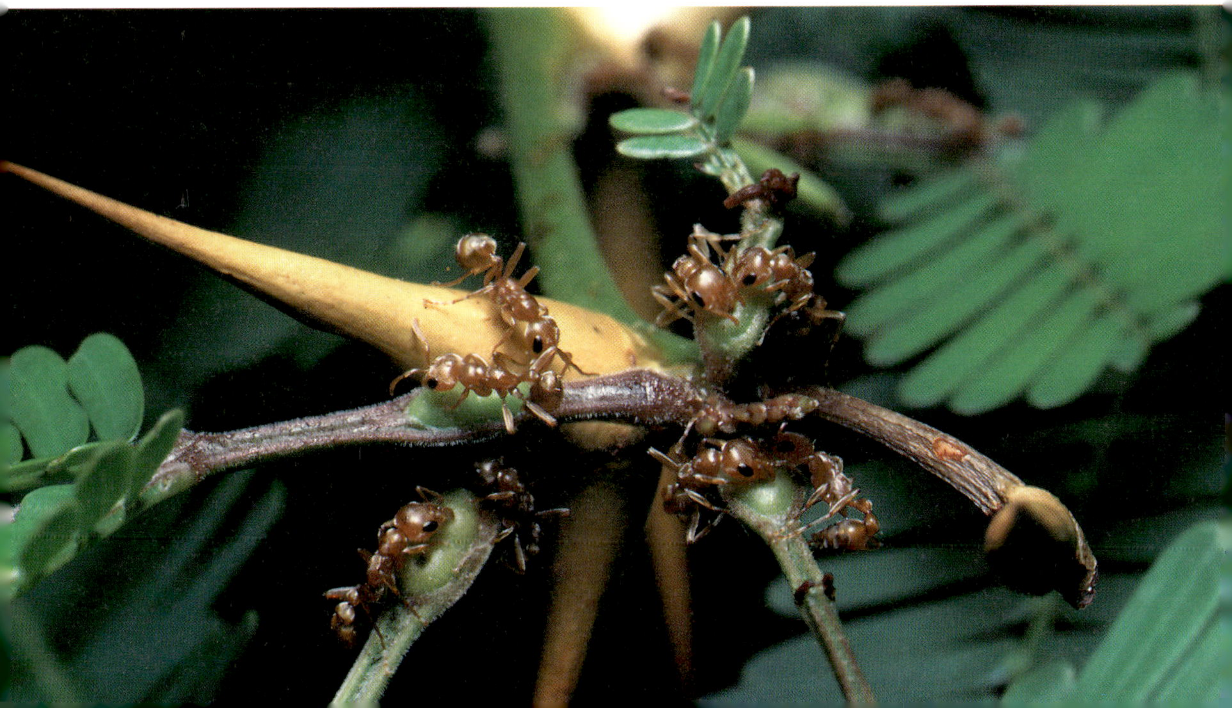

Diese ist den Nahrungsbedürfnissen der Ameisen so perfekt angepaßt, daß sie direkt an die Larven verfüttert werden kann. Dazu zerteilt die Arbeiterin die Brocken in kleine Teile und stopft sie in eine spezielle Tasche, die sich auf der Brust der Larve befindet: So kann diese sich bei Bedarf selbst versorgen.

Und was hat die Akazie von dieser Großzügigkeit? Wie bereits erwähnt, sorgen die Ameisen dafür, daß die Blätter des Baumes nicht von Insekten gefressen oder ausgesaugt werden – eine sehr wichtige Hilfe für den Baum, denn wenn man die Dornen mit den darin lebenden Untermietern entfernt, geht das Wachstum stark zurück, und einige Bäume sterben sogar ab. Daneben sind die Ameisen den Bäumen noch auf andere Art zu Diensten, die den Insekten selbst nichts nützt: Sie laufen regelmäßig auf den Erdboden hinunter und zerstören sämtliche Keimlinge anderer Pflanzen, die in einem Umkreis von etwa dreißig Zentimetern um den Baum wachsen, so daß die Akazien in diesem Bereich keine Konkurrenz zu fürchten brauchen. Außerdem lassen die Ameisen es nicht zu, daß ihrem Wirt die Äste von Nachbarbäumen ins Gehege kommen. Berührt ein fremder Zweig die Akazie, laufen die Ameisen hinüber und zerstören einen Großteil der Blätter und Knospen, so daß dieser Teil des Astes abstirbt.

Mitglieder aus einer anderen Gruppe dieser sogenannten Ameisenpflanzen wachsen häufig epiphytisch auf Mangroven und leiden daher unter Mineralsalzmangel. Diesem Problem begegnen sie dadurch, daß sie Ameisen mit besonders komfortablen Unterkünften anlocken, nämlich mit einer fußballgroßen Anschwellung am Pflanzenstiel, die durch Dornenwurzeln geschützt und vollständig mit Gängen und Kammern durchsetzt ist. In einer dieser Kammern sitzt die Königin und produziert ununterbrochen Eier, andere dienen der Aufzucht von Larven. Normalerweise haben die Behausungen glatte und kaum gefärbte Wände, aber es gibt einige, die dunkler gefärbt und mit warzigen Auswüchsen bedeckt sind. In ihnen deponieren die Ameisen ihre Ausscheidungen und die Reste ihrer Insektenmahlzeiten, die zumeist reich an Phosphaten und Nitraten sind, also an den Substanzen, an die Epiphyten aufgrund ihres luftigen Wuchsplatzes und des damit verbundenen fehlenden Kontakts der Wurzeln zum Erdboden besonders schwer herankommen. Diese Stoffe werden von den Pflanzen über die warzigen

◁
An den Spitzen der Blattfiedern einiger Akazien sitzen sogenannte Ameisenbrötchen, kleine fett- und proteinreiche Nahrungsbrocken, die von den Ameisen gesammelt werden (Costa Rica).

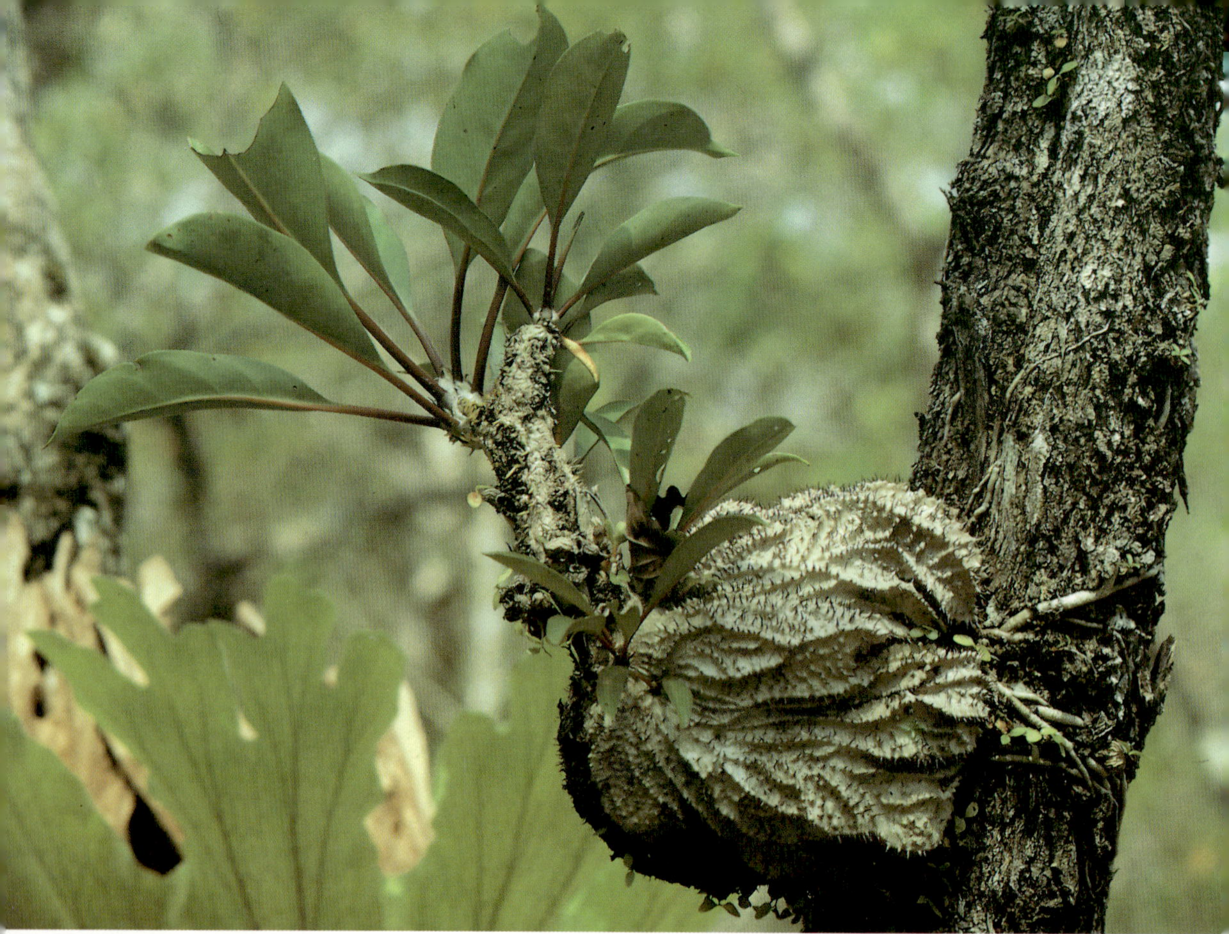

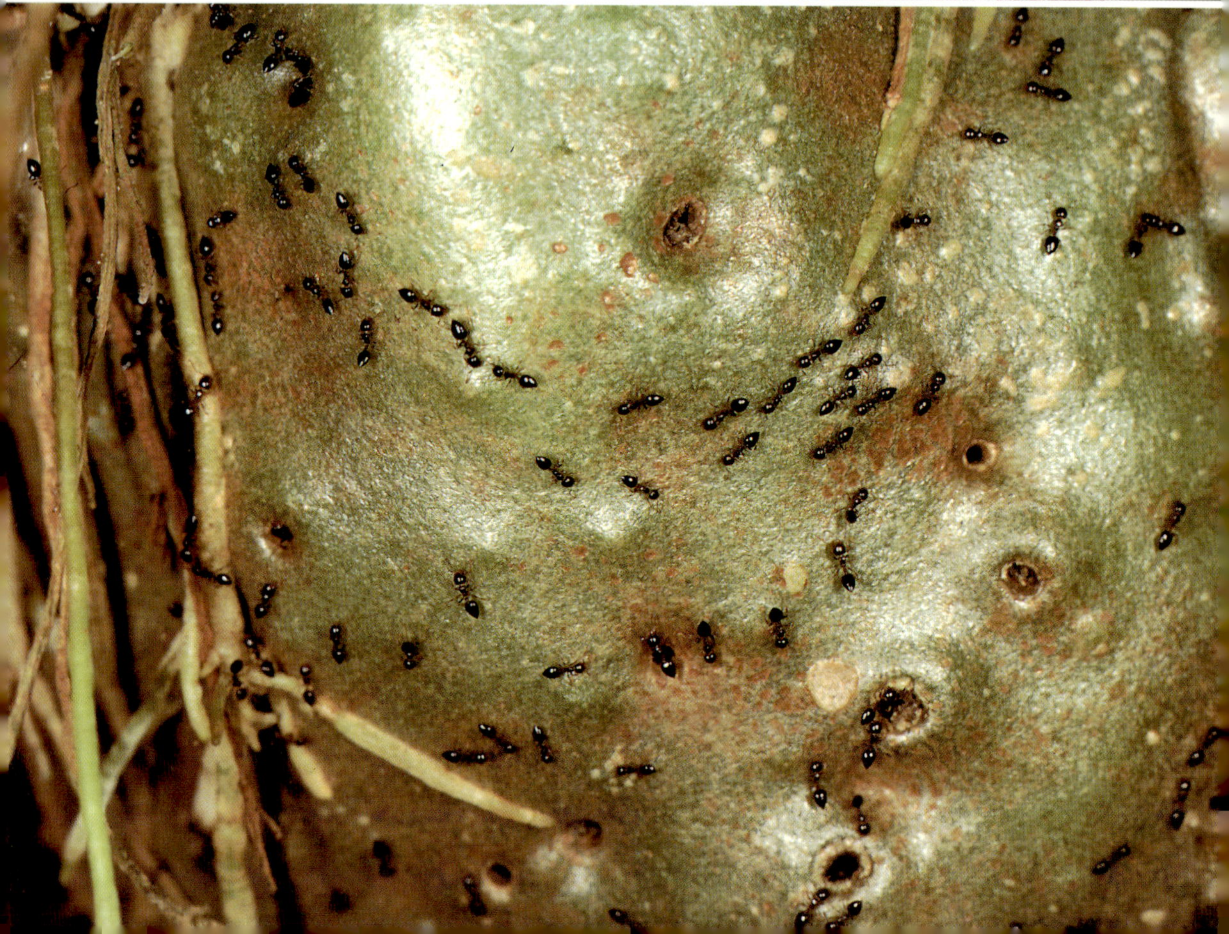

Wände aufgenommen, so daß sie in den Mangrovensümpfen, einem für die meisten Pflanzen unbewohnbaren Lebensraum, gut zurechtkommen. Allerdings ist das nur möglich, weil die Ameisen als Untermieter die Pflanzen füttern, ihnen also eine anständige Miete zahlen.

Pflanzen unterhalten aber nicht nur enge Partnerschaften mit Tieren, sondern auch mit Pilzen. Das ist insofern etwas überraschend, als es unter den Pilzen viele Krankheitserreger gibt, die den Pflanzen schwere Schäden zufügen können. Das Auftauchen der zahlreichen Fruchtkörper eines Riesenporlings am Stamm einer alten Eiche wird oft als Zeichen einer tödlichen Krankheit angesehen, aber in Wahrheit ist der Pilz häufig der Retter des Baumes.

Der größte Teil des Stammes ausgewachsener Bäume besteht aus abgestorbenen Zellen; lebendes Gewebe ist nur in einer dünnen Schicht direkt unter der Rinde vorhanden. Deren innere Zellen verwandeln sich regelmäßig in festeres Gewebe und vergrößern auf diese Weise den Umfang des Stammes. Später

verholzen sie und bilden so das Stützgewebe des Baumes. Allerdings stirbt dieses Gewebe dabei ab, so daß beispielsweise eine Eiche, die während ihres Lebens einen Großteil ihrer Energiereserven verbraucht hat, um die verholzten Zellschichten herzustellen, ihren Einsatz nicht aus eigener Kraft zurückbekommen kann, sondern nur mit Hilfe von Pilzen.

Gelangt eine einzelne Pilzspore, die ja nicht größer ist als ein Staubkorn, in eine Wunde am Stamm eines Baumes, keimt sie dort aus und wächst in Form eines dünnen Hyphenfadens durch die einzelnen lebenden Zellschichten des Baumes bis in das darunterliegende verholzte Gewebe. Dort setzt sich der Pilz dann fest, wobei sich manche Arten von der farblosen Zellulose ernähren, während andere Lignin verwerten, jene feste, braune Substanz, die bei der Verholzung in die Zellen eingelagert wird. Danach bleibt der Pilz oft viele Jahre unsichtbar, bis der Baum vielleicht von einem Blitz getroffen wird, bei einem Sturm einen großen Ast verliert oder allein aufgrund seines Alters ein wenig schwächlich zu werden beginnt. Dann fangen die Hyphen plötzlich erstaunlich schnell an zu wachsen, und dabei zerfällt das Innere des alten Baumes.

△
Die aus einem alten Stamm herausgewachsenen Fruchtkörper eines Riesenporlings werden häufig als Zeichen des Verfalls gedeutet. Tatsächlich kann der Pilz das Leben des Baumes jedoch verlängern.

Erst in diesem Stadium wird sichtbar, ob in einem Baum ein Pilz lebt, denn nun erscheinen schon bald irgendwo am Stamm die großen Fruchtkörper, die beim Riesenporling einen Durchmesser von bis zu neunzig Zentimetern haben können und aus denen dann Unmengen von Sporen freigesetzt werden. Man schätzt, daß ein ausgewachsener Riesenporling zwanzig Millionen Sporen pro Minute produzieren kann, und das über einen Zeitraum von bis zu fünf Monaten. Da der Pilz immer erst sichtbar wird, wenn der Baum schon alt und angeschlagen ist, glauben viele, er sei für das Siechtum verantwortlich und würde nun schnell für das endgültige Absterben des Baumes sorgen. Aber das trifft nicht zu. Da der Pilz nur die bereits toten Teile des Baumes befallen hat, wirkt sich seine Anwesenheit für die Pflanze sogar positiv aus.

Der Baum kann durch die Tätigkeit des Pilzes einige Substanzen des zuvor unverwertbaren Holzes wieder aufnehmen. Und so bildet beispielsweise eine Eiche, kaum daß das verrottete Innere des Stammes auf den Boden gefallen ist, an dieser Stelle kleine Wurzeln, die dafür sorgen, daß der eigentliche Eigentümer einen Teil der zuvor angehäuften Energiereserven noch verwenden kann. Und es gibt weitere verwertbare Nährstoffe, denn ein hohler Baum zieht zahlreiche Tiere an, etwa Fledermäuse oder Eulen, und deren Kot landet größtenteils vor der Höhle, was ebenfalls dem Baum zugute kommt.

Das Entfernen der abgestorbenen inneren Teile eines Baumes hat noch einen Vorteil: Der Wechsel von einer zuvor starren Holzsäule zu einem Hohlzylinder verändert die Belastbarkeit des Stammes bei mechanischer Beanspruchung. Er ist jetzt elastischer und stabiler; außerdem werden nach Entfernung von einigen Tonnen Holz die ebenfalls altersschwachen Wurzeln weniger beansprucht. Daher ist ein hohler alter Baum oft besser in der Lage, einen Sturm zu überstehen, als ein junger mit massivem Stamm. In den Parks englischer Landsitze wie Windsor, wo die Bäume dem Wind schutzlos ausgeliefert sind, findet man deshalb hohle vier- oder fünfhundert Jahre alte Eichen nach einem Sturm oft noch unversehrt, während sehr viel jüngere umgestürzt sind. Baum und Pilz haben also ein Zusammenleben entwickelt, das beiden nützt, obwohl beide im Grunde nur ihre eigenen Interessen verfolgen. Eine glückliche Verbindung also, die erst relativ spät in der Entwicklungsgeschichte beider Arten begann, aber inzwischen so oft vorkommt, daß man sie beinahe als echte Partnerschaft bezeichnen könnte.

Die engste Beziehung zwischen Pflanzen und Pilzen entwickelte sich noch sehr viel früher in der Evolution. Damals schwammen gerade die ersten einzelligen Pflanzen in den Gewässern umher, so wie es heute noch viele Algen tun, und als es vor etwa vierhundert Millionen Jahren einige von ihnen schafften, sich auch an den feuchten Ufern der Süßwasserseen anzusiedeln, trafen sie mit Pilzen zusammen, die ebenfalls versuchten, das Land zu erobern.

Dort wo Pflanzen wachsen, gibt es immer auch abgestorbene Pflanzenreste, und an denen werden die Pilze interessiert gewesen sein, denn sie sind ja nicht selbst in der Lage, Photosynthese zu betreiben, um auf diese Weise komplexe organische Substanzen herzustellen. Dafür schieden sie damals wie heute Säuren aus, mit denen sie Mineralien aus den Gesteinen und dem Erdboden herauslösten, und so ergänzten sich die beiden Organismengruppen ausgezeichnet: Die Pilze bekamen Zucker und Stärke, die Pflanzen dagegen Mineralsalze. Und als die Pilze dann auch noch begannen, die Algen fest in ihr Hyphengeflecht zu integrieren, war das der Beginn einer engen Partnerschaft.

Und die hat in Form von etwa zwanzigtausend verschiedenen Arten bis zum heutigen Tag Bestand. Dabei ist die Bindung zwischen den beiden Partnern so eng, daß die frühen Naturforscher die Doppelnatur dieser Organismen gar nicht erkannten und ihnen einen gemeinsamen Namen gaben – Flechten.

Manche von ihnen bilden auf Felsen dünne, rot, blau, gelb, grün oder sogar schwarz gefärbte Überzüge; andere sind blatt- und strauchförmig und können mehrere Zentimeter hoch werden. Die äußere Rinde, die dafür sorgt, daß möglichst wenig Feuchtigkeit aus dem Innern entweichen kann, wird von den eng verflochtenen Hyphen des Pilzes gebildet. Darunter liegt eine Schicht aus Algen, die auf diese Weise nicht nur vor dem Austrocknen, sondern auch vor der gefährlichen ultravioletten Strahlung geschützt ist, während das Innere des Flechtenthallus wieder aus lose miteinan-

▷
Einige Flechten bilden flache, krustenartige Überzüge auf Felsen, aus denen sie Mineralsalze herauslösen (Antarktis). Andere werden dagegen mehrere Zentimeter hoch (unten) und können dann wie kleine Büsche oder Sträucher aussehen (Frankreich).

der verwobenen Pilzhyphen besteht, die Nährstoffe und Wasser speichern.

Diese Lebensgemeinschaft hat sich als außerordentlich erfolgreich erwiesen. So wachsen Flechten an Standorten, die weder Pflanzen noch Pilze alleine besiedeln könnten. Im Himalaya kommen sie noch in einer Höhe von fünftausendvierhundert Metern vor, und in der Antarktis findet man sie auf etwa fünfhundert Kilometer vom Südpol entfernten Felsen, also in einer Region, in der aufgrund der großen Kälte ein Wachstum nur an wenigen Tagen im Jahr möglich ist.

Flechten können aber auch Temperaturen aushalten, die so hoch sind, daß die meisten solitär lebenden Pflanzen und Pilze absterben würden. Als Gemeinschaft schrumpfen sie dagegen nur zusammen und nehmen, sobald sich die Gelegenheit bietet, sehr schnell wieder Feuchtigkeit auf – bis zur Hälfte ihres eigenen Trockengewichts in nur zehn Minuten.

Der Pilz-Partner dieser Lebensgemeinschaft pflanzt sich durch Sporen fort, und natürlich ist jede der Millionen Sporen, die aus

△
Auch bei diesen langen, bartähnlichen Baumbehängen handelt es sich um Flechten (Argentinien).

△
Flechten gehören zu den wenigen Organismen, die selbst dem rauhen Klima der Antarktis trotzen können.

einem solchen Fruchtkörper freigesetzt werden, prinzipiell in der Lage, eine neue Flechte zu bilden. Allerdings muß sie dazu einen Algenpartner finden, und wie das genau geschieht, ist noch nicht geklärt. Um dieser Schwierigkeit aus dem Weg zu gehen, bilden einige Arten kleine Anhänge, in denen sich Pilzhyphen und Algenzellen befinden und die leicht abbrechen. Diese Anhänge werden durch den Wind verbreitet oder unabsichtlich von Insekten mitgeschleppt und können dann an einem geeigneten Standort relativ leicht zu einer neuen Flechte heranwachsen.

Der Algenpartner ist bei vielen Arten übrigens in der Lage, allein zu wachsen – oft sogar schneller als in der Gemeinschaft –, ganz im Gegensatz zu den Flechtenpilzen. Unter diesem Gesichtspunkt kann man den Pilz auch als den beherrschenden Partner ansehen, der seinen Kompagnon in Gefangenschaft hält. Unter sehr ungünstigen Wachstumsbedingungen geht der Pilz, als wolle er diese Auffassung bestätigen, tatsächlich dazu über, einige der Algen abzutöten und auszusaugen.

Ihre wichtige Rolle für das Leben auf der Erde können Flech-

ten aber nur als Lebensgemeinschaft wahrnehmen. Sie gehören zu den Erstbesiedlern extremer Standorte, wachsen also dort, wo andere Lebewesen nicht existieren können, und sorgen, wenn sie abgestorben und zerfallen sind, dafür, daß etwas fruchtbares Substrat zurückbleibt, auf dem sich dann andere Organismen ansiedeln können.

Flechten stellen indessen nicht die einzige Lebensgemeinschaft dieser Art dar. Einige der Algen, die als erste den Sprung vom Wasser aufs Land schafften, entwickelten sich später zu komplexeren Strukturen, die dichte, grüne Felsüberzüge oder bodenbedeckende Matten bildeten. Bei ihnen handelte es sich um Urahnen des Mooses, die zwar zur Photosynthese fähig waren, aber die für

△
Flechten bilden ihre Sporen in Fruchtkörpern, die bei dieser Becherflechte rot gefärbt sind. Bei vielen Arten gibt es außerdem Strukturen, in der Teile des Pilzes und Algen gemeinsam verbreitet werden.

diesen Prozeß nötigen Mineralsalze nur über die Oberfläche aufnehmen konnten, da sie keine Wurzeln besaßen, sondern nur Haftfäden, um sich am Untergrund festzuhalten.

Natürlich war es auch für diese Pflanzen ein Vorteil, höher hinauszuwachsen, um mehr Licht einzufangen. Aber dazu bedurfte es eines kräftigeren Stengels, und der mußte wiederum fester im Boden verankert werden, so daß es schließlich zur Bildung echter Wurzeln kam. Und diese werden im Boden sehr bald auf Pilzhyphen gestoßen und mit ihnen eine physische Verbindung eingegangen sein, was wiederum große Vorteile für beide Partner brachte, denn diese Gemeinschaft hat sich bis in die Gegenwart erhalten, und man weiß heute, daß sogar mehr als drei Viertel aller Pflanzen einen Pilzpartner haben.

Viele Menschen halten die dicken, langen Wurzeln für die wichtigsten unterirdischen Teile eines Baumes, aber in Wahrheit dienen sie fast ausschließlich der Verankerung. Die Aufnahme von Wasser und Nährstoffen erfolgt über winzige Wurzelhaare, die sich normalerweise nur wenige Zentimeter unter der Erdoberfläche befinden. Und dort befinden sich auch sehr viele Pilzhyphen, die mit der Rindenschicht der Wurzelhaare eine mehr oder weniger feste Bindung eingegangen sind. Dabei umgeben einige die Wurzel in ganzer Länge wie ein Handschuh, andere sind auf die Spitze des Wurzelhaares beschränkt. Auf jeden Fall breiten sich die Hyphen wie ein feines Maschengewebe im Boden aus und erreichen dadurch einen viel größeren Bereich, als es die Wurzeln allein könnten. Manche gehen sogar Verbindungen mit den Hyphen anderer Bäume ein, so daß der ganze Waldboden oft von einem dichten, zusammenhängenden Hyphengeflecht durchzogen ist. Nachgewiesen wurde das durch radioaktive Substanzen, die man in einen Baum einspritzte und einige Zeit später auch in anderen Bäumen der Umgebung nachweisen konnte.

Der Fachbegriff für diese Partnerschaft ist Mykorrhiza, was übersetzt «Pilzwurzel» bedeutet, und es gibt viele tausend verschiedene Pilzarten, die zu einer solchen Partnerschaft fähig sind. Bäume leben oft mit verschiedenen Pilz-Partnern zusammen, während andere Pflanzen sich mit nur einer Art begnügen. Die Pilze sind bei ihrer Wahl normalerweise nicht festgelegt, obwohl es einige gibt, die – wie alle Pilzsammler wissen – nur unter bestimmten Bäumen wachsen, beispielsweise unter Lärchen oder Birken. Einige Mykorrhizapilze erscheinen dagegen nie oberhalb des Waldbodens, auch nicht, um ihre Sporen auszustreuen, sondern bilden ihre Fruchtkörper in der Erde. Gemeint sind die unter Feinschmeckern so beliebten Trüffel und ihre Verwandten. Damit ihre Sporen überhaupt verbreitet werden, erzeugen die Pilze einen Duftstoff, der bestimmte Tiere veranlaßt, die Fruchtkörper auszugraben, und dabei verbreiten sich die Sporen. Menschen können diesen Geruch normalerweise nicht wahrnehmen, aber Säuen gelingt das in der Regel problemlos. Das ist nicht weiter verwunderlich, denn die Essenz ist chemisch mit dem Sexuallockstoff von Ebern identisch. Aus diesem Grund gehen Trüffelsammler normalerweise mit Schweinen in den Wald, um sich von den Tieren zu den Stellen führen zu lassen, an denen die begehrten Pilze verborgen sind. Heute benutzt man für diese Aufgabe auch schon speziell ausgebildete Hunde, denn sie haben sehr empfindliche Nasen, sind leicht zu trainieren und garantiert auch einfacher zu handhaben als Säue in Erwartung eines Ebers.

Es gibt noch andere Tiere, die von den im verborgenen wachsenden Pilzen angelockt werden. Käferlarven graben sich einen Gang zu den Trüffeln, verpuppen sich in den Fruchtkörpern, und wenn dann die fertigen Käfer schlüpfen, schleppen sie häufig Sporen mit ins Freie. In europäischen Wäldern suchen außerdem Rotwild und Mäuse nach Trüffeln, in Südamerika Gürteltiere und Beutelratten und in Australien die Wallaby-Känguruhs.

In den großen Nadelwäldern der nordamerikanischen Pazifikküste gehören die Gleithörnchen zu den regelmäßigen Konsumenten von Trüffeln, und sie machen aus dem Partnerschaftsduett sogar ein Trio: Die Hörnchen ernähren sich von den Pilzen und legen ihre Nester in leeren Baumhöhlen an. Die Nadelbäume erhalten Nährstoffe von den Trüffeln und geben ihnen im Gegenzug Zucker und Stärke zurück, während die Hörnchen wiederum für die Verbreitung der Trüffelsporen zuständig sind.

Aus diesem harmonischen Trio kann unter Umständen sogar ein Quartett werden. Allerdings bringt das neue Mitglied, der Fichtenspargel, eher Mißtöne in die Beziehung. Diese Pflanze besteht aus blassen, fast gespenstisch wirkenden, etwa fünfundzwanzig Zentimeter hohen Stengeln mit einer einzelnen Blüte, und sie

tauscht zumeist an den dunkelsten Stellen des Waldes auf. Die blasse Farbe ist dadurch bedingt, daß der Fichtenspargel kein Chlorophyll besitzt, also keine Photosynthese betreiben kann und sich daher auf andere Weise ernähren muß: Seine Wurzeln sind mit den im Boden wachsenden Pilzhyphen verbunden, die ihn mit allem versorgen, was er zum Leben benötigt, wobei die Nährstoffe aber nicht vom Pilz stammen, sondern von den Bäumen, mit denen der Pilz in Verbindung steht. Damit lebt der Fichtenspargel sehr gut, nicht zuletzt weil er als sogenannter Parasit keine Gegenleistung für seine Partner erbringt.

Der Nutzen, den die Pflanzen von den Mykorrhizapilzen haben, beschränkt sich nicht auf die Bereitstellung von Nährstoffen; die Pilze spielen oft auch eine wichtige Rolle bei der Fortpflanzung ihres Partners. In den nordamerikanischen Nadelwäldern herrscht am Boden fast immer Dämmerung, da das Licht von den ausladenden Kronen der hohen Bäume abgefangen wird. Aus diesem Grund könnten Sämlinge dort eigentlich nicht wachsen, aber wenn ein Samen auf einen Waldboden fällt, der von Mykorrhiza-Pilzhyphen durchwuchert ist, kann der Keimling mit diesen eine

Partnerschaft eingehen und wird – auf dem Umweg über den Pilz – von Substanzen ernährt, die von dem Mutterbaum oder einem benachbarten Baum stammen. In diesem Stadium verhält sich die junge Pflanze natürlich nicht anders als der parasitische Fichtenspargel, aber ohne die Hilfe des Pilzes – mit dem sie bis zum Ende ihres Lebens verbunden bleibt – wäre es ihr nicht möglich, im Dämmerlicht des Waldbodens überhaupt zu wachsen.

«Pilzliche Kindermädchen» werden von vielen Pflanzen benutzt, aber für keine sind sie so wichtig wie für die Orchideen. Deren Samen sind, anders als die der meisten anderen Pflanzen, mit keinerlei Nährgewebe ausgestattet. Daher ist die Zucht von Orchideen auch recht schwierig, so daß in der Vergangenheit für sehr seltene Arten, die man nicht einzüchten konnte, phantastische Preise verlangt wurden. Die Mißerfolge bei der Nachzucht waren dadurch bedingt, daß den Orchideensamen beim Auskeimen der Pilzpartner fehlte, und ohne ihren ganz speziellen Mykorrhizapilz keimen viele Orchideensamen nicht. In den dreißiger Jahren unseres Jahrhunderts wurde dann ein künstlicher Nährboden entwickelt, in dem alle Substanzen enthalten waren, die dem Samen in der Natur von den Pilzen zur Verfügung gestellt werden, und dieser wurde inzwischen noch weiter verbessert, so daß man heute – zumindest theoretisch – die Samen aller Orchideenarten zum Auskeimen bringen kann.

Später benötigen viele Orchideen den Pilzpartner nicht mehr, aber es gibt einige, die sich ihr ganzes Leben lang von Pilzen mit Nährstoffen versorgen lassen, die diese wiederum von ihren Baumpartnern bekommen haben. Eine davon ist die Vogelnestwurz, die man auch in europäischen Buchenwäldern finden kann. Ihren Namen hat sie von dem rundlichen, an ein Vogelnest erinnernden und mit Pilzhyphen in Kontakt stehenden Wurzelballen, und im Juni entspringt diesem Wurzelballen dann ein vierzig bis fünfzig Zentimeter hoher blattloser Stengel mit einer gelbbraunen Blütentraube an der Spitze.

Einer anderen europäischen Orchideenart, dem Widerbart, fehlen nicht nur die Blätter, sondern auch richtige Wurzeln. Er wächst mit einem unterirdischen Rhizom, dem einige Haare entspringen, die wiederum mit Mykorrhizapilzen in Verbindung stehen. Da es für die Pflanze aufgrund der fehlenden Wurzeln schwierig ist, Was-

ser aufzunehmen, wächst sie ausschließlich an Stellen, die das Sonnenlicht praktisch nie erreicht, so daß die Erde dort auch nie austrocknet. In Großbritannien gilt diese Orchidee als seltenste einheimische Pflanze, da sie nur an zwei oder drei Standorten vorkommt. Aber selbst da verschwindet sie oft für längere Zeiträume, so daß man immer wieder geglaubt hat, der Widerbart sei endgültig ausgestorben. Die Wahrheit ist aber, daß diese Orchidee oft viele Jahre nacheinander nicht blüht, sondern langsam unter der Erde weiterwächst, bis ein besonders feuchtes Frühjahr die Pflanze veranlaßt, ihre bis zu zwanzig Zentimeter hohen rosafarbenen Blütenstiele durch den Teppich welker Blätter zu schieben. An diesen erscheinen dann im Sommer fünf bis sieben Blüten, die zwar von Hummeln bestäubt werden, aber nur selten Samen hervorbringen, so daß die Vermehrung zumeist durch unterirdische Ausläufer erfolgt.

◁

*Der sehr seltene
Widerbart wächst
die meiste Zeit
seines Lebens
unter der Erde
und blüht so
selten, daß man
bereits mehrfach
geglaubt hat, er
sei in Großbri-
tannien ausge-
storben – bevor
er dann irgend-
wann doch wie-
der auftauchte.*

Die wohl ungewöhnlichste parasitische Orchidee kommt in Westaustralien vor. Sie bildet sogar ihre Blüten im Boden, so daß man sie bisher fast nur durch Zufall gefunden hat. Zu Beginn der Regenperiode produziert die Pflanze eine tulpenförmige Struktur, die nach oben wächst und dabei die Erdoberfläche ein wenig an- hebt. Durch die entstehenden Risse entweicht dann ein Geruchs- stoff, der eine ganze Reihe von Insekten anlockt, etwa Pilzmücken und Termiten, die zu der Orchidee hinabkriechen und sie bestäu- ben. Übrigens handelt es sich hierbei um die einzige bisher be-

▷

*Diese Orchidee
aus Westaustra-
lien lebt sogar
ausschließlich
unter der Erde
und bildet dort
auch ihre Blüten.
Bisher hat man
sie nur im westli-
chen Teil Austra-
liens gefunden –
und auch dort
nur sehr selten
und zumeist rein
zufällig.*

kannte Pflanze, die von Termiten bestäubt wird, obwohl diese überall in den Tropen recht häufig vorkommen. Allerdings sind Termiten so lichtscheu, daß es wohl einer unterirdisch blühenden Pflanze bedarf, um sie in die Liste der Pflanzenbestäuber aufnehmen zu können.

So wie es Pflanzen gibt, die mit Tieren oder Pilzen eine Partnerschaft eingegangen sind, haben sich auch Gemeinschaften zwischen verschiedenen Pflanzenarten entwickelt. Ein Beispiel dafür ist der Flammenbaum, eine der prächtigsten Pflanzen Westaustraliens. Er wird bis zu zwölf Meter hoch und öffnet seine unzähligen leuchtendgold-orangen Blüten im Dezember oder Januar, wenn die Hitze am größten ist und die meisten Blumen, für die dieser Teil Australiens berühmt ist, bereits verschwunden sind. Der Flammenbaum stiehlt nämlich seinen Nachbarn das Wasser. Wenn eine seiner Wurzeln auf die anderer Pflanzen trifft, entwickeln sich zunächst kleine Saugnäpfe, die sich an die fremde Wurzel anheften, und danach entsteht eine Art Kragen, der die andere Wurzel völlig umschließt. Anschließend wird eine spitze hölzerne Zange gebildet, die sich in die fremde Wurzel bohrt und dort das wasserleitende Gefäß unterbricht, um das Wasser der Nachbarpflanze durch die neu entstandene Leitung zum Flammenbaum umzuleiten. Dies wiederholt sich im Wurzelbereich eines Flammenbaums viele tausend Male. Auf diese Weise stiehlt er anderen Pflanzen Wasser und Mineralsalze, wobei sich die Wurzeln auf der Suche nach Opfern bis zu einhundert Meter weit um den Stamm ausbreiten können. Und der Flammenbaum kann die unterschiedlichsten Pflanzen anzapfen, etwa Banksien, Myrtenheiden, Akazien, Gräser und sogar importierte Pflanzen aus anderen Kontinenten wie Rosen oder Karotten.

Damit noch nicht genug. Vor einigen Jahren wurde im Rahmen eines Weltraumforschungsprogramms in Westaustralien eine Empfangsstation errichtet, deren einzelne Gebäude und Geräte man mit unterirdisch verlegten Kabeln verband. Kurz nach der Installation des ganzen Systems gab es Probleme. Vornehmlich die Verbindung zu abseits liegenden Einrichtungen wurde immer wieder unterbrochen. Es dauerte nicht lange, bis man den Flammen-

▷
Der Flammenbaum ist eine der wenigen Pflanzen, die auch dann noch blühen können, wenn die Hitze des südlichen Sommers ihren Höhepunkt erreicht hat.

baum als Täter identifizieren konnte. Seine Wurzeln hatten die Kunststoffummantelung der Kabel durchdrungen und einen Kurzschluß verursacht. Auch die Telefongesellschaften Westaustraliens hatten früher mit diesem Problem zu kämpfen. Ihre Kabel – auch Glasfaserkabel – wurden auf einer Strecke von etwa hundert Kilometern fünfundzwanzig- bis dreißigmal beschädigt. Erst als man die Kabel so dick machte, daß der Kragen der Flammenbaumwurzel sie nicht mehr umschließen konnte, hörten die Probleme auf.

Der Flammenbaum gehört zu den Mistelgewächsen, einer Familie mit mehr als tausend parasitisch lebenden Arten, von denen die meisten in den Tropen heimisch sind. Fast alle haben grüne Blätter, mit denen sie Photosynthese betreiben können, aber bezüglich ihres Flüssigkeitsbedarfs sind sie auf einen Wirt angewiesen, wobei die meisten allerdings nicht die Wurzeln anzapfen, sondern die Stämme oder Äste eines Baumes.

So lebt beispielsweise ein sehr kleiner Vertreter dieser Familie auf Gelbkiefern, die im Südwesten der USA heimisch sind. Seine winzigen, nur etwa drei Millimeter großen Samen sitzen in einer kleinen Beere, und während diese heranreift, baut sich ein Druck in ihr auf. Gleichzeitig wird die Verbindung zum Stiel gelockert, so daß sich die Beere schließlich explosionsartig ablöst. Dabei zieht sich die Beerenhülle zusammen und katapultiert den Samen, der am Vorderende abgerundet und am Hinterende zugespitzt ist, also eine sehr aerodynamische Form hat, mit großer Geschwindigkeit heraus. Der Vorgang ähnelt dem der Spritzgurke, aber die Geschwindigkeit ist noch größer. Man hat errechnet, daß die Samen eine Anfangsgeschwindigkeit von etwa dreizehn Metern pro Sekunde haben und bis zu fünfzehn Meter weit fliegen können. Außerdem ist die Samenhülle sehr klebrig, so daß sie praktisch überall hängen bleibt. Aber obwohl die Explosion bei der Ablösung der Beeren eine der heftigsten im gesamten Pflanzenreich ist, landen die Samen meistens nicht weit entfernt von der Mutterpflanze, so daß sich die meisten Misteln bei der Verbreitung lieber auf die Hilfe von Vögeln verlassen.

Das gilt auch für die einzige in Europa vorkommende Art, die Weiße Mistel, die früher bei Fruchtbarkeitsritualen eine wichtige Rolle spielte – möglicherweise weil ihre Blätter auch im Winter, wenn der Wirtsbaum selbst unbelaubt ist, immer noch grün und ge-

sund aussehen. Das weiße Fleisch ihrer Beeren ist sehr klebrig, und wenn eine Amsel oder Misteldrossel eine solche Beere fressen will, bleibt sie oft mit dem Schnabel hängen. Dadurch fühlt sich der Vogel so belästigt, daß er immer wieder versucht, seinen Schnabel an irgendeinem Ast zu säubern, wobei die Samen oft in der Rinde hängen bleiben. Ein solcher Samen bildet dann eine Wurzel, die sich in das Holz hineinschiebt und schließlich eine der Wasseradern des Baumes anzapft. Und dank dieser Flüssigkeit können die jungen Pflanzen ihre Stengel, Blätter, Blüten und Früchte bilden.

In Australien gibt es etwa fünfundsiebzig verschiedene Mistelarten, die in den unterschiedlichsten Biotopen vorkommen, angefangen von Mangrovensümpfen bis hin zu den Bergwäldern. Einige haben keine spezifischen Ansprüche und können auf unterschiedlichen Wirten wachsen; andere sind dagegen auf eine ganz bestimmte Art angewiesen. Und viele besitzen Blätter, die dank einer langen evolutionären Entwicklung denen ihrer Wirte zum Verwechseln ähnlich sind.

Interessant ist, daß die australischen Misteln eine sehr viel spe-
zialisiertere Art der Verbreitung entwickelt haben als die einzige
europäische Art. So ernähren sich die Schwalben-Mistelfresser
fast ausschließlich von Mistelbeeren, und da es in Australien so
viele verschiedene Arten mit den unterschiedlichsten Reifezeiten
der Früchte gibt, haben diese Vögel das ganze Jahr über etwas zu
fressen. Um mit dieser einseitigen Kost fertig zu werden, besitzen
die Mistelfresser ein spezielles Verdauungssystem und können die
Nahrung so schnell verdauen, daß es nur eine halbe Stunde dauert, bis die Samen einer verschluckten Beere vom Eingang bis zum
Ausgang gelangt sind. Wenn ein Samen dort erscheint, ist er immer
noch sehr klebrig, so daß er am Hinterteil des Vogels haften bleibt.
Um ihn abzustreifen, reibt der Schwalben-Mistelfresser sein Hinterteil über die Rinde eines Astes, bis der Samen haften bleibt.
Aber selbst jetzt ist der Vogel den Quälgeist noch nicht los, sondern er muß noch eine Reihe seitlicher Sprünge vollführen, bis die
zähe Verbindung schließlich unterbrochen ist, und man muß sich

◁
*Eine australische
Mistel, die auf
einem Eukalyp-
tusbaum wächst.*

△
Ein männlicher Schwalben- Mistelfresser ver- sucht eine der klebrigen Mistel- beeren abzu- reißen.

angesichts solcher Mühen fast ein wenig wundern, daß sich diese Vögel immer noch von Mistelbeeren ernähren.

Einige Pflanzenparasiten haben im Gegensatz zu den Misteln keine Blätter mehr, so daß sie bei ihrer Ernährung beinahe ganz auf ihre Wirte angewiesen sind. Einer davon ist der Teufelszwirn, eine mit der Ackerwinde verwandte, aggressive und unverwüstliche Pflanze mit sehr gut ausgebildeten Wurzeln und zahlreichen unterirdischen Sprossen. Allerdings besitzt er noch eine weitere, recht ungewöhnliche Eigenschaft: Er macht sich aktiv auf die Jagd nach einem Wirt. Dazu schiebt er seine Ranken suchend über die Erde und scheint, wenn er ein Opfer entdeckt, sogar feststellen zu können, ob es sich lohnt, dieses anzuzapfen, oder nicht. Hat der Teufelszwirn eines ausgemacht, das ihm zu dünn oder karg erscheint, läßt er es links liegen und sucht weiter, bis er auf eine

Pflanze stößt, die ihm vielversprechender erscheint. Die wird zunächst von der Ranke umwunden, bevor dann Saugnäpfe und bald darauf dünne, hyphenartige Zellreihen ausgebildet werden, die schließlich bis zu den Gefäßen des Wirtes vordringen. Von diesem Zeitpunkt an blüht der Teufelszwirn im wahrsten Sinne des Wortes förmlich auf. Die neue Energiequelle ermöglicht es ihm, Blüten hervorzubringen und weitere Ranken, die sich unverzüglich auf die Suche nach neuen Opfern machen.

Diese rudimentäre Mistelart ist nicht die am weitesten reduzierte unter den Pflanzenparasiten. Dieses Prädikat verdient der Hundskolben, eine botanische Kostbarkeit, die – wenn auch nur sehr vereinzelt – in trockenen Küstengebieten des Mittelmeers vorkommt, etwa auf Felssäulen vor der maltesischen Küste. Daher lautet ein anderer Name auch Malteserschwamm, obwohl es sich nicht etwa um einen Pilz handelt, sondern um eine Blütenpflanze. Diese wächst die meiste Zeit ihres Lebens unterirdisch und ernährt sich dabei durch das Anzapfen von Tamarisken- oder Strandnelkenwurzeln. Zu diesem Zeitpunkt besteht die ganze Pflanze aus nicht mehr als einem unterirdischen Sproß mit winzi-

△
Mistelbeeren sind häufig auch nach Verlassen des Verdauungstrakts noch so klebrig, daß ein Schwalben-Mistelfresser größere Schwierigkeiten hat, sie endgültig loszuwerden.

▷
Der Teufelszwirn, ein aggressiver Pflanzenparasit, breitet sich, wie in dieser britischen Heidelandschaft, oft großflächig aus.

gen Schuppenblättern und zahlreichen Saugnäpfen, durch die der Hundskolben mit den Wirtswurzeln verbunden ist. Im Sommer erscheinen dann einige zehn und mehr Zentimeter hohe Blütenkolben über der Erde, die so dicht mit winzigen roten Blüten bedeckt sind, daß sie wie eine Bürste aussehen. Im Laufe einer Woche werden sie von Fliegen bestäubt, dann verwelkt der Kolben und wird schwarz.

Wegen der Seltenheit und des ungewöhnlichen Aussehens schrieb man dieser Pflanze im Mittelalter ungewöhnliche Kräfte zu. Damals glaubten die Kräuterärzte, alle Heilmittel enthielten einen sichtbaren Hinweis auf die Krankheit, für deren Heilung sie benutzt werden konnten. So galt der Hundskolben wegen des Farbwechsels der Blütenkolben von Rot auf Schwarz als gutes blutstillendes Mittel und wurde wegen seines phallusartigen Aussehens auch bei sexuellen Problemen angewandt. Und da die Pflanze sehr selten war, galt sie im Mittelalter als sehr wertvoll.

Die Kreuzfahrer, die Malta im sechzehnten Jahrhundert besetzten, stellten schnell fest, was für einen Schatz sie mit dem Hundskolben besaßen, und richteten einen ständigen Posten ein, um die Felssäulen bewachen zu lassen. Außerdem wurden alle Vorsprünge an den Wänden beseitigt, um potentiellen Dieben auch den letzten kleinen Halt zu nehmen, und wenn dennoch jemand beim Versuch erwischt wurde, diese Pflanzen zu stehlen, fand er sich bald darauf in Ketten auf einer Galeere wieder. Die getrockneten Blütenkolben wurden aber nicht nur von den Kreuzrittern nach ihren Schlachten benutzt, sondern auch an die gekrönten Häupter Europas verschickt – ein Geschenk, das niemand sonst machen konnte.

Der beeindruckendste Pflanzenparasit lebt nicht etwa in der Erde, sondern im Gewebe einer Kletterpflanze verborgen. Die Rede ist von der auf Borneo und Sumatra heimischen Riesenblume. Ihr Wirt, ein Weinrebengewächs, hängt von den Urwaldbäumen herab, und dort wo eine befallene Pflanze den Dschungelboden berührt, erscheint manchmal eine Schwellung auf ihrer Rinde. Diese wird Woche für Woche größer, bis sie schließlich aufbricht und dann wie ein noch geschlossener Kohlkopf aussieht, der in einer hölzernen, von der Kletterpflanze gebildeten Schale liegt. Und eines Nachts entfaltet sich eine riesige Blüte mit fünf gewal-

▷
Den geheimnisumwitterten Blütenkolben des Hundskolbens, oft etwa mißverständlich auch als Malteserschwamm bezeichnet, kann man mit sehr viel Glück an trockenen Küstenstreifen des Mittelmeeres finden.

tigen, lederartigen Blütenblättern. Sie sind orangefarben mit hellen Flecken und bilden einen tiefen Kelch, in dem eine gestielte Scheibe sitzt. Diese ist mit stachelartigen Fortsätzen bedeckt, und an der Säule, die die Scheibe trägt, sitzen die weiblichen oder männlichen Fortpflanzungsorgane. Die gesamte Blüte hat einen Durchmesser von bis zu neunzig Zentimetern, wobei der Rekord sogar bei hundertsieben Zentimetern liegen soll. Damit bringt die sogenannte Riesenblume tatsächlich die größte aller Blüten hervor – auch wenn die Infloreszenz der Titanenwurz, die teilweise im gleichen Gebiet vorkommt, einen noch gewaltigeren Umfang haben kann. Aber das ist ja, wie ausgeführt, auch keine Einzelblüte.

Von Thomas Stamford Raffles, dem Gründer Singapurs und späteren Gouverneur Sumatras, stammt die erste Beschreibung der Riesenblume, und ihm zu Ehren lautet der wissenschaftliche Name dieser Pflanzengattung auch *Rafflesia*. Seither hat man noch ein Dutzend weiterer Arten in Südostasien gefunden, aber sie sind alle kleiner als die Riesenblume.

Die Kletterpflanze, in der die Riesenblume parasitiert, ist in den Urwäldern dieser Region leider überall häufig, was die Suche nach einer Riesenblume erheblich erschwert, denn man sieht der Weinrebe von außen nicht an, ob sie von einem Schmarotzer befallen ist oder nicht. Erst wenn man einige Blütenknospen auf dem Ur-

△
Die Knospe der Riesenblume entwickelt sich in den Regenwäldern Borneos auf dem Erdboden.

△
Im Laufe mehrerer Tage schwillt die Knospe bis zur Größe eines Kohlkopfes an, um dann ihre lederartigen Blütenblätter zu entfalten.

Eine vollständig geöffnete Blüte der Riesenblume kann einen Durchmesser bis zu neunzig Zentimeter haben.
▷▷

waldboden entdeckt, darf man hoffen, tatsächlich einmal die Blüte einer *Rafflesia* zu Gesicht zu bekommen. Aber sicher sein kann man auch dann noch nicht, denn es dauert oft viele Wochen, bis die Knospen ausgereift sind, und während dieser Zeit laufen sie leicht Gefahr, von Tieren zerstört zu werden. Außerdem verrotten sehr viele von ihnen – man sagt, es seien bis zu zwei Drittel –, bevor sie sich öffnen können.

Oft wird behauptet, die geöffnete Blüte rieche widerlich nach verfaultem Fleisch, so daß sie von den Einheimischen auch «Leichnamsblume» genannt würde. Tatsächlich hat die indonesische Bezeichnung *bunga patma* aber nichts mit Leichen oder Tod zu tun, sondern bedeutet vielmehr «Lotusblume», wobei Lotus ein Symbol für die Fruchtbarkeit ist, und die langsam anschwellende Knospe der Riesenblume erinnert in gewissem Sinn an eine Schwangerschaft. Auch konnten wir bei derjenigen, die wir fanden, keinen unangenehmen Geruch feststellen, sondern fühlten uns eher an den Duft frisch gesammelter Pilze erinnert.

Erstaunlicherweise wird die riesige Blüte von Fliegen bestäubt. Sie landen auf der Scheibe und kriechen dann über den Rand auf die Unterseite. Diese ist dicht mit dunkelroten Haaren bedeckt, die möglicherweise dazu dienen, die Fliegen zu den Sexualorganen zu führen. Und während wir die Insekten beobachteten, tauchte

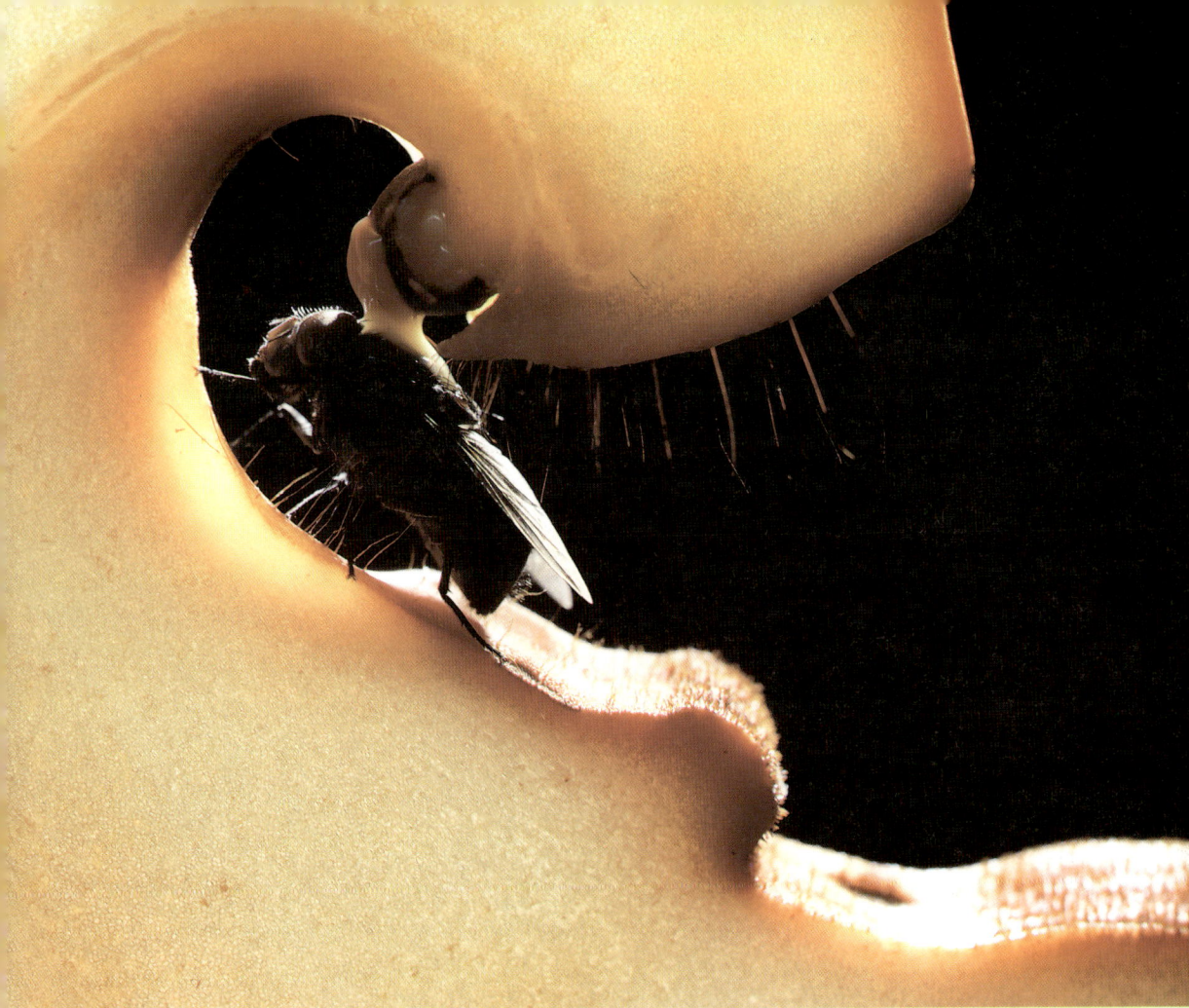

plötzlich eine Spinne auf und baute zwischen den Blütenblättern und der Scheibe ein Netz; sie nutzte die Fähigkeit der Pflanze, Fliegen anzulocken, auf ihre Weise.

Nach etwa drei Tagen wurde der Geruch säuerlicher und unangenehmer. Er erinnerte jetzt ein wenig an faulenden Fisch, wobei wir allerdings nicht sicher sagen konnten, ob der Gestank nicht in Wahrheit von den Blütenblättern stammte, die langsam anfingen zu verfaulen. Und vier Tage später war von der ganzen Herrlichkeit nur noch ein schwarzer, schleimiger Haufen übrig.

Weibliche Blüten sind sehr viel dünner gesät als männliche, und sie scheinen auch nicht sehr oft bestäubt zu werden, denn Früchte der Riesenblumen findet man kaum einmal. Die existierenden sind rundlich, haben einen Durchmesser von bis zu fünfzehn Zentimetern, eine holzige, bräunliche Schale und weiches, öliges

Fruchtfleisch, in dem sich Tausende rotbraune Samen befinden. Die Frucht wird besonders gern von Spitzhörnchen gefressen, die wohl auch die Samen verbreiten, aber ob die Keimlinge es dann allein schaffen, in ihre Wirtspflanzen zu gelangen, oder ob es dazu vielleicht nötig ist, daß die Spitzhörnchen die Rinde der Weinrebe anknabbern, ist noch ungeklärt.

Welchen Grund könnte es geben, daß eine Pflanze, die nur aus dünnen Zellfäden besteht und verborgen in einer Wirtspflanze lebt, eine derart riesige Blüte hervorbringt? Die übliche Erklärung für die Entwicklung übergroßer Blüten ist, daß sie im Wettbewerb um die Anlockung von Bestäubern entstanden sind. Diese Antwort erscheint aber jedem, der auch nur kurze Zeit in den Urwäldern Borneos zugebracht hat und dort von unzähligen Insekten aller Art drangsaliert wurde, sehr unbefriedigend, denn es gibt ganz augenscheinlich keinen Mangel an potentiellen Bestäubern.

Allerdings müssen sich auch Pflanzen, wie alle Lebewesen, einem Nutzen-Kosten-Vergleich unterwerfen: Die Energie, die sie bereitstellen, um etwa größere Blüten oder Blätter herzustellen, muß einen Vorteil haben, da sie sonst verschwendet wäre. Für die

△
Ein kleines Spitzhörnchen schaut aus der riesigen Blüte heraus. Möglicherweise sorgen diese Tiere auch für die Verbreitung der Riesenblumensamen.

Riesenblume gilt das möglicherweise nicht, denn sie bringt ja als parasitische Pflanze die benötigten Nährstoffe nicht selbst auf. Daher kann sie ihrem Wirt – immer vorausgesetzt, sie schwächt ihn nicht so sehr, daß er eingeht – problemlos die notwendige Energie für derart riesige Blüten entziehen. Trifft das zu, dann würde also ein unverdientes Einkommen auch in der Pflanzenwelt zu maßloser Verschwendungssucht und Extravaganz verleiten.

6 Überleben

Pflanzen brauchen nur vier Dinge zum Leben: Wasser, Licht, Wärme und Mineralsalze. Das sind recht bescheidene Ansprüche, und jeder Ort, an dem zumindest für einen bestimmten Zeitraum des Jahres Bedingungen herrschen, die dies wenigstens in geringem Maße gewährleisten, wird von Pflanzen besiedelt. Fehlt jedoch eine dieser Voraussetzungen, gehen sie schon nach kurzer Zeit zugrunde.

Ein Gebiet mit besonders lebensfeindlichen Bedingungen ist der Südpol. Zwar gibt es dort seit einigen Jahrzehnten Forschungsstationen, aber die bestehen aus riesigen Metallkuppeln, unter denen Menschen vor der Kälte geschützt arbeiten können. Außerhalb dieser Schutzräume, auf dem blanken Eis, kann dagegen kein Lebewesen längere Zeit überleben.

In der riesigen antarktischen Eiskappe, die am Pol fast fünf Kilometer dick ist, sind Dreiviertel des gesamten Süßwassers der Erde gespeichert. In dieser Hinsicht sollten Pflanzen dort gut versorgt sein. Allerdings können sie Wasser nur in flüssiger Form aufnehmen – Eis nützt ihnen nichts. Und wie sieht es mit dem Licht aus? Selbst im Sommer scheint die Sonne am Südpol nicht stark, und im Herbst verschwindet sie sogar ganz, so daß fast ein halbes Jahr völlige Dunkelheit herrscht. Und was ist mit der Wärme? Die kältesten Temperaturen, die man jemals gemessen hat, stammen von einer russischen Antarktisstation und betrugen minus achtundsechzig Grad Celsius. Da kann eine lebende Kreatur noch soviel Wärme in ihrem Körper erzeugen – sie wird vom eisigen Wind ausgekühlt, der oft mit fast zweihundert Kilometern pro Stunde über das Eis fegt. Am Pol steht also kein Wasser in flüssiger Form, keine Wärme und während eines halben Jahres auch kein Licht zur Verfügung – und daher kann es dort auch kein Leben geben.

Aber schon fünfhundert Kilometer außerhalb dieser unwirtli-

chen Zone wachsen bereits wieder Pflanzen, nämlich Algen, die sich dort zusammen mit ihren alten Verbündeten, den Pilzen, als Flechten angesiedelt haben. Doch selbst diese anspruchslosen Kolonisten können hier gerade knapp überleben. Oft klettert das Thermometer nur an zwei oder drei Tagen im Jahr soweit hinauf, daß der Stoffwechsel der Organismen aktiviert wird. In diesen wenigen Stunden löst der Pilz dann eine unendlich kleine Menge an Mineralstoffen aus dem Fels und stellt sie der Alge für die Photosynthese zur Verfügung, so daß die Flechte ein wenig wachsen kann, bevor sie wieder in eiskalten Tiefschlaf fällt.

Viele antarktische Flechten sind schwarz gefärbt. Daher erwärmen sie sich in der Frühlingssonne sehr schnell und bringen auf diese Weise den Schnee in ihrer unmittelbaren Umgebung zum Schmelzen. Im Hochsommer trocknen sie allerdings aus dem gleichen Grund leichter aus, so daß sie ihre Lebensfunktionen einstellen müssen. Neben ihnen wachsen hellere Arten, die genau die umgekehrte Technik anwenden: Ihre Oberfläche reflektiert einen großen Teil des Sonnenlichts, so daß sie nicht so leicht austrocknen und während des Sommers besonders gut Photosynthese betreiben können.

Flechten wachsen außerordentlich langsam. Es kann fünfzig oder sechzig Jahre dauern, bis sie auch nur einen Quadratzentimeter groß sind. Daher sind die rötlichen, gelben oder grünlichen Überzüge oft Hunderte, wenn nicht sogar Tausende von Jahren alt. Allerdings werden nur die größeren Felsen von Flechten besiedelt, denn jeder Versuch, sich auch auf kleineren anzusiedeln, schlägt fehl, weil der Wind immer wieder einmal kleinere Felsen umdreht, so daß sich die Flechte plötzlich in völliger Dunkelheit auf der Unterseite befindet. Und das überleben selbst diese anspruchslosen Organismen nicht.

Ein wenig weiter vom Pol entfernt können die Algen sogar ohne die Hilfe von Pilzen überleben, etwa in den Dry Valleys, in denen das Eis, das sich sonst meistens ins Meer ergießt, von einem hohen Bergmassiv zurückgehalten wird. Dort gibt es mehr freiliegende Felsflächen als im gesamten restlichen Gebiet der Antarktis, und wenn man sich an einer geschützten Stelle einmal einen Riß im Fels genauer anschaut, kann man häufig dicht unter der Gesteinsoberfläche eine grüne Linie entdecken – Algen. Sie können dort wachsen, weil der Quarzsand, aus dem der in dieser Region vorherrschende Sandstein zu einem großen Teil besteht, so lichtdurchlässig ist, daß die winzigen Pflanzen noch ausreichend Sonnenenergie erhalten, um in einem warmen Sommer genug Nährstoffe zum Leben synthetisieren zu können.

Andere Algen wachsen dagegen im Schnee, und zwar ebenfalls dicht unter der Oberfläche. Ihr Chlorophyll ist durch ein rotes Pigment gegen die gefährliche ultraviolette Strahlung geschützt, und das ist auch nötig, da der Schnee das Sonnenlicht nicht so gut filtern kann wie der Quarzsand. Während des Sommers reicht die Sonnenwärme oft aus, um einen Teil des Schnees zu schmelzen, so daß die Algen ausreichend mit Wasser versorgt sind, während sie die notwendigen Mineralstoffe durch den Staub erhalten, den der Wind heranweht. Zusätzlich produzieren die Pflanzen eine Art Frostschutzmittel, um ein Gefrieren ihrer Körperflüssigkeit zu verhindern, selbst wenn die Temperatur des Schnees auf einige Grad unter Null sinkt. Während des Winters verharren die winzi-

△
An vielen Stellen in der Antarktis ist der Schnee durch Algen rötlich gefärbt.

gen Zellen zumeist einige Zentimeter tief im Schnee verborgen, aber im Sommer bewegen sie sich mit Hilfe mikroskopisch kleiner Geißeln näher ans Licht, so daß dann oft große Flächen der Arktis und Antarktis rosa gefärbt sind.

Auf der anderen Seite der Erde, in der Arktis, sind die Voraussetzungen völlig anders. Dort gibt es kein festes Land, nur Wasser. Das ist zwar an der Oberfläche gefroren, aber darunter leben zahlreiche Fische. Und während der antarktische Kontinent vom Rest der Landmassen durch große, stürmische Ozeane getrennt ist, erstrecken sich Teile von Europa, Asien und Nordamerika weit über den nördlichen Polarkreis hinaus in Richtung Pol. Und da sie nicht durch große Flächen offenen Wassers daran gehindert wurden, konnten sowohl Pflanzen als auch Tiere – unter ihnen auch der Mensch – diese Region schon vor langer Zeit besiedeln.

Während der Eiszeiten – die letzte endete vor etwa zwanzigtausend Jahren – waren alle Gebiete des Nordens von einer Eiskappe bedeckt, die sich teilweise bis nach Mitteleuropa erstreckte. Als sich die Eismassen zurückzogen, breiteten sich die Pflanzen auf den nun freigelegten Flächen schnell wieder aus. Bei diesem

Vormarsch entwickelten sich zahlreiche neue, den veränderten Bedingungen besser angepaßte Arten. So entstand beispielsweise eine Weide, die nicht – wie normalerweise üblich – aufrecht wächst, sondern eng an den Boden geschmiegt, damit sie von den heftigen arktischen Winden nicht so leicht umgeworfen werden kann. Selbst unter optimalen Bedingungen wird diese Pflanze kaum mehr als zehn Zentimeter hoch, schießt dafür aber ebensosehr in die Breite wie ihre weiter südlich lebenden Verwandten in die Höhe. Geht man über einen solchen Teppich niederliegender

▷
Der Arktische Mohn und das Breitblättrige Weidenröschen (links) blühen im kurzen Sommer der hohen Arktis nur wenige Tage.

◁
Die Arktische Weide entgeht dem starken Wind, der ständig über die freien Flächen der Arktis weht, dadurch, daß sie nur wenige Zentimeter hoch wird. Im Hintergrund blüht die Berg-Nelkenwurz.

Bäume, befindet man sich genaugenommen in den Baumkronen eines Waldes.

Während des arktischen Sommers haben die Pflanzen für kurze Zeit alle vier Bestandteile, die sie zum Wachsen brauchen. Die Temperatur steigt über den Gefrierpunkt, so daß Wasser in ausreichender Menge vorhanden ist. Zwar taut der tiefer liegende Boden, der schon seit der letzten Eiszeit gefroren ist, auch jetzt nicht auf, aber die Oberfläche der Gletscher und Schneefelder beginnt zu schmelzen, so daß bald darauf Bäche und Flüsse das Land durchziehen. Die Sonne geht jetzt überhaupt nicht mehr unter, aber Nähr- und Mineralstoffe sind immer noch Mangelware, denn die durch den Frost gesprengten oder durch Gletscher zermahlenen Felsen verwittern nur sehr langsam, so daß ihre Mineralien weiterhin gebunden sind. Daher stammen die meisten Nährsalze von den Kadavern der wenigen Tiere, die dort heimisch sind: dem Schneehasen, einigen Vögeln und dem größten Lebewesen dieser Region, dem Moschusochsen. Sein Tod stellt jeweils für viele Pflanzen einen Glücksfall dar. Samen, die vom Wind umhergeweht werden, landen auf dem riesigen Körper, wo sie einen reich gedeckten Tisch vorfinden. Und so entsteht rasch ein kleiner Garten, der in dauerhafter Weise an das Tier zu erinnern scheint, dessen Tod seine Ansiedlung erst möglich machte.

Mücken gibt es im arktischen Sommer in scheinbar unendlicher Zahl, größere Insekten haben jedoch meistens Schwierigkeiten, in dieser Region zu leben. Allerdings gibt es Ausnahmen, etwa eine Falterart, die ihre Wachstumsgeschwindigkeit so weit reduziert, daß sie beinahe Flechtenniveau erreicht. Da es nur wenige Tage im Jahr warm genug ist, damit die Schmetterlingsraupen fressen kön-

Die Knochen eines Moschusochsen bieten Pflanzen einen willkommenen Schutz vor dem Wind. Außerdem nutzen sie die Nährstoffe, die bei der Verwesung des Fleisches in den Untergrund gelangt sind.
▽

nen, dauert es sechzehn Jahre, bis sie sich verpuppen, und erst im siebzehnten Sommer schlüpfen dann die Falter.

Durch das Fehlen größerer Insekten haben viele Pflanzen erhebliche Probleme mit der Bestäubung. Daher mußten einige Arten ihre angestammten Strategien durch neue Taktiken ersetzen. So benutzt beispielsweise eine kleine arktische Felsenblümchenart den Wind, der dort ja stets weht, zur Übertragung des Pollens, ganz im Gegensatz zu ihren Verwandten in wärmeren Gefilden, die von Insekten bestäubt werden. Trotzdem bildet auch das arktische Felsenblümchen farbige Blütenblätter, so als wolle es Insekten auf sich aufmerksam machen. Allerdings sind die Blüten so winzig, daß vier zusammengenommen gerade den Umfang eines Streichholzköpfchens erreichen.

Der Steinbrech trägt seinen Namen zu Recht, denn er schafft es, in den kleinsten Felsspalten zu wachsen – auch noch in Gipfelnähe (Pyrenäen).
▽

Ähnlich rauhe Bedingungen wie in der Arktis herrschen nur in den Höhenlagen der Gebirge. Auch dort kann es im Winter so kalt werden, daß jegliches Pflanzenwachstum zum Stillstand kommt. Aber wenn es Frühling wird und die Sonne höher steigt, als es in der Arktis überhaupt jemals der Fall ist, blühen die Pflanzen selbst in großen Höhen.

Nahe an der Grenze zum ewigen Schnee kann die Wachstumsperiode allerdings sehr kurz sein. Oft hat der Sommer seinen
Höhepunkt schon überschritten, wenn endlich auch die letzte Fels-
wand freiliegt und der Sonne ausgesetzt ist, so daß dort genug
Feuchtigkeit zum Wachsen vorhanden ist.

An solchen Standorten lebt die Alpen-Troddelblume, die sofort
bereit sein muß, Blüten hervorzubringen, wenn der Schnee zu
schmelzen beginnt. Die Blütenknospen dieser Pflanze entwickeln
sich denn auch schon am Ende des vorhergehenden Sommers und
überdauern den Winter – geschützt durch die dichte Schneedecke
– in einer Art Ruheperiode. Im Frühjahr werden sie dann aktiv, oft
schon bevor der Schnee geschmolzen ist. Die dunklen Knospen
absorbieren die Sonnenstrahlen, die durch die Schneedecke fallen,
und tragen so zu ihrem Abschmelzen bei. Und wenn die Feuchtigkeit des getauten Schnees in die Erde einsickert, erscheinen ur-

*Oft schon bevor
der Schnee
geschmolzen ist,
tauchen im Früh-
jahr die Alpen-
Troddelblumen
in den Höhenla-
gen der Gebirge
auf.*

△
Das Edelweiß, das in großen Höhen in den Alpen wächst, schützt sich durch eine starke Behaarung vor der Kälte.

plötzlich die kleinen Troddelblumen, von denen jede in einer kleinen Grube inmitten der Schneedecke wächst.

In den Alpen gibt es zwar sehr viel mehr Insekten als in der Arktis, aber dennoch ist ihre Zahl vergleichsweise gering. Daher ist es wichtig, daß die nicht allzu zahlreichen Kerbtiere die Pflanzen auch finden. Aus diesem Grund haben viele der kleinen Alpenblumen, etwa der Rote Steinbrech oder der Schnee-Enzian, nicht nur sehr auffällige, sondern meistens auch sehr viel größere Blüten als vergleichbare Arten des Tieflandes. Außerdem bilden die meisten röhrenförmige Blüten, so daß die Insekten bei der Bestäubung ein wenig vor den Unbilden des Wetters geschützt sind. Positiv wirkt sich dabei auch aus, daß viele Alpenblumen eine dunkle Farbe haben und sich daher schnell erwärmen, so daß die Insekten dort, wo es windstill und warm ist, bei einem belebenden Schluck Nektar gern eine kleine Pause einlegen.

Die Kälte ist in diesem Lebensraum eine der größten Gefahren für die Pflanzen, da die Temperatur selbst in Sommernächten un-

ter den Gefrierpunkt sinken kann. Dagegen hilft normalerweise eine dichte Behaarung, und so sind beispielsweise beim Edelweiß nicht nur die Stengel und Blätter, sondern auch die wie Blütenblätter wirkenden Hochblätter mit einem filzigen Haarpelz bedeckt.

Auch der im Himalaja heimische Wollkopf betreibt diese Form der Isolation, allerdings in so extremer Weise, daß man bei einigen Arten in dem Gewirr von Haaren, mit dem diese Pflanzen sich umgeben, kaum noch die Blätter und Blüten erkennen kann. Im oberen Teil gibt es aber ein Loch, durch das Bienen einfliegen können, um die Pflanze zu bestäuben, und in dieser Höhle ist es angenehm warm, so daß die Insekten dort sogar oft übernachten.

Andere Pflanzen begegnen der Kälte dadurch, daß sie sich eng zu einem Polster zusammenlagern. Dadurch entsteht ein kleines Ökosystem, das wärmer, feuchter und nährstoffreicher ist als die Außenwelt. Eine kräftige Behaarung wirkt dabei wie ein Schutzmantel, der die Wärme im Innenraum hält, und manchmal opfern Pflanzen sogar etwas von ihrer Energiereserve, um ihre innere Temperatur zu erhöhen. Außerdem speichert die eng zusammenstehende grüne Masse die Feuchtigkeit wie ein Schwamm, so daß die Pflanzen selbst bei heftigem Wind nicht austrocknen. Ein weiterer Trick besteht darin, die alten Blätter nicht abzuwerfen, sondern die daraus freiwerdenden Nährstoffe sofort wieder mit lateralen Wurzeln aufzunehmen, die dem oberen Teil der Stengel entspringen.

Besonders dichte Pflanzenpolster wachsen in den Bergen Tasmaniens, und das aus gutem Grund. In diesem Gebiet fällt nur selten Schnee, weil das Klima durch die Nähe des Ozeans relativ mild ist. Allerdings sind die Hänge den ständigen Angriffen des Windes ausgesetzt, und weil den Pflanzen im Winter die schützende Schneedecke fehlt, leiden sie in dieser Jahreszeit sehr unter dem unwirtlichen Wetter.

Die Polsterpflanzen dieser Region, die in dieselbe Familie wie unsere Gänseblümchen und Pusteblumen gehören, wachsen sehr dicht zusammen, so daß man auf einem Quadratmeter oft Hunderttausende nebeneinander findet; ein größeres Polster kann sogar Millionen umfassen. Dabei entstehen Minilandschaften von außerordentlicher Schönheit, die manchmal sorgfältig gestalteten

◁
Der Wollkopf ist so dicht behaart, daß seine wahre Gestalt kaum zu erkennen ist. Trotz seines ungewöhnlichen Aussehens ist er mit den Gänseblümchen verwandt.

Moosgärten japanischer Tempel ähneln. Einige dieser Polster haben einen Durchmesser von mehreren Metern, und in vielen wachsen verschiedene Arten durcheinander, so daß sie einen Teppich aus unterschiedlichen Grüntönen bilden.

Zumeist wirken die Pflanzen so dick und weich, daß man meint, man würde bis in die Knöchel einsinken, wenn man seinen Fuß darauf setzt; tatsächlich sind sie aber so dicht und fest, daß bei etwas Vorsicht nicht einmal ein Abdruck zurückbleibt. Ein grober Tritt würde allerdings irreparable Schäden verursachen, da die Oberfläche dann nicht mehr durchgängig wäre. Regen würde die Nährstoffe auswaschen und der eindringende Wind die Temperatur herabsetzen, so daß eine solche Wunde oft zur Vernichtung eines ganzen Polsters führt.

Am Mount Kenya haben Pflanzen die unterschiedlichsten und oft abenteuerlichsten Formen entwickelt, um sich vor der Kälte zu schützen. Dieser Berg, der über fünftausend Meter hoch ist, liegt direkt auf dem Äquator, und dadurch entstehen für die dort wachsenden Pflanzen zweierlei Probleme: Sie müssen einerseits der beißenden Kälte der Nacht widerstehen, andererseits aber auch enorme Hitze aushalten, wenn während des Tages die Äquator-

sonne durch die dünne Atmosphäre auf sie niederbrennt. Vorstellen kann man sich diese Situation etwa wie einen plötzlichen Wechsel von tiefstem Winter zu Hochsommer.

Der tagsüber durchnäßte Boden müßte eigentlich ein gutes Biotop für Moose sein, aber der Untergrund gefriert, kaum daß die Sonne untergegangen ist, so schnell, daß sich die Erde aufwölbt. Dadurch wird den Moosen der Halt genommen und sie werden davongeweht.

Den Schopfbäumen ergeht es da ein wenig besser. Diese Pflanzen, die beispielsweise mit einem unserer kleinen Ackerunkräuter, dem Gemeinen Greiskraut, verwandt sind, haben sich am Mount Kenya zu wahren Riesen entwickelt, die bis zehn Meter groß werden können. An ihrer Spitze sitzt eine dichte Rosette kräftiger Blätter, von denen die untersten jedes Jahr absterben. Allerdings werden sie anschließend nicht abgeworfen, sondern bilden eine dicke Isolierschicht um den Stamm – ein lebenswichtiger Kälteschutz für die Schopfbäume, denn dadurch wird verhindert, daß die Wasserleitungen im Stamm einfrieren. Daher können die lebenden Blätter, die eine Art Frostschutzmittel enthalten, in der kräftigen Morgensonne schnell wieder mit der Photosynthese beginnen, und es spielt keine Rolle, wenn dabei über die Atemporen ein wenig Wasserdampf abgegeben wird: Die Flüssigkeit kann ja sofort ersetzt werden, weil der Mantel aus Blattresten dafür sorgt, daß der Wassertransport auch bei großer Kälte weiterhin funktioniert.

Diese geschickte Problemlösung verursacht indessen eine neue Schwierigkeit. Dadurch, daß die alten Blätter am Stamm verbleiben, gelangen die darin vorhandenen Nährstoffe nicht in den Boden zurück und stehen dem Baum somit nicht wieder zur Verfügung. Dieses Dilemma lösen die Schopfbäume wie die Polsterpflanzen auf Tasmanien: Sie bilden Wurzeln am Stamm aus, die sich im Schutzmantel ausbreiten und dort freiwerdende Nährstoffe aufnehmen.

Eine andere Art dieser ungewöhnlichen Bäume wächst an feuchteren Standorten. Ihre Blattrosetten sitzen direkt auf dem Erdboden, so daß sie ein wenig wie riesige Kohlköpfe aussehen, und damit die empfindliche Knospe im Inneren der Blattrosette vor Frost geschützt ist, falten sich die äußeren, frostresistenten Blätter jede Nacht über ihr zusammen.

△
Die Kohlkopf-Schopfbäume falten ihre Blattrosette nachts über der Knospe zusammen.

Im gleichen Biotop gibt es auch zwei Lobelienarten, die ebenfalls große Blattrosetten auf dem Boden bilden. Um ihre Knospe zu schützen, ergreift eine von ihnen genau die gleichen Schutzmaßnahmen wie der kohlköpfige Schopfbaum, faltet also nachts die äußeren Blätter zusammen. Die andere Art kann das nicht,

aber sie hat einen noch raffinierteren Schutzmechanismus entwickelt: Ihre Rosette formt einen tiefen, wasserdichten Becher, der bis zu drei Liter Flüssigkeit enthalten kann. Darauf bildet sich jede Nacht eine Eisschicht, die wie eine Art Schutzschild verhindert, daß die Kälte tiefer in den kleinen Teich eindringt. Deshalb sinkt die Flüssigkeitstemperatur auch nicht unter den Gefrierpunkt, und die untergetauchte Blattknospe wird nicht geschädigt. Die ganze Sache funktioniert allerdings nur, weil die Pflanze sich darauf verlassen kann, daß die Sonne in Höhe des Äquators bereits am Morgen kräftig scheint, denn würde die Nacht auch nur einmal ein paar Stunden länger dauern, könnte es passieren, daß der kleine Pflanzenteich bis zum Grund durchfriert.

Die starke Äquatorsonne beschert der Lobelie jedoch ein neues Problem, denn es wird tagsüber schnell so heiß, daß die meiste Flüssigkeit verdunstet. Daher befindet sich in der Blattrosette auch nicht Wasser, sondern eine Flüssigkeit, die von speziellen Drüsen ausgeschieden wird und die einen Schleim enthält, der die Verdunstung herabsetzt.

Die Blüten der Lobelien sitzen dicht gedrängt an einem Stengel, der dem Zentrum der Blattrosette entspringt. Bei den Pflanzen, die nachts ihre Blätter schützend über ihre Knospen legen, sind auch die Blüten geschützt, aber es gibt eine Reihe von Arten, die keinen solchen Mechanismus entwickelt haben und deren Blütenstengel außerdem viel zu lang sind, um noch von den Blättern erfaßt zu werden. Diese Blüten werden durch einen dichten Mantel aus langen, haarähnlichen Hochblättern geschützt, die um jede einzelne Blüte gebildet werden. Die Blüten selbst sind dagegen relativ klein und so tief in der haarigen Hülle verborgen, daß die Nektarvögel, von denen diese Lobelien bestäubt werden, ihren Kopf tief zwischen die langen Hochblätter stecken müssen, um an den Nektar zu gelangen.

◁

Ein Nektarvogel versucht durch den dichten Haarpelz einer Lobelie zu dringen, um an den Nektar der kleinen Blüten zu gelangen.

Allerdings sind die Überlebensstrategien der Pflanzen am Mount Kenya noch immer mit zahlreichen ungeklärten Fragen verknüpft. Warum haben sie beispielsweise mit ihrem Riesenwuchs eine völlig gegensätzliche Strategie entwickelt als etwa die Alpenpflanzen, die unter den widrigen Bedingungen in größerer Höhe eher zu Zwergwüchsigkeit neigen? Bisher gibt es noch keine Antwort auf diese Frage.

Etwa eintausendfünfhundert Kilometer südlich des Mount Kenya und rund viertausend Meter tiefer gelegen, findet man ein ebenso lebensfeindliches, wenn auch völlig anders geartetes Biotop, die Namib-Wüste. Um hier existieren zu können, müssen Pflanzen jeden erreichbaren Tropfen Wasser ausnutzen, und sie benötigen außerdem Speicherkapazitäten, um möglichst viel Flüssigkeit für die langen Trockenperioden aufzubewahren.

In vielen Jahren fällt in der Namib nicht mehr als zehn Zentimeter Niederschlag, und es ist oft so heiß, daß selbst große Granitblöcke auseinandergesprengt werden, um anschließend bis in einzelne Kristalle zu zerfallen. Diese werden vom Wind erfaßt, der so glutheiß ist, daß er sich dort aufhaltenden Menschen keine Erleichterung bringt.

Allerdings hat die Namib dadurch, daß sie direkt am Meer liegt, eine Feuchtigkeitsquelle, die den meisten anderen Wüsten fehlt: Nahezu jeden Tag zieht Nebel vom Ozean herein. Daher wachsen die Flechten auf einigen Felshängen so dicht, daß ein orangefar-

△
Nackte und von der Sonne ausge-dörrte Felsen in der Namib-Wüste.

bener Überzug entsteht. In der Namib leben aber nicht nur Krustenflechten, sondern auch strauchige Arten, die mehrere Zentimeter hoch werden können. In ihren Verästelungen fängt sich die Feuchtigkeit, und diese geringen Flüssigkeitsmengen reichen den Flechtenalgen für die Photosynthese.

Eine andere Gruppe in der Namib heimischer Pflanzen sind die Lebenden Steine, die es dort aushalten können, weil sie größtenteils unterirdisch wachsen. Sie besitzen nur zwei rundliche, fleischige Blätter mit einem kleinen Spalt in der Mitte, aus dem zur Blütezeit ein überraschend langer Blütenstengel herauswächst. Die abgerundete Form der Blätter hat den Vorteil einer möglichst kleinen Oberfläche und einer damit verbundenen geringen Verdunstung; die Anordnung und Gestalt der Blätter trägt auch dazu bei, daß Lebende Steine, wenn sie nicht gerade blühen, zwischen den Steinen ihrer Umgebung kaum zu erkennen sind, so daß hungrige Tiere sie leicht übersehen – nicht zuletzt dank der Tarnfarbe ihrer Blätter, die fast perfekt an die Tönung der benachbarten Kiesel angepaßt ist. Viele Lebende Steine sind grau, bläulich, gelb, orange oder braun, und wenn sie in der Nähe von quarzhaltigem Gestein wachsen, sogar milchig weiß. Sucht man nach diesen Pflanzen, entdeckt man statt dessen immer wieder graue, rotgerandete, eng aneinanderliegende Gewächse, die auf den ersten Blick an ein altes Fußbodenmosaik erinnern. Pustet man den Sand ein wenig fort, erkennt man, daß es sich um den oberen Teil der im Sand vergrabenen, keulig verdickten Blätter einer Fensterblatt-Pflanze handelt.

Wenn ihr Samen auskeimt, wird zunächst eine Wurzel in den Boden geschoben, und hat diese dort festen Halt gefunden, verkürzt sie sich und zieht den Sämling in den Boden hinein. Dort entwickeln sich dann die dicken, fleischigen Blätter, die sofort alle verfügbare Feuchtigkeit speichern. Das wird ihnen natürlich dadurch erleichtert, daß sie unter der Erde wachsen, wo es nicht ganz so heiß ist. Dafür ist die Photosynthese geringer, denn es schaut ja nur die Blattspitze aus dem Boden heraus. Die ist jedoch abgeplattet und vor allen Dingen durchscheinend, so daß die Sonnenstrahlen auf eine Reihe darunterliegender Oxalsäurekristalle fallen, von wo sie zu den Chloroplasten weitergeleitet werden, die an den Innenwänden und am Boden der Blätter verteilt sind. Hält

man das Fensterblatt in einem Gewächshaus, verschwinden die roten Ränder der Blätter übrigens. Vermutlich handelt es sich also um eine Schutzfärbung, die unnötig ist, wenn die Pflanzen der gnadenlosen Wüstensonne nicht mehr ausgesetzt sind. Unter solchen Bedingungen wachsen die Fensterblatt-Pflanzen außerdem größtenteils über der Erde. Wie viele andere Wüstenbewohner verändern sie also ihre Lebensgewohnheiten, wenn man sie aus ihrem unwirtlichen Lebensraum herausnimmt.

Etwas weiter im Landesinnern wächst eine der wohl seltsamsten Pflanzen, die mit den Nadelbäumen verwandte Wunderbare Welwitschia. Ihre oberirdischen Teile bestehen aus einem dicken,

▷
Die Welwitschia kommt nur auf einem etwa tausend Kilometer langen und zweihundert Kilometer breiten Küstenstreifen im südwestlichen Afrika vor.

◁
Von der Fensterblatt-Pflanze sind meist nur die Spitzen der Blätter sichtbar. Der größte Teil der Pflanze ist im Erdboden verborgen und vor der großen Hitze geschützt (Namibia).

nur wenige Zentimeter aus dem Boden herausragenden Stamm, an dem zwei schmale Blätter sitzen. Diese werden manchmal fast zwanzig Meter lang, und sie könnten wahrscheinlich noch größer werden, wenn der Wind ihre Enden nicht ständig ausfransen würde. Bei Windstille sind die Blätter allerdings über dem Stamm zusammengerollt und fangen möglichst viele Tautropfen ein, die dann auf die Erde hinunterfallen und von der gewaltigen Pfahlwurzel aufgenommen und gespeichert werden.

Wurzeln werden von vielen Pflanzen als Wasserspeicher verwendet, denn die sind unter der Erde gut vor durstigen Tieren ge-

schützt. Ein besonders beeindruckendes Beispiel dafür ist die zu den Yamsgewächsen gehörende Schildkrötenpflanze, die oft auch Hottentottenbrot genannt wird. Ihre unterirdischen Knollen können über dreihundert Kilogramm schwer werden, tragen ihren wissenschaftlichen Artnamen *elephantopus*, Elefantenfuß, also zu Recht. Pflanzen dieser Art kommen in allen Wüsten vor, und es gehörte früher zum überlebenswichtigen Wissen dort lebender Nomaden, solche Wasserspeicher an den zumeist unauffälligen, oberirdischen Trieben zu erkennen.

Es gibt noch andere Formen der Wasserspeicherung, etwa die des Köcherbaumes, der zu den Aloën gehört und ebenfalls in der Namib wächst. Wie die meisten seiner Verwandten hat er sehr fleischige Blätter, die in sechs Meter Höhe rosettenartig am Ende kurzer Äste wachsen. Dadurch sind sie weit vom aufgeheizten Boden entfernt, so daß der Flüssigkeitsverlust durch Verdunstung gering gehalten wird. Und die Äste sind zusätzlich noch mit einem hellen Puder bestäubt, der die Sonnenstrahlen reflektiert.

Das Innere der Stämme und Äste besteht aus einer weichen Fasermasse, die sehr gut Wasser speichern kann. Und dieser Substanz, die viel zu weich ist, um als Holz bezeichnet zu werden, verdankt der Baum seinen Namen, denn die Äste lassen sich leicht aushöhlen, so daß sie von den einst in der Namib lebenden Buschmännern als Köcher benutzt wurden. Bei lang anhaltender Trockenheit muß der Baum aber noch andere Maßnahmen ergreifen, um Wasserverluste zu vermeiden, etwa die Amputation ganzer Äste. Da Blätter immer Atemöffnungen haben müssen, damit der Gasaustausch, der ja ein wichtiger Teil der Photosynthese ist, erfolgen kann, verlieren die Pflanzen dort immer auch etwas Wasser. Daher beginnt der Köcherbaum bei sehr großer Hitze den Umfang einiger seiner Äste direkt unterhalb der Blattrosetten so stark zu verringern, daß diese schließlich abbrechen. Anschließend werden die Bruchstellen versiegelt, und der Baum verliert jetzt weniger Feuchtigkeit. An diesen amputierten Ästen können allerdings nie wieder Blätter wachsen, aber da nicht alle Blattrosetten abgeworfen werden, kann der Köcherbaum mit diesem Trick die Zeit bis zum nächsten Regen oft überstehen.

Die zu den Dickfußgewächsen gehörenden Halbmenschen-Pflanzen, die ebenfalls in der Namib heimisch sind, haben ihre

◁
Diese Pflanze mit dem wissenschaftlichen Namen Pachypodium, *die in den Wüsten Madagaskars heimisch ist, speichert ihr Wasser in einer knollenförmigen Wurzel.*

Die Köcherbäume können bei Wassermangel einen Teil ihrer Blattrosetten abwerfen und sich so über eine große Dürre hinwegretten (Namibia).
▷▷

Blätter reduziert auf einen spiralig angeordneten Kranz an der Spitze ihrer keulig verdickten Stämme. Der seltsame Name dieser Bäume stammt aus der Mythologie der Hottentotten, nach der sich die Pflanzen gerade auf halbem Weg zur Menschwerdung befinden. Und tatsächlich haben die stacheligen Stämme mit ihrem Schopf aus krausen, lederartigen Blättern aus der Ferne eine gewisse Ähnlichkeit mit einem Menschen. An den Ringen, die dem Stamm in ganzer Länge aufgelagert sind, kann man angeblich die Lebensjahre des Baumes ablesen, und sollte das zutreffen, dann sind einige mehrere hundert Jahre alt.

Zwischen den Halbmenschen-Bäumen wachsen zahlreiche dicke, stachlige, unbeblätterte Pflanzen, die der Laie wahrscheinlich als Kakteen bezeichnen würde. Allerdings kann der Fachmann anhand der Blüte leicht feststellen, daß es sich um Wolfsmilchgewächse handelt und damit um Mitglieder einer der weltweit größten Pflanzenfamilien mit über siebentausend Arten. In Europa gehören beispielsweise das Wald-Bingelkraut oder die Garten-

Die im südwestlichen Afrika heimischen Halbmenschen-Pflanzen tragen nur an der Spitze einige Blätter, die während der großen Hitze des Sommers auch noch abgeworfen werden.
▽

Die nicht miteinander verwandten Kakteen (links) und Wolfsmilchgewächse (rechts) zeigen unter vergleichbaren Bedingungen ähnliche morphologische Ausprägungen.

Wolfsmilch dazu; in Südamerika wachsen etwa der Kautschukbaum oder die Maniokpflanze sogar zu Bäumen und Sträuchern heran, während die in den afrikanischen Wüsten heimischen Wolfsmilchgewächse den Kakteen ähneln.

Echte Kakteen kommen dagegen ausschließlich in den Wüsten Amerikas vor. Der Grund für die große Ähnlichkeit zwischen

Vertretern beider Gruppen liegt in den vergleichbaren, lebensfeindlichen Umweltbedingungen. In beiden Fällen haben große
Hitze und lange Trockenperioden zur Ausbildung ähnlicher mor-
phologischer Ausprägungen geführt: Blätter sind bei ausgewachsenen Exemplaren zumeist nicht mehr vorhanden, da über sie zu-
viel Flüssigkeit verdunsten würde. Statt dessen wird die
Photosynthese von den grünen Stämmen geleistet, in die unter einer harten Wachsschicht Chloroplasten eingelagert sind. Wasser
speichern beide Gruppen in den fleischigen, keulig verdickten
Stämmen, und vor Wasserdieben schützen sie sich mit spitzen Dornen.

Die Fähigkeit der Kakteen, Feuchtigkeit zu speichern, ist beeindruckend. Während langer Trockenzeiten können sie bis zu
zwanzig Prozent an Flüssigkeit verlieren, so daß sie stark zusam-
menschrumpfen; regnet es dann, wird das Wasser in großen Mengen und mit hoher Geschwindigkeit aufgesaugt. Daher gehören
die Kakteen zu den robustesten Wüstenbewohnern überhaupt,
was sich auch zeigte, als man den Feigenkaktus von Amerika nach
Australien, Afrika und ins Mittelmeergebiet verschleppte, denn er
breitete sich dort unglaublich schnell aus und verdrängte bald die
einheimischen Arten.

Südlich der Namib-Wüste liegt das Namaqualand. Dort gibt es etwas häufigere und regelmäßigere Regenfälle, aber auch in diesem
Gebiet kann es zu langen Trockenzeiten kommen, so daß weite
Landstriche oft wie unbelebt aussehen. Allerdings trügt der
Schein. Gräbt man ein wenig im Boden, findet man eine große
Vielfalt von Knollen und Zwiebeln. Die Pflanzen, zu denen sie
gehören, haben zu Beginn des Sommers ihre Blätter eingezogen,
nachdem sie zuvor möglichst viel Nährstoffe in ihren Speicherorganen eingelagert hatten. Deren Zahl ist so groß, daß sie häufig sogar in Etagen angeordnet sind. Daher können sich unter einem
Quadratmeter Wüstenboden manchmal bis zu zehntausend Knollen und Zwiebeln befinden.

Außerdem warten im Sand unzählige Samen auf ihre Chance
auszukeimen. Sie stammen von Pflanzen, deren gesamte Lebensspanne auf wenige Wochen zusammengeschrumpft ist. In dieser

kurzen Zeit wachsen sie heran, bilden Blätter, produzieren Nährstoffe, blühen und erzeugen schließlich Samen.

Einige der Samen stammen aus der Wachstumsperiode des Vor-
jahres, andere sind sehr viel älter, denn es gibt Pflanzen, die ihre
Samenschalen mit einem speziellen Hemmstoff ummanteln, und
wird dieser nicht von starken Regenfällen ausgewaschen, keimt
die Pflanze nicht. Dadurch wird verhindert, daß die Samen bereits
durch einen kurzen Schauer zum Leben erweckt werden, um danach schnell wieder zu vertrocknen.

Trotz der etwas häufigeren Regenfälle müssen sich auch die im
Namaqualand heimischen Pflanzen, beispielsweise die Vertreter
der artenreichen und vielgestaltigen Familie der Eiskrautgewächse, die im südlichen Afrika ihr Hauptverbreitungsgebiet hat,
durch die Speicherung von Wasser gegen Austrocknung schützen.
Eine Art dieser Gruppe, das Eiskraut, bewahrt seine Wasser-
vorräte in winzigen Bläschen auf der Oberseite der Blätter auf, so
daß die Pflanze in der Sonne wie von Eisperlen bedeckt erscheint,
und diesem – zumindest in den heißen Regionen Südafrikas ungewöhnlichen – Erscheinungsbild verdankt die gesamte Pflanzenfa-
milie ihren Namen.

Viele Eiskrautgewächse streuen ihre Samen nach der Reife
nicht aus, sondern halten sie in harten und kompliziert konstruier-
ten Fruchtkapseln zurück. Beginnt es zu regnen, saugen die Kap-
seln die Feuchtigkeit auf und schwellen an, wobei einige sternför-
mige Klappen sichtbar werden. Nach einem kurzen Schauer
passiert weiter nichts, aber wenn bei einem erneut einsetzenden
Regen ein Tropfen auf eine dieser Klappen fällt, wird ein Mechanismus in Gang gesetzt, der dafür sorgt, daß die Samen mehrere
Meter weit fortgeschleudert werden.

Sollten die jungen Pflanzen trotz dieser Vorsichtsmaßnahme
eingehen, ist immer noch nicht alles verloren, da einige Eiskraut-
pflanzen eine weitere Sicherung eingebaut haben: Sie halten einige Samen in einem Bereich der Fruchtkapsel zurück, die von kei-
nem Regentropfen geöffnet werden kann. Diese Samen kommen
erst Monate, manchmal erst Jahre später frei, nämlich dann, wenn
die Kapsel verrottet ist und vielleicht bessere Bedingungen herrschen.

Wenn es im Namaqualand geregnet hat, verändert sich die

△
In den australi-
schen Wüsten
findet man nach
einem Regen oft
die blühenden
Ruhmesblumen.

Landschaft. Gladiolen, Freesien und Belladonnalilien treiben aus, und an vielen Stellen ist der Boden von Mittagsblumen übersät, die ebenfalls zu den Eiskrautgewächsen gehören und ihren Namen der Tatsache verdanken, daß sich ihre Blüten immer erst um die Mittagszeit vollständig öffnen. Für einige Wochen sind die Wachstumsbedingungen in der Wüste so gut, daß ein dichter blau, weiß, gelb und rot gefleckter Blütenteppich entsteht, der aber schon bald darauf wieder in der erbarmungslosen Sonne verdorrt.

Mit einer Reihe raffinierter Anpassungen gelingt es also vielen Pflanzen, selbst an Standorten zu wachsen, die nur über ein Minimum an Feuchtigkeit verfügen und auch das nur für eine kurze Zeit des Jahres. Wenn es jedoch in einem Gebiet das ganze Jahr über täglich zu starken Regenfällen kommt, kann das für Pflanzen ebenfalls zu einem Problem werden.

Der Roraima-
Tafelberg in
Venezuela, auch
bekannt als die
«vergessene
Welt».
▷▷

Im nordöstlichen Zipfel Südamerikas, wo Venezuela, Guyana und Brasilien aneinanderstoßen, gibt es eine Reihe riesiger Tafelberge, die dort Tepuis genannt werden und deren Plateaus sich zumeist oberhalb der Wolkendecke befinden. Die steilen Wände bestehen aus nacktem Fels und sind nur ab und zu von den weißen,

senkrechten Streifen der zahlreichen Wasserfälle unterbrochen, von denen einige so hoch sind, daß der Wind die Wassertropfen davonträgt, bevor sie am Boden auftreffen können.

Der größte und berühmteste dieser Tafelberge ist der steilwandige Roraima, der etwa zweitausendsiebenhundert Meter hoch, über fünfzehn Kilometer lang und fast fünf Kilometer breit ist. Schon als die ersten europäischen Forscher in diese Gegend kamen, fragten sie sich, was für Lebewesen wohl dort oben auf der Plattform leben würden. Die meisten meinten, das würde wohl immer ein Geheimnis bleiben, weil die Berge unüberwindbar wären, aber im Jahre 1884 gelang es dem britischen Botaniker Everard Im Thurn schließlich doch, den Gipfel des Roraima über die Nordwestflanke zu erreichen, und als er später in London über seine Abenteuer berichtete, gehörte auch der Schriftsteller Arthur Conan Doyle zu den aufmerksamen Zuhörern. Zwar hatte Im Thurn dort oben keine besonders spektakulären Lebewesen angetroffen, aber der Vortrag beflügelte Conan Doyles Phantasie derart, daß er darüber zu spekulieren begann, ob sich auf dem Plateau des Tafelbergs nicht doch Dinosaurier und andere Urwelttiere erhalten haben könnten. Im Jahre 1912 legte er seine Ideen in einem Roman mit dem Titel *Die vergessene Welt* nieder und verhalf dem Roraima damit zu Weltruhm.

Heute weiß man, daß es auf dem Tafelberg tatsächlich Pflanzenarten gibt, die man nirgendwo sonst auf der Erde findet, wenn es sich auch nicht um Überlebende vergangener Epochen handelt. Vielmehr sind es Lebewesen, die auf dem isolierten Plateau eine Sonderentwicklung durchmachten. Vor allem mußten sie sich den schweren Regenfällen anpassen, die an kaum einem anderen Ort so häufig niedergehen wie in dieser Region.

Der Roraima besteht aus sehr hartem, altem Quarzit, der an vielen Stellen zu grotesken und ungewöhnlichen Formen verwitterte. Es gibt dort drei Meter hohe steinerne Pilze, deren Stielbasis so dünn ist, daß man glaubt, sie müßten eigentlich schon bei einem leichten Stoß umkippen; man findet Säulen, die den Ruinen eines Tempels entstammen könnten; in vielen Felswänden sind Fenster und überwölbte Toreinfahrten entstanden, und zahlreiche Gebilde erinnern an Pagoden, Minarette, Steinkreise, Felsgräber oder Burgruinen. Dazwischen verlaufen immer wieder tiefe Felsspalten, die

△
*Die bizarre,
schwärzliche
Felsenlandschaft
des Roraima-
Plateaus.*

man nicht einfach überspringen kann, und es gibt zahlreiche Höhlen – Orte, an denen man Unterschlupf finden kann, wenn der kalte Regen zu heftig wird.

Die phantastischen Felsformationen erinnern sehr stark an ähnliche Felsen in der Namib, und sie wurden vermutlich ebenfalls durch starke Sonneneinstrahlung aus dem Fels herausgesprengt. Allerdings muß das zu einer früheren Zeit geschehen sein, denn heute findet dort keine Erosion mehr statt, so daß sich dunkel gefärbte Algen ansiedeln konnten. Für diese primitiven Pflanzen stellen die stets feuchten Felsen Roraimas ein ausgezeichnetes Biotop dar, und so bilden sie dichte Überzüge auf den Felsen, die dadurch pechschwarz aussehen.

Für komplexere Organismen ist das Leben in dieser Region dagegen sehr viel schwieriger. Die häufigen und drastischen Regenfälle waschen den Untergrund ständig aus, und es gibt nur wenige Stellen, an denen sich Erde ansammeln kann, in der Pflanzen Halt finden können. Dieser Untergrund ist meistens auch sehr arm an Nährstoffen, so daß viele Pflanzen gezwungen werden, sich andere Nahrungsquellen zu erschließen.

◁

An den vor noch nicht allzulanger Zeit verwitterten rosafarbenen Felswänden kann man sehen, daß die normale schwarze Färbung durch den Algenüberzug zustande kommt. Größere Pflanzen können nur in Felsspalten wachsen, in denen sich Erde angesammelt hat.

Eine Sonnentau-Art, die nur am Roraima vorkommt.

▽

Orchideen können sich an derart nährstoffarmen Standorten ansiedeln, denn ihre Wurzeln sind ja bekanntlich eine Verbindung mit Mykorrhizapilzen eingegangen. Daher kommen in dieser Region sehr viele verschiedene Orchideenarten vor – am Roraima allein mindestens dreißig verschiedene.

Auch der Sonnentau, der in anderen Regionen der Erde in Mooren und anderen nährstoffarmen Biotopen wächst, wächst hier recht gut, ebenso wie die Arten des bereits erwähnten Sumpfkrugs, die man ausschließlich an den Hängen der Tepuis findet. Und sollte es zutreffen, daß es sich bei ihnen um die frühesten und primitivsten Vertreter der fleischfressenden Kannenpflanzen handelt, dann haben sie sich vielleicht nur an diesem, von der übrigen Welt isolierten Standort halten können. Möglicherweise lag Conan Doyle mit seinen Vermutungen seinerzeit richtiger, als er ahnte.

Der Wasserschlauch ist in der Tafelbergregion ebenfalls mit einigen Arten vertreten. Diese Wasser- oder Sumpfpflanzen kommen auch in anderen Teilen der Erde vor, beispielsweise in Mitteleuropa, und ihre Art der Insektenjagd ist so erfolgreich, daß sie

nicht einmal Wurzeln benötigen. Die Fallen des Wasserschlauchs sind Blasen, an deren Innenseite sich Drüsen befinden, die das Wasser aus dem Innern herauspumpen können, so daß ein leichter Unterdruck entsteht. Außerdem besitzt jede Blase eine Klappe, an der sich einige empfindliche Borsten befinden. Werden diese von einem kleinen Wassertier berührt, öffnet sich die Klappe. Aufgrund des Unterdrucks im Inneren strömt augenblicklich Wasser in die Blase – und mit ihm das kleine Beutetier. Der Wasserwirbel innerhalb der Falle schließt die Klappe dann wieder, wobei der gesamte Vorgang nicht länger als Bruchteile von Sekunden dauert. Anschließend werden Verdauungssäfte ausgeschieden, die dafür sorgen, daß die Inhaltsstoffe der Beute von der Pflanze aufgenommen werden können, und ist das geschehen, wird die Blase wieder ausgepumpt, damit sie erneut fangbereit ist.

Im Gebiet der Tepuis gibt es noch eine weitere, ganz einmalige fleischfressende Pflanze. In den Urwäldern am Fuße der Tafelberge wachsen zahlreiche Ananasgewächse, und viele davon bieten in ihren wassergefüllten Blattkelchen einer Reihe kleiner Tiere einen Lebensraum. Da die Nährstoffe auf dem Plateau der

△
Die kleinen, grünen Bläschen sind die Fallen des Wasserschlauchs, die auf Beute warten, wogegen die dunkler gefärbten bereits etwas gefangen haben.

△
*Der Wasserfloh,
der sich hier
gefährlich nah an
der Falle eines
Wasserschlauchs
befindet, ist ver-
mutlich zu groß,
um gefangen zu
werden.*

Berge so knapp sind, geht eines dieser Ananasgewächse nach der Taktik des Sumpfkrugs vor: Die Pflanze hat Drüsen in den Wänden ihrer Blattkelche entwickelt, die in der Lage sind, Reste von verendeten Untermietern aufzunehmen. Ob die Tiere auch abgetötet werden können, weiß man noch nicht, aber selbst wenn das nicht der Fall sein sollte, ist das Leben in den kleinen Pflanzenteilchen nicht ungefährlich, denn dort hat sich außerdem eine Wasserschlauch-Art angesiedelt, die auf der Jagd nach Beute ist. Sie breitet sich mit Ranken von einem Ananasgewächs zum nächsten aus und sucht in den Teichen nach Nahrung, so daß an den nährstoffarmen Felswänden der Tepuis sogar fleischfressende Pflanzen in anderen fleischfressenden Pflanzen auf Beute lauern.

Inzwischen könnten die nur auf den Plateaus vorkommenden und an die Kälte und Nässe angepaßten Pflanzen nicht mehr in den warmen Savannen und Urwäldern am Fuße der Tafelberge wachsen, wo sie früher vermutlich beheimatet waren. Sie leben dort oben wie auf einer isolierten Insel, und in derart kleinen, in sich geschlossenen Populationen vollziehen sich evolutionäre Veränderungen zumeist schneller, weil die Modifikationen einzelner

Individuen nicht so leicht verlorengehen wie in größeren Lebensgemeinschaften. Daher hat sich dort eine einmalige Flora entwickelt. Mindestens die Hälfte aller auf den Tafelbergen lebenden Pflanzen kommt nirgendwo sonst auf der Erde vor, und einige sind sogar auf einen einzigen Gipfel beschränkt. Daher könnte man die Tepuis auch als die Galapagosinseln der Pflanzenwelt bezeichnen.

Eine Pflanze, die im Süßwasser lebt, hat normalerweise drei bis vier Dinge, die sie unbedingt benötigt, im Überfluß zur Verfügung: Sie ist von Wasser umgeben, Nährstoffe sind in den meisten Flüssen und Seen reichlich vorhanden, und es gibt nur wenige flache Gewässer in sehr kalten Regionen, die im Winter vollständig durchfrieren, bei den meisten vereist höchstens die Oberfläche.

Die Lichtverhältnisse sind dagegen im Wasser nicht optimal. In einem stehenden oder langsam fließenden Gewässer gibt es jedoch eine einfache Möglichkeit, Sonnenlicht einzufangen: Man läßt die Blätter auf der Wasseroberfläche treiben. Perfektioniert hat diese Methode die im Amazonasgebiet heimische Königliche Seerose. Sie schiebt zunächst eine große, stachlige Knospe aus dem Wasser heraus, aus der sich innerhalb weniger Stunden ein Blatt

Die Blattknospe der Königlichen Seerose entfaltet sich sehr schnell und schiebt dabei alle Konkurrenten beiseite.
▽

entfaltet. Dieses besitzt einen aufgebogenen Rand, mit dcm cs andere Blätter beiseite schieben kann, und kräftige, quervernetzte
und bestachelte Rippen auf der Unterseite, die außerdem Luft-
kammern enthalten, damit das Blatt gut schwimmt. Bereits nach
einem Tag bedeckt das Blatt die Fläche von einem halben Quadratmeter, und es wächst weiter, bis es einen Durchmesser von
etwa zwei Metern hat. Eine einzelne Pflanze kann in einer Saison
bis zu vierzig oder fünfzig solcher Blätter hervorbringen und beherrscht damit schon bald die Oberfläche eines Gewässers.

Das erste Exemplar dieser riesigen Seerosen wurde 1837 von
Sir Robert Schomburgk nach London gebracht, und obwohl die
Pflanze auf der langen Reise einging, verursachten allein die Überreste einiges Aufsehen. Zehn Jahre später gelangten dann auch Samen nach England, und es glückte den Gärtnern des Botanischen
Gartens in Kew, diese zum Keimen zu bringen. Ein Samen wurde
Joseph Paxton geschickt, der für die prächtigen Gärten des Her-
zogs von Devonshire verantwortlich war. Paxton ließ eigens ein
spezielles Gewächshaus mit einem temperierten Teich errichten,
und dort fühlte sich die Seerose tatsächlich so wohl, daß sie nicht
nur ihre großen Blätter entfaltete, sondern sogar blühte.

Paxton war nicht nur ein begnadeter Gärtner, sondern auch ein genialer Architekt. Er entwarf eines der ersten großen Glasgewächshäuser; als er überlegte, wie er das Stützgerüst für die Glasscheiben konstruieren sollte, erinnerte er sich an das quervernetzte Rippengerüst auf der Unterseite der riesigen Seerosenblätter und nahm diese nicht nur als Vorbild für die Gewächshäuser in Chatsworth, sondern einige Jahre später auch für den Bau seines Meisterwerks, den Crystal Palace in London. Außerdem führte er einen Test ein, der auch heute noch verwendet wird, um die Belastbarkeit dieser Seerosenblätter zu demonstrieren: Er setzte seine kleine Tochter Annie darauf, ohne daß das Blatt versank.

Die Königliche Seerose kann so große Blätter bilden, weil sie in der Lage ist, massenhaft Nährstoffe vom Grund des Gewässers aufzunehmen. Allerdings müssen die Pflanzenwurzeln atmen können, und der Boden der schlammigen Amazonasgewässer enthält oft nur wenig Sauerstoff. Daher pumpt die Seerose Luft zu den

△
*Die junge,
zunächst weiße
Blüte der Königlichen Seerose
öffnet sich in den
Abendstunden.*

Wurzeln, und zwar durch bis zu zehn Meter lange Röhren, die an den Blattstengeln entlanglaufen.

Auch die Blüte der Königlichen Seerose ist mit einem Durchmesser von fast vierzig Zentimetern recht groß. Sie öffnet sich in der Regel am Abend und hat zunächst weiße Blütenblätter, die in der Dunkelheit gut zu erkennen sind. Außerdem gibt sie einen Geruchsstoff ab, der bestimmte Käfer anlockt. Diese landen bald in großer Zahl auf der Blüte und finden dort reiche Belohnung, denn im Zentrum gibt es eine Reihe kleiner Behälter, die voller Zucker und Stärke sind. Darüber fallen die Käfer her, und während sie fressen, schließt sich die Blüte langsam, und die Insekten sind gefangen. Gleichzeitig wird der Pollen in den Staubgefäßen reif, so daß er von den umherkriechenden Käfern mitgeschleppt wird. Diese müssen noch den ganzen nächsten Tag in der Blüte verbringen, bevor die Seerose am Abend ihre inzwischen rosa gefärbten Blütenblätter öffnet und die Käfer in die Freiheit entläßt, so daß sie zu einer anderen mit Futter lockenden Blüte fliegen können.

Die Blüten der Nachbarschaft gehören indessen mit großer Wahrscheinlichkeit zur gleichen Pflanze, so daß es, falls einer der Käfer sie aufsuchen würde, zu einer Selbstbefruchtung käme. Genau das geschieht jedoch nicht, denn die Käfer sind auf weiße Blüten programmiert, und die der bereits befruchteten Pflanze haben sich über Nacht ausnahmslos rosa gefärbt, so daß die Käfer weiterfliegen und ein anderes Exemplar aufsuchen. Die befruchtete Pflanze produziert dagegen erst einen Tag später wieder weiße Blüten.

Seerosen sind eigentlich nicht einmal besonders gut an ihren feuchten Lebensraum angepaßt. Sie müssen ihre Blätter aus dem Wasser herausschieben, um Sauerstoff und Kohlendioxid aufnehmen zu können, und bei der Bestäubung sind sie auf Insekten angewiesen. Andere Pflanzen sind dagegen zu reinen Wasserbewohnern geworden. So hat die Sumpfschraube lange, schmale Blätter, die nie an die Oberfläche kommen, sondern den benötigten Sauerstoff und das Kohlendioxid aus dem Wasser gewinnen. Und selbst für die Befruchtung bedienen sich diese Pflanzen des Wassers. Sumpfschrauben produzieren entweder weibliche oder männliche Blüten, wobei die weiblichen Pflanzen ihre Blüten noch unterhalb der Wasseroberfläche bilden, bevor die Stengel dann

Die Sumpf-schraube schiebt ihre weibliche Blüte auf einem langen Stengel an die Wasserober-fläche.
▽

▷
Die weibliche Blüte der Sumpfschraube wird von ihrem Stengel an der Wasseroberfläche gehalten, so daß eine kleine Vertiefung entsteht.

sehr schnell aus dem Wasser herauswachsen. Bei den männlichen Pflanzen brechen die Blütenknospen dagegen bereits in einem frühen Stadium vom Stengel ab und treiben an die Oberfläche. Dort entfalten sich zwei große Staubgefäße, die als Segel dienen, so daß die Blüte übers Wasser getrieben wird.

Die weiblichen Blüten werden, da sie immer noch mit ihrem Stengel verbunden sind, direkt an der Wasseroberfläche verankert, in der dadurch eine kleine Vertiefung entsteht. In diese treiben dann mit ein wenig Glück die kleinen männlichen Blüten-

▷
Eine Flotte männlicher Sumpfschrauben-blüten segelt auf die weiblichen Blüten zu.

schiffchen, wobei sie so stark auf die weiblichen Blüten prallen, daß der Pollen aus den Staubgefäßen herausgeschleudert wird. Schon bald nach der Befruchtung schließt sich die weibliche Blüte, und der Stengel verkürzt sich korkenzieherartig, so daß die Blüte wieder unter Wasser gezogen wird, wo dann die Samen gebildet werden.

Seen können Wasserpflanzen zumeist nur vorübergehend als Heimat dienen, denn die einmündenden Flüsse lagern ständig Sedimente ab, so daß das Gewässer irgendwann zu einem Sumpfgebiet wird und dann vom Rand her mit Landpflanzen zuwächst. Um das erfolgreich tun zu können, müssen diese Pioniere allerdings besonders an einen solchen Lebensraum angepaßt sein. Ein Beispiel dafür ist die zu den Nadelbäumen gehörende Sumpfzypresse. Ihre unter Wasser verlaufenden Wurzeln haben spezielle, aus dem Wasser herausragende Auswüchse, die Wurzel- oder Atemknie genannt werden und von denen man früher annahm, daß sie zur Durchlüftung der im Schlamm verlaufenden Wurzeln dienten. Allerdings konnte man an ihrer Oberfläche keinen Gasaustausch nachweisen, und heute ist man der Ansicht, die Funktion dieser Wurzelknie könnte darin bestehen, von den Flüssen eingeschwemmte Sedimentbestandteile abzufangen und in ihrer Nähe abzulagern, so daß der Baum eine festere Plattform erhält.

Die Fähigkeit, Schlamm zwischen den Wurzeln abzulagern und sich so einen sichereren Standort zu verschaffen, ist dort, wo Flüsse ins Meer münden, noch wertvoller. In einem solchen Biotop ist nicht nur die Strömung geringer, sondern es treffen auch Süß- und Salzwasser aufeinander, und dadurch fällt die im Wasser gelöste Erde zu feinem, schlickig-tonigem Schlamm aus. In den Tropen werden solche Lebensräume von Mangroven besiedelt.

Ein Ausflug in einen Mangrovensumpf ist kein Spaziergang: Die Stützwurzeln der Bäume bilden ein fast undurchdringliches Gewirr, und versucht man über sie hinwegzuklettern, schürft man sich leicht die Hände an den dort festsitzenden Muschel- und Schneckengehäusen auf. Der Schlamm ist zwischen den Wurzeln besonders pappig, und wenn man nicht aufpaßt, sinkt man schnell bis zu den Knien ein. Außerdem sind diese Lebensräume zumeist

◁
Sumpfzypressen sind normalerweise von sogenannten Kniewurzeln umgeben (South Carolina).

Ein undurchdringlicher, feuchtheißer Mangrovensumpf.
▷▷

sehr heiß und stickig, die Luftfeuchtigkeit ist sehr hoch, es wimmelt von Moskitos und riecht nach Verwesung.

Allerdings sind die Schwierigkeiten, die ein menschliches Wesen dort auszustehen hat, nichts im Vergleich zu den Problemen der Mangroven: Zweimal am Tag ertränkt die Flut die Wurzeln oder legt sie weitgehend frei. Zweimal am Tag wechselt die Wasserqualität von Salz- zu fast reinem Süßwasser, und tagtäglich besteht die Gefahr, daß ein Strudel in der Strömung den tags zuvor angehäuften Schlamm wieder fortspült.

Die größten Schwierigkeiten, die Pflanzen mit Salzwasser haben, hängen damit zusammen, daß in Flüssigkeiten mit unterschiedlichem Salzgehalt, die nur durch eine Membran getrennt sind, ein Ausgleich der gelösten Stoffe angestrebt wird. Die Folge ist, daß Salz in die Mangrovenwurzel eindringt beziehungsweise Wasser herausfließt. Beides ist schlecht für die Pflanzen, und so begegnen einige Mangroven diesem Problem dadurch, daß sie das Salz in ihren Wasserleitungsbahnen von den Wurzeln zu den Blättern transportieren, die bald abgeworfen werden; andere besitzen Blattdrüsen, die eine Flüssigkeit mit hohem Salzgehalt ausscheiden. Gegenüber dem normalen Pflanzensaft besitzt diese Lake einen bis zu zwanzigfach erhöhten Salzgehalt und übertrifft damit oft sogar den von Meerwasser.

Daneben versorgen diese Pflanzen ihren Wurzelbereich mit Sauerstoff, den sie durch Atemporen aufnehmen, die sich weit oben an den gebogenen Wurzeln befinden und daher nur kurzzeitig überflutet werden, oder sie bilden Atemwurzeln, die senkrecht aus dem Boden herauswachsen.

Ausgewachsene Mangroven besitzen dank ihrer zahlreichen Stützwurzeln eine gewisse Stabilität, wogegen Sämlinge naturgemäß Schwierigkeiten haben, sich in einem Untergrund anzusiedeln, der ständig in Bewegung ist. Daher wurden von der Mehrzahl der Mangroven Vorsorgemaßnahmen ergriffen: Ihre Samen keimen bereits, wenn sie noch an den Bäumen hängen, und bilden dabei lange, speerförmige Wurzeln, die bei manchen Arten bis zu einem halben Meter lang werden können. So ist der Keimling gut vorbereitet, wenn er schließlich abfällt. Herrscht gerade Ebbe, stößt er mit seiner spitzen Wurzel tief in den Boden, um dann schnell Seitenwurzeln auszubilden, die ihn im Boden verankern.

▷
Die unzähligen Luftwurzeln der auf Madagaskar heimischen Weißen Mangrove.

Bei Flut treibt der Keimling dagegen zunächst eine Weile im Wasser umher. Das ist zwar nicht ungefährlich, denn die junge Pflanze könnte weit ins Meer abdriften und dort zugrunde gehen; andererseits ist es aber auch ein Vorteil, da sie eventuell in einem noch unbesiedelten Lebensraum Fuß fassen kann. Fällt ein Keim-ling ins brackige Wasser des Sumpfes, schwimmt er zunächst in senkrechter Lage, aber sobald er sich der Flußmündung nähert, wo das Wasser salziger wird, also besser trägt, nimmt er eine waag-rechte Position ein. Das rettet häufig eine junge Pflanze, denn wenn der Wachstumsbereich an der Spitze zu lange der tropischen Sonne ausgesetzt wäre, könnte sie leicht Schaden nehmen. Außer-dem wird so die lange Wurzel, die aufgrund des vorhandenen Chlorophylls grün gefärbt ist, von der Sonne erreicht und ist daher in der Lage, Photosynthese zu betreiben. So kann ein Mangroven-keimling monatelang im Meer herumschwimmen, ohne an Nähr-

stoffmangel einzugehen. Wird er dann durch die Gezeitenströ-
mungen irgendwann in eine brackige Flußmündung getrieben, in
der der Salzgehalt geringer wird, nimmt der Keimling seine senk-
rechte Position wieder ein und kann sich jetzt leichter festsetzen.

Es gibt eine Vielzahl unterschiedlicher Mangroven, die zu ganz
verschiedenen Pflanzenfamilien gehören. Ebenso wie ganz verschiedene Wüstenpflanzen allein aufgrund ihres ähnlichen Lebensraumes vergleichbare morphologische Ausprägungen entwickelt haben, sind in vielen tropischen Flußmündungen ähnlich
aussehende, aber trotzdem nicht miteinander verwandte Pflanzen
entstanden, denen wir den Namen Mangroven gegeben haben.

An Felsküsten könnten dagegen nicht einmal Mangroven wachsen, weil die aufprallenden Wellen alles zerstören, was sich ihnen
in den Weg stellt. In einem solchen Lebensraum haben nur sehr
flexible Pflanzen eine Chance. Und genau diese Taktik verfolgen
die zu den Algen gehörenden Tange. Wir kennen diese Pflanzen
aus den Gezeitenzonen der Meere, wo sich einige Arten mit einer
dicken Schleimschicht gegen das Austrocknen schützen, so daß
man leicht auf ihnen ausrutscht. Andere haben gasgefüllte Blasen,
so daß ihre Blätter trotz der wechselnden Wasserstände immer an
der Oberfläche dahintreiben, wo ausreichend Licht zur Verfügung
steht.

Als recht primitive Pflanzen besitzen Algen keine Blüten und
auch keine Wasserleitungsbahnen, können aber trotzdem sehr
groß werden, denn wenn sie in tiefem Wasser wachsen, müssen sie
sich bis zur Oberfläche ausdehnen, um in den Bereich des nutzba-
ren Sonnenlichts zu kommen. So hat der Birntang, der an den Küsten Neuseelands heimisch ist, einen Stiel von der Dicke einer
Trosse, an dessen Ende sich eine gasgefüllte Blase befindet. Und
erst wenn diese die Meeresoberfläche erreicht, wird ein großes
Blatt gebildet. Ähnlich riesige Algen findet man an der Küste Ja-
pans und Kaliforniens. Sie bilden dort regelrechte Unterwasser-
wälder, wobei die Stengel bis zu sechzig Meter lang werden können. Damit sind sie durchaus mit den Bäumen tropischer
Regenwälder vergleichbar, und wie diese stellen dichte Algenbe-
stände zahlreichen anderen Organismen einen Platz zum Leben
zur Verfügung.

▷
*An der Küste
Südkaliforniens
gibt es regelrechte
Wälder aus
Riesentangen.*

Pflanzen dieser Größe müssen natürlich gut im Boden verankert sein, da sie von der Brandung sonst an Land gespült werden.
Ähnlich verheerend wäre es indessen, wenn sie ins offene Meer ge-
rieten und dort von der Strömung zu großen Algenhaufen zusam-
mengetrieben würden, von denen nur die oberste Lage in den Ge-
nuß des lebenswichtigen Sonnenlichts käme. Daher können diese
großen Algen in den Ozeangebieten, in denen sich der Meeresboden Tausende von Metern unter der Oberfläche befindet, nicht leben – sieht man einmal vom Sargasso-Meer ab, dem Zentrum einer gewaltigen, kreisförmigen Meeresströmung in der Karibik.
Dort ist das Wasser selbst weit draußen auf dem Ozean so ruhig,
daß bestimmte Arten riesige Algenflöße bilden. Auch zwischen ihnen leben zahlreiche Tiere, die sich speziell an die dort herrschen-
den Bedingungen angepaßt haben: Garnelen, Krebse und See-
pferdchen klettern zwischen den Blättern umher, und Seeteufel
lauern gut getarnt auf Beute.

△
*Im Sargasso-
Meer treiben oft
große Haufen
Beerentang an
der Wasserober-
fläche dahin.*

▷
*Zu den Bewoh-
nern der dahin-
treibenden Algen-
haufen gehören
der Seeteufel
(oben) und die
Kolumbuskrabbe
(unten).*

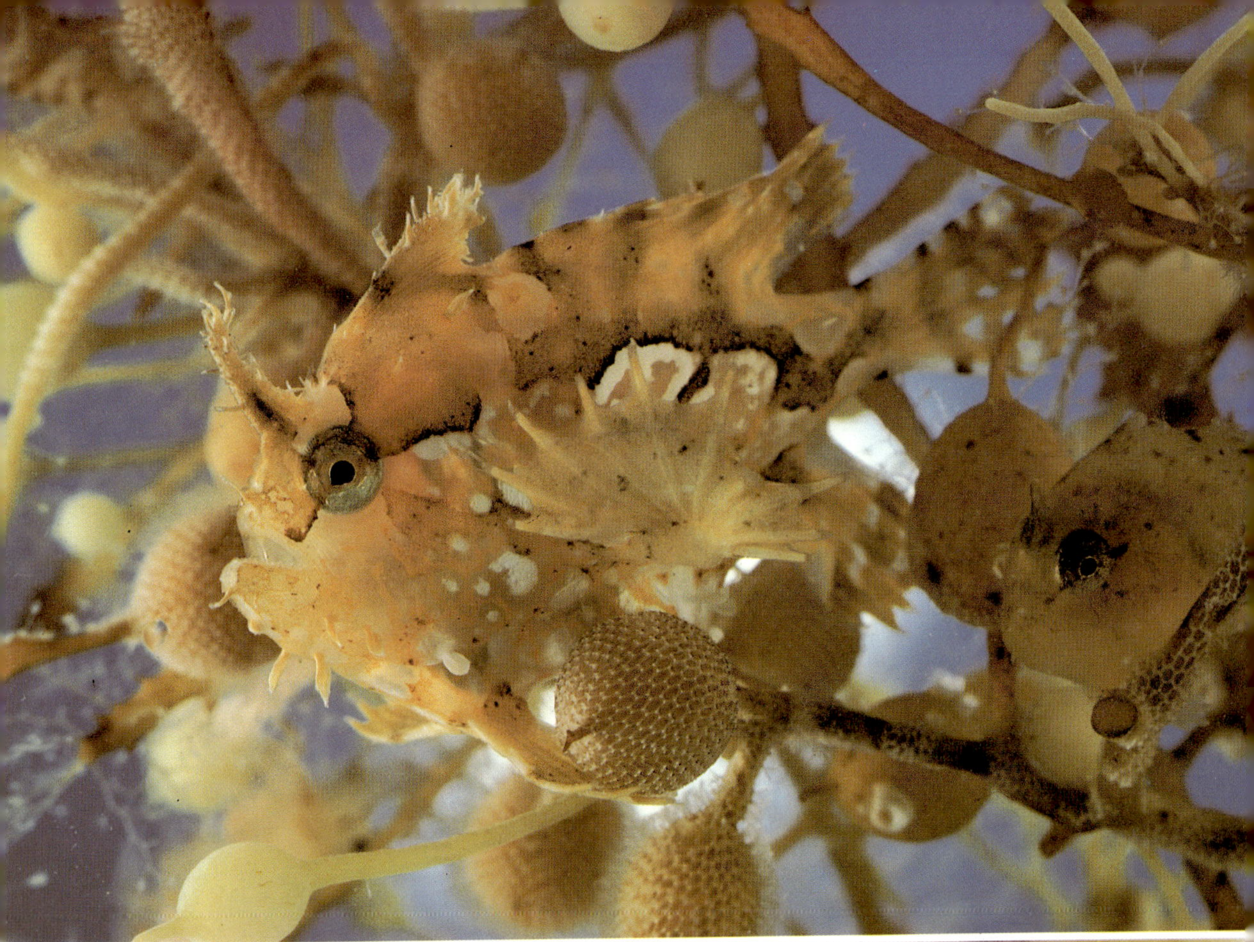

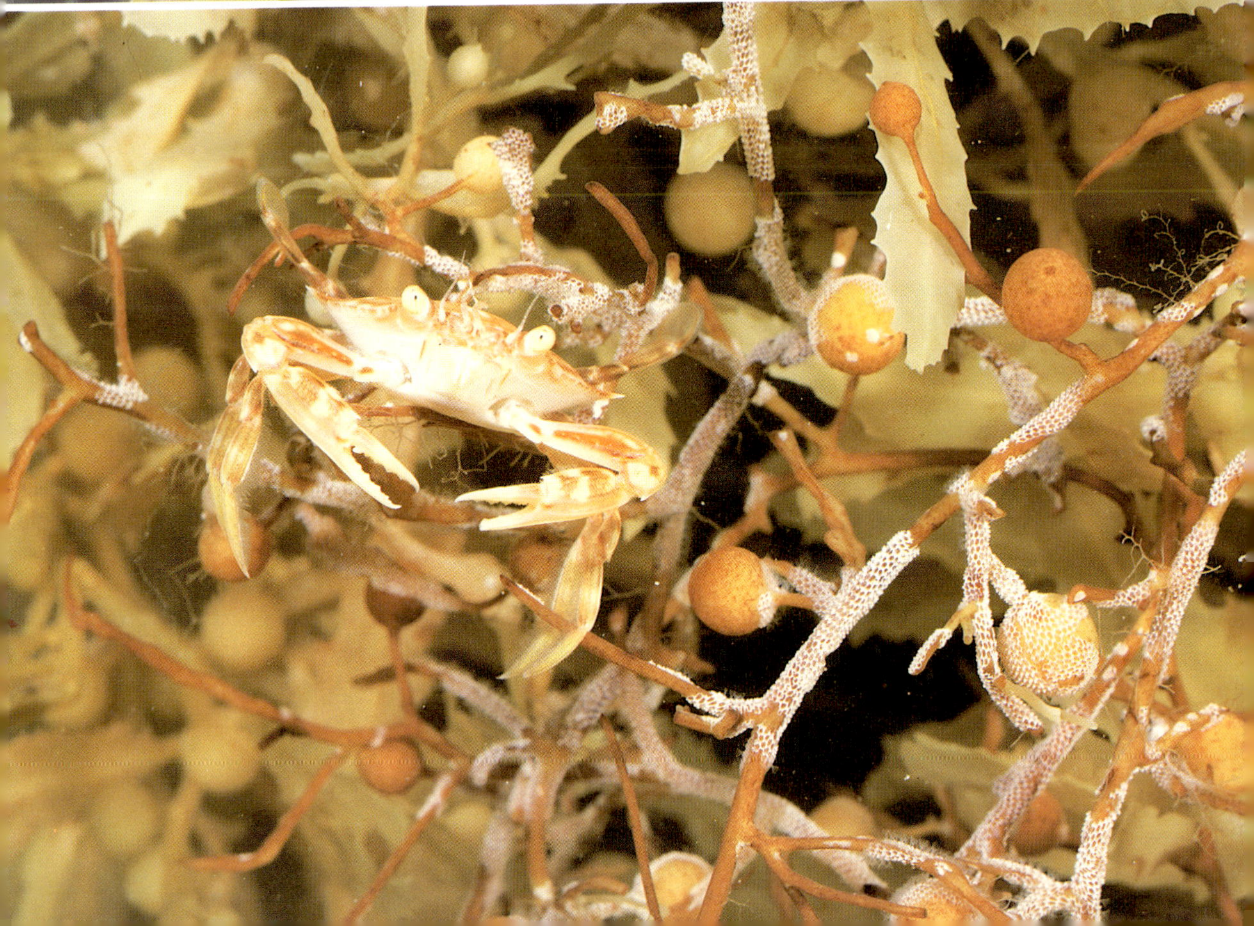

Der größte Teil der Erdoberfläche ist von Meerwasser bedeckt und fällt damit für die meisten höheren Pflanzen als Lebensraum aus. Dagegen können einfach gebaute, einzellige Algen dort sehr gut wachsen. Einige haben eine Zellwand aus Zellulose und winzige Geißeln, mit denen sie sich fortbewegen, wobei die Bewegung durchaus gerichtet sein kann, denn viele der kleinen Organismen besitzen sogenannte Augenflecken, mit denen sie Licht wahrnehmen können, so daß sie zu bestimmten Tages- oder Jahreszeiten in Massen an die Oberfläche kommen. Andere haben ein Gehäuse aus Kieselsäure, das häufig mit unzähligen Durchbrüchen oder feinen Auflagerungen versehen ist, und einige haben sich zu mikroskopisch kleinen Ketten zusammengelagert und mit einer schützenden Schleimschicht umgeben.

Diese Algen, die in großen Massen an der Oberfläche der Weltmeere dahintümpeln, gehören zu den Pflanzen, die wirklich alles haben, was sie zum Leben benötigen. Die Temperatur des Wassers fällt nie weiter als ein Grad unter den Gefrierpunkt, sie haben stets ausreichend Wasser und Sonnenlicht zur Verfügung, ebenso wie Nährsalze, die durch Strömungen vom Meeresboden, wo sich massenhaft abgestorbenes organisches Material ansammelt, nach oben geschwemmt werden.

Daher sind sie auch die Grundlage allen Lebens in den Ozeanen. Sie teilen sich ununterbrochen und bilden so die Nahrung winziger Tiere, die selbst kaum größer sind als die Algen, etwa die Jugendstadien von Korallen, Krebsen, Muscheln, Schnecken und Fischen. Die Gesamtheit dieser Lebewesen – sowohl der pflanzlichen als auch der tierischen – nennt man Plankton, und dieses ist wiederum die Nahrungsgrundlage für alle übrigen Meeresbewohner. Kleine Fische fressen es direkt, um dann selbst von größeren verschlungen zu werden. Aber es gibt auch sehr große Tiere, die sich direkt vom Plankton ernähren, indem sie es mit speziellen Vorrichtungen an den Kiemen herausfiltern. Beispiele sind der Walhai, der größte Fisch der Erde, oder das gewaltigste Lebewesen überhaupt, der Blauwal.

Aber auch wir Menschen sind, genau wie alle landlebenden Tiere, von diesen schwimmenden Weidegründen abhängig. Sie sind mehr als alle Regenwälder, Prärien oder anderen Vegetationsgürtel der Erde für das Gleichgewicht der Gase in der Erd-

▷
Die Weidegründe der Meere bestehen aus winzigen Algen.

atmosphäre verantwortlich, denn sie produzieren die überwiegende Masse des Sauerstoffs, den wir atmen.

Pflanzen, gleichgültig ob es sich um einfach oder kompliziert gebaute handelt, haben es geschafft, beinahe jeden Landstrich unseres Planeten zu besiedeln, angefangen bei den Eiswüsten der Pole bis hin zu den üppigen Regenwäldern am Äquator. Viele sind dabei sehr viel ausdauernder als Tiere. Sie wachsen in Regionen mit einer Gluthitze, in die sich andere Lebewesen nur sehr kurze Zeit wagen können, und überleben Temperaturen, bei denen jedes Tier erfrieren müßte.

Nur eines überstehen auch die Pflanzen nicht – die entschlossenen Attacken der Menschen. Seit wir auf der Erde erschienen sind, haben wir Pflanzen ausgegraben, gefällt, verbrannt und vergiftet – und gerade heute geschieht das in einem bisher nie erreichten Ausmaß. Es wird dringend Zeit, sich klarzumachen, wie gefährlich dieses Verhalten ist und daß es höchste Zeit wird, unser grünes Erbe nicht länger zu plündern, sondern zu hegen und zu pflegen. Tun wir das nicht, schaufeln wir uns unser eigenes Grab.

Dank

Es gibt zahlreiche Autoren, die ihre Bücher in der Einsamkeit ihrer Studierstube verfassen und daher höchstens denen Dank schulden, die sie regelmäßig mit Kaffee versorgt haben. Für dieses Buch gilt das nicht, denn das Ausformulieren des Textes war nur der letzte Schritt eines Prozesses, der begann, als meine Kollegen Mike Salisbury, Neil Nightingale, Keith Scholey und ich beschlossen, daß es an der Zeit wäre, endlich eine Serie zu produzieren, in der Pflanzen einmal die Helden und nicht die Opfer sind.

Nachdem das BBC-Fernsehen das Projekt genehmigt hatte, stieß Mark Flowers zu uns. Seine Aufgabe war es, sich durch Unmengen wissenschaftlicher Zeitschriften zu wühlen und Einzelheiten zu den Themen herauszusuchen, die wir bei der Planung bereits grob umrissen hatten. Ihm verdanken wir unzählige Hinweise auf viele der erstaunlichen pflanzlichen Fähigkeiten. Später vervollständigten Richard Kirby und Tim Shepherd das Team, zwei der so seltenen Zeitrafferaufnahme-Experten. Ihre Aufgabe, jede Minute, jede Stunde oder gar jeden Tag nur eine Aufnahme von einer Pflanze zu machen, um sie dann mit einer Geschwindigkeit von fünfundzwanzig Bildern pro Sekunde ablaufen zu lassen, hört sich zunächst sehr einfach an. Aber wie muß die Frequenz der Einzelaufnahmen berechnet werden? Wie bringt man die Bewegungen der Pflanzen während der Dunkelheit auf den Film? Wie geht man mit den Launen des Wetters um und wie mit den eigensinnigen Gewächsen, die immer in die falsche Richtung wachsen? Wie motiviert man sich neu, wenn nach monatelanger Arbeit und kurz bevor die wichtigste Szene abgedreht ist, ein unvorhergesehener heftiger Windstoß die gesamte Anordnung durcheinanderbringt? Meine Begeisterung über diese Sequenzen wird nur noch von der Bewunderung für den Erfindungsreichtum übertroffen, mit dem die Aufnahmen gemacht wurden.

Während der drei Jahre, die es dauerte, bis die einzelnen Sendungen abgedreht waren, wuchs das Team weiter, wie aus der Liste auf der nächsten Seite zu erkennen ist, und ihnen allen bin ich zu großem Dank verpflichtet.

Des weiteren schuldet das gesamte Fernsehteam unseren botanischen Beratern von Universitäten und botanischen Gärten aus aller Welt Dank. Diese Wissenschaftler beantworteten unsere Fragen ausnahmslos mit sehr viel Geduld und Entgegenkommen, und wäre dies ein Lehrbuch, dann hätte ich ihre Namen und ihre Veröffentlichungen zu diesen Themen natürlich aufgeführt. Für ein populärwissenschaftliches Buch erschien mir das jedoch nicht angebracht, und ich hoffe, man wird mir das Fehlen der entsprechenden Bibliographie verzeihen.

Nachdem wir anhand dieser Quellen die Objekte kennengelernt hatten, die wir filmen wollten, galt es, sie auch in der Natur zu finden. Glücklicherweise stellten sich auch dafür zahlreiche Berater und Führer zur Verfügung. Bei einigen handelte es sich um Wissenschaftler, andere waren Amateurforscher, und es gab auch welche, die kaum botanische Kenntnisse hatten, aber wußten, wie man sich sicher in nicht ganz ungefährlichen Landstrichen bewegt.

Natürlich schuldet jeder einzelne, der an dieser Filmarbeit beteiligt war, anderen Menschen Dank. Soweit es mich betrifft, handelt es sich dabei in erster Linie um folgende Personen: Harold Braack, Neil Macgregor, Anton Pauw und Graham Williams aus Südafrika sowie William Craig aus Kenia; Satoko Nakahara und Professor Utsonomiya aus Japan; Dr. Peter Attiwell, Dr. Steven Hopper und Dr. Kingsley Dixon aus Australien; Bill Duyck und Dr. Robert Griffiths aus den Vereinigten Staaten; Charles Brewer-Carias aus Venezuela; Anthea und Tony Lamb, Jamili Nais und Elaine Campbell aus Sabah sowie Dr. Josef Svoboda, der mich in der Arktis beriet. Eine Expedition ist mir besonders in Erinnerung geblieben: die Suche nach der Titanenwurz in Sumatra. Hier wären wir niemals ohne die Hilfe von Dr. James Symon aus San Francisco fündig geworden, der sich schon seit Jahren mit dieser ungewöhnlichen Pflanze beschäftigt.

Zum Schluß möchte ich noch Dr. Kingsley Dixon und Professor Gren Lucas danken, die mir bei der Bearbeitung des Manuskripts mit Rat und Tat zur Seite standen.

Bildnachweis

Wir danken den unten aufgeführten Organisatoren und Fotografen, die für dieses Buch Bilder zur Verfügung gestellt haben.

(Stephen Dalton); **98** Bruce Coleman (Pekka Helo); **101** Peter Gasson; **102** *beide* Premaphotos Wildlife; **103** *beide* Heather Angel; **104** Premaphotos Wildlife; **105** Planet Earth Pictures (Steve Hopkin); **106** Mitsuhiko Imamori; **107** *beide* Mitsuhiko Imamori; **109** Oxford Scientific Films (D. H. Thompson); **110** Oxford Scientific Films (D. H. Thompson); **111** Premaphotos Wildlife; **112–3** A. Whitaker; **114** Oxford Scientific Films (G. I. Bernard); **115** Jan Aldenhoven; **116** Oxford Scientific Films (Bert Wells); **118** Aquila (Wayne Lankinen); **120** Biofotos (Andrew Henley); **123** Okapia (D. J. Howell); **125** David Attenborough; **126** *beide* Claudia Gack; **127** *alle* Claudia Gack/H. F. Paulus; **128** *oben* H. F. Paulus, *unten* Claudia Gack **129** Mitsuhiko Imamori; **130** *beide* Mitsuhiko Imamori; **133** Oxford Scientific Films (Sean Morris); **135** David Attenborough; **137** Neil Lucas; **138** James Symon; **141** ABPL (Anthony Bannister); **143** NHPA (Anthony Bannister); **145** *oben* Aquila (C. S. Milkins), *unten* Garden Matters (John Feltwell); **146** Bruce Coleman (Jane Burton); **148** Garden Matters (John Feltwell); **150** Planet Earth Pictures (Richard Coomber); **152** Heather Angel; **153** Bruce Coleman (P. Evans); **154–5** FLPA (M. J. Thomas); **157** *alle* Bruce Coleman (Kim Taylor); **159** J. Allan Cash; **160** Photo Researchers (Jeff Lepore); **161** Anton Pauw; **162** Martin Cheek; **163** Oxford Scientific Films (John Paling); **164** John Dransfield; **165** Günter Ziesler; **167** *oben* Michael Pitts, *unten* Photo Researchers (Paul A. Zahl); **168** Bruce Coleman (Luiz Claudio Marigo); **169** Okapia (Ted Mead); **171** Gerald Cubitt; **173** Ardea (Jean Paul Ferrero), **175** Gordon Dickson; **176** Mantis Wildlife (Densey Clyne); **177** Bruce Coleman (M. P. L. Fogden); **178** *oben links* Ardea (Jean Paul Ferrero), *oben rechts* Premaphotos Wildlife, *unten links* NHPA (Haroldo Palo jr.), *unten rechts* Mantis Wildlife (Densey Clyne); **179** Phototake (Carolina Biological Supply Co.); **181** Earth Images (Terry Domico); **182** *oben* Photo Researchers (Jim Zipp), *unten* Heather Angel; **185** A–Z Botanical Collection (Irene Windridge); **187** Barnaby's Picture Library (A. J. Fox); **189** S. D. Hopper; **190** *links* Ardea (Jean Paul Ferrero); *rechts* Ardea (B. Sage); **191** David Attenborough; **192** *alle* Auscape (Jean Paul Ferrero); **195** Photo Researchers (Sven D. Lindblad); **197** Planet Earth Pictures (John Eastcott und Yva Momatik); **198** Georgette Douwma; **199** Oxford Scientific Films (Peter Parks); **200** Heather Angel; **202** Michael Pitts; **203** Planet Earth Pictures (Linda Pitkin); **204** Ardea (Ron und Valerie Taylor); **207** *oben* Mitsuhiko Imamori, *unten* Oxford Scientific Films (Philip K. Sharpe); **208** Premaphotos Wildlife; **210** *beide* Bruce Coleman (Alain Compost); **211** Bruce Coleman (Alain Compost); **212** Heather Angel; **215** *oben* Fred Bruemmer, *unten* Premaphotos Wildlife; **216** Premaphotos Wildlife; **217** Phototake (Carolina Biological Supply Co.); **218** Premaphotos Wildlife; **221** Phototake (Carolina Biological Supply Co.); **223** Papilio (Bryan Knox); **224** Oxford Scientific Films (Tom Leach); **225** Oxford Scientific Films (J. A. L. Cooke); **227** David Attenborough; **229** Photo Researchers (Gilbert Grant); **230** Jan Aldenhoven; **231** Jan Aldenhoven; **232** Glen Carruthers; **233** Garden Matters (John Feltwell); **235** Oriol Alamany; **236** *beide* Mitsuhiko Imamori; **237** *beide* Mitsuhiko Imamori; **238–9** Mitsuhiko Imamori; **240** Bios (A. Visage/Alain Compost); **241** Mitsuhiko Imamori; **242** Bios (Alain Compost); **245** Fred Bruemmer; **247** Earth

Images (David Denning); **248** Michael Salisbury; **249** Michael Salisbury; **250** Fred Bruemmer; **251** Oriol Alamany; **252** Bruce Coleman (Hans Reinhard); **253** Bruce Coleman (Hans Reinhard); **254** Christopher Grey-Wilson; **256** Auscape (Dennis Harding); **257** David Attenborough; **258–9** Oxford Scientific Films (David W. Breed); **261** Neil Lucas; **262** Neil Lucas; **264** Oxford Scientific Films (Michael Fogden); **266** Neil Nightingale; **267** Fred Bruemmer; **268** Planet Earth Pictures (Nick Garbutt); **270–1** FLPA (Koos Delport); **272** Neil Nightingale; **273** *alle* Premaphotos Wildlife; **274** Gerald Cubitt; **276-7** Gerald Cubitt; **279** Jan Aldenhoven; **280–1** Geo (Uwe George); **283** David Attenborough; **284** David Attenborough; **285** Geo (Uwe George); **286** Jan Aldenhoven; **287** NHPA (G. I. Bernard); **288** Bios (M. und C. Denis-Huot); **289** Photo Researchers (Jany Sauvanet); **290** Photo Researchers (J. P. Vuillomenet); **291** Mitsuhiko Imamori; **292** Oxford Scientific Films (David Thompson); **293** *beide* Oxford Scientific Films (Sean Morris); **294** Bruce Coleman (John Shaw); **296–7** Planet Earth Pictures (Peter Scoones); **299** Premaphotos Wildlife; **300** Planet Earth Pictures (Keith Scholey); **301** Barnaby's Picture Library (S. und L. Frawley); **303** Planet Earth Pictures (Georgette Douwma); **304** Heather Angel; **305** *oben* Oxford Scientific Films (David Shale), *unten* Oxford Scientific Films (Z. Leszczynski); **307** Okapia (A. & H-F. Michler).

Register

Neben den deutschen Namen der im Text erwähnten Pflanzen sind an dieser Stelle auch die genaueren, wissenschaftlichen Bezeichnungen aufgeführt. Die **fettgedruckten** Seitenzahlen verweisen auf Abbildungen.